Espelhos deformantes

Fontes, problemas e pesquisas em História Moderna
(séculos XVI - XIX)

Espelhos deformantes

Fontes, problemas e pesquisas em História Moderna
(séculos XVI - XIX)

Rodrigo Bentes Monteiro
(org.)

Copyright © 2008

Edição: Joana Monteleone
Assistente editorial: Marília Chaves
Projeto gráfico e diagramação: Gustavo Teruo Fujimoto
Assistente de produção: Pedro Henrique de Oliveira
Revisão: Luciana Santoni
Preparação: Vívian Miwa Matsushita
Capa: Alain Tramont e Pedro Henrique de Oliveira

CIP-BRASIL. CATALOGAÇÃO-NA-FONTE
SINDICATO NACIONAL DOS EDITORES DE LIVROS, RJ

E73

Espelhos deformantes : Fontes, problemas e pesquisas em História
Moderna (séculos XVI - XIX) / Rodrigo Bentes Monteiro (org.). - São
Paulo : Alameda, 2008.
    338p.

    ISBN 978-85-98325-76-7

    1. História moderna. I. Monteiro, Rodrigo Bentes, 1966-.

08-2898.   CDD: 909
                            CDU: 94(100)

14.07.08   15.07.08   007643

[2008]
Todos os direitos dessa edição reservados à
ALAMEDA CASA EDITORIAL
Rua Iperoig, 351 - Perdizes
CEP 05016-000 - São Paulo - SP
Tel. (11) 3862-0850
www.alamedaeditorial.com.br

Sumário

Prefácio — 9
Célia Cristina da Silva Tavares

Apresentação — 13
Rodrigo Bentes Monteiro

Parte I — 25
Retórica e história em relatos de conquista
Comentário: *Ronald Raminelli*

    A conquista espiritual da Índia: — 27
    armas e evangelho na obra de frei Paulo da Trindade
    Patricia Souza de Faria

    As cartas jesuíticas e o legado de Nóbrega na — 49
    consolidação da Companhia de Jesus no Brasil
    (1549-1599)
    Mário Fernandes Correia Branco

    A construção retórica da edificação: — 75
    Vieira, os índios e a missão nas Serras de Ibiapaba
    Lígio de Oliveira Maia

Parte II — 97
Denúncias e devassas:
as transgressões do cotidiano religioso e político
Comentário: *Georgina Silva dos Santos*

    Padres e adúlteras: concubinato no bispado do — 99
    Maranhão no século XVIII
    Pollyanna Gouveia Mendonça

A taverna e o sapateiro: 117
devassa, metodologia e história social da comunicação
Tarcísio de Souza Gaspar

Parte III 139
Fontes cartorárias e alfandegárias:
diferentes perspectivas
Comentário: *Sheila de Castro Faria*

Do reino à colônia: 141
os agentes mercantis atuantes na São Paulo setecentista
Maria Aparecida de Menezes Borrego

Libertos no Rio Grande de São Pedro do Sul: 163
considerações sobre os padrões de alforria em Porto
Alegre, Aldeia dos Anjos e Viamão (1800-1835)
Gabriel Aladrén

Traficando números: uma estimativa da importação 183
de escravos da Costa da Mina por Pernambuco, na
primeira metade do século XVIII
Gustavo Acioli Lopes

Parte IV 205
Espaço e cultura em fontes administrativas
Comentário: *Márcia Maria Menendes Motta*

Em busca de novos vassalos: 207
as estratégias dos portugueses para a atração dos
índios, durante as tentativas de demarcação do
Tratado de Madri, na Região Sul
Elisa Frühauf Garcia

Caminhos e descaminhos do ouro nas Minas Gerais 227
setecentistas: uma contribuição da documentação oficial
Luciane Cristina Scarato

Cartas de sesmarias de Minas Gerais: como localizar a documentação e compreender a transformação do texto do documento ao longo do século XVIII
Francisco Eduardo Pinto

249

Parte V
Epístolas, inventários e coleções:
entre o particular e o coletivo
Comentário: *Rodrigo Bentes Monteiro*

271

Rede social e estratégias de ascensão: cartas de Martinho de Mendonça para a corte de D. João V
Irenilda R. B. R. M. Cavalcanti

273

Um encontro marcado: o uso de testamentos, inventários e cartas no estudo da identidade e das relações entre judeus e negros no Caribe nos séculos XVII e XVIII
Reginaldo Jonas Heller

295

O colecionismo como escrita da história
Ana Paula Sampaio Caldeira

313

Prefácio

O ofício do historiador é, em geral, solitário. Sozinho, ele enfrenta pilhas de fontes guardadas nos arquivos e nas bibliotecas, sejam oficiais ou particulares. Sozinho, faz uma série de leituras de outros colegas historiadores e cientistas sociais, que se debruçaram sobre o mesmo tema e que, por sua vez, tiveram eles também muito tempo de reflexões solitárias. Longas horas de trabalho são passadas dessa forma, e aquele que não gostar da experiência terá problemas em ser um historiador. No entanto, é preciso haver diálogo, troca de informações, circulação de conceitos, para que as conquistas individuais de compreensão do passado sejam compartilhadas e desencadeiem outras, num infinito jogo de aberturas de interpretações, complementares ou não, o que torna a História tão fascinante e grande instigadora de calorosos debates.

A partir do fim dos anos 70 e ao longo da década de 80 do século XX, percebe-se no Brasil um crescimento da produção historiográfica, não apenas do ponto de vista quantitativo, mas também qualitativo. Com a ampliação dos cursos de pós-graduação – primeiro os de mestrado, depois os de doutorado –, foi possível formar um número significativo de pesquisadores qualificados e que sabem produzir trabalhos de interesse e envergadura. A par disso, um público leitor curioso e atento vem se consolidando, o que possibilitou a abertura de linhas editoriais de livros e revistas de História, ampliando o espaço de discussões.

Dentro do ambiente acadêmico, as instituições de fomento à pesquisa têm incentivado fortemente a formação de grupos que reúnam pesquisadores de instituições diferentes para incrementar os estudos e integrar as iniciativas de exploração do conhecimento. Claro está que isso é uma tendência geral, para todo o âmbito científico, não apenas na esfera dos trabalhos de História. Mas que, entretanto, veio a contribuir para se enfrentar essa curiosa contradição do ofício do historiador: a solidão dos estudos em contraponto à necessidade de circulação das reflexões e análises.

Assim, a Companhia das Índias enquadra-se perfeitamente na história recente da produção historiográfica brasileira. Tendo como líderes os renomados historiadores Ronaldo Vainfas e Guilherme Pereira das Neves – com contribuições exemplares para a pesquisa em História –, conta com professores da UFF e da Uerj, abrangendo colaborações de pesquisadores de outras instituições no Brasil e contatos internacionais. O grupo tem se mostrado pródigo em proporcionar espaços de encontros que dinamizem debates e discussões, tanto em simpósios e colóquios quanto em publicações que reúnam trabalhos dos pesquisadores vinculados.

Portanto, a Companhia não poderia deixar de criar a possibilidade de veiculação de trabalhos de mestrandos e doutorandos do Programa de Pós-Graduação em História da Universidade Federal Fluminense – PPGH-UFF, e de outros programas de excelência no país. Por esse motivo organizou o "I Seminário de Pós-Graduandos em História Moderna" em 2006, do qual o livro que o leitor tem em mãos é resultado.

O PPGH-UFF é um importante protagonista da história recente da produção historiográfica brasileira. Referência fundamental na formação de historiadores no Brasil, esse programa tem sido responsável por incrementar as análises de muitos aspectos da História, em âmbitos diversos, sejam na perspectiva econômica, política, social ou cultural, além do uso de variadas fontes que dinamizam

Espelhos Deformantes

as pesquisas. Muitas trajetórias de sucesso iniciaram-se justamente nesse programa.

Dessa forma, os estudos de Ana Paula Sampaio Caldeira, Elisa Frühauf Garcia, Francisco Eduardo Pinto, Gabriel Aladrén, Gustavo Acioli Lopes, Irenilda R. B. R. M. Cavalcanti, Lígio de Oliveira Maia, Luciane Cristina Scarato, Maria Aparecida de Menezes Borrego, Mário Fernandes Correia Branco, Patricia Souza de Faria, Pollyanna Gouveia Mendonça, Reginaldo Jonas Heller e de Tarcísio de Souza Gaspar, demonstram a diversidade de temas e de usos de fontes variadas. Além do olhar apurado para perceber aspectos relevantes do período moderno em várias regiões, até mesmo na distante Goa portuguesa.

Assim, ao possibilitar a publicação dos interessantes trabalhos de pós-graduandos presentes nesta obra, a Companhia das Índias não apenas consolida o dinamismo de seu grupo de pesquisa. Também indica mais uma maneira de incentivar a produção de jovens pesquisadores que, com certeza, têm diante de si um belo futuro, no qual a solidão pode ser combatida por espaços ampliados de conversas sobre a História.

Célia Cristina da Silva Tavares

Apresentação

Este livro decorre de duas trajetórias relacionadas, a do Programa de Pós-Graduação em História da Universidade Federal Fluminense (PPGH-UFF) e a da Companhia das Índias como núcleo de pesquisa. Criado em 1971 com o curso de mestrado, em 1985 o PPGH-UFF passou a oferecer também o doutorado. Distinguiu-se então como um curso de excelência na pós-graduação em História no país, projetando-se pela revisão de paradigmas interpretativos – mediante debate historiográfico e reflexão teórica – e, sobretudo, pela valorização da pesquisa com fontes primárias e suas respectivas metodologias, valendo-se da proximidade dos fundos documentais existentes no Rio de Janeiro, como a Biblioteca Nacional e o Arquivo Nacional.[1]

Seguindo a lógica da reforma curricular da graduação em História na UFF feita em 1992, em 2003 o ingresso de mestrandos e doutorandos no programa passou a condicionar-se à inscrição em uma das cinco bancas de seleção existentes, organizadas segundo eixos cronológicos e temáticos. A banca de História Moderna compreende projetos relacionados aos séculos XVI, XVII e XVIII (estendendo-se por vezes ao início do XIX ou ao século XV), em vários continentes. Formamos, assim, um corpo especializado de docentes e de pós-graduandos, que dialoga com as histórias do Brasil, de Portugal e de outras regiões européias, além da América espanhola, da África e da Índia portuguesa – para citar apenas espaços de maior incidência das investigações.

---

[1] A título de exemplo dessas reflexões, Ciro Flamarion Cardoso & Ronaldo Vainfas (orgs.). *Domínios da História. Ensaios de teoria e metodologia*, Rio de Janeiro, Campus, 1997.

Nesse contexto de valorização da pesquisa documental e de entendimento da História Moderna, em perspectiva diversa das áreas de História do Brasil, História da América e História Moderna e Contemporânea, a Companhia das Índias foi criada em 1998. Como núcleo que reúne pesquisadores do PPGH-UFF e de outras instituições de ensino superior do Brasil e de Portugal, suas investigações centram-se no mundo ibérico e colonial na Época Moderna. Liderada como grupo de pesquisa no Conselho Nacional de Desenvolvimento Científico e Tecnológico (CNPq) por Ronaldo Vainfas e Guilherme Pereira das Neves, conta, entre seus pesquisadores principais, com Luciano Raposo de Almeida Figueiredo, Ronald Raminelli, Sheila de Castro Faria, Georgina Silva dos Santos, Rogério de Oliveira Ribas, Márcia Maria Menendes Motta, Luiz Carlos Soares e Rodrigo Bentes Monteiro, da UFF, além de Célia Cristina da Silva Tavares e Daniela Buono Calainho, da Faculdade de Formação de Professores da Universidade do Estado do Rio de Janeiro (FFP-Uerj).[2]

O crescimento do grupo estimulou sua reorganização, entre 2003 e 2006, sob a coordenação de Georgina Silva dos Santos. Desde então a coordenação passou à responsabilidade do apresentador. As atividades passaram a incluir discussões de projetos e de pesquisas entre membros do núcleo, além de conferências de pesquisadores nacionais e estrangeiros. A renovação da Companhia das Índias estimulou sua participação no concurso Pronex, promovido pela Fun-

---

[2] O núcleo agrega também, como pesquisadores associados, o antropólogo Luiz Mott, da Universidade Federal da Bahia; os historiadores Laura de Mello e Souza, Íris Kantor, Ana Paula Megiani, Marina de Mello e Souza e Pedro Puntoni, pela Universidade de São Paulo; Júnia Ferreira Furtado, pela Universidade Federal de Minas Gerais; e Andréa Doré, pela Universidade Federal do Paraná; além de Ângela Domingues, pelo Instituto de Investigação Científica e Tropical (Lisboa), e de Pedro Cardim, pela Universidade Nova de Lisboa.

Espelhos Deformantes 15

dação Carlos Chagas Filho de Amparo à Pesquisa do Estado do Rio de Janeiro (Faperj) em parceria com o CNPq, no ano de 2003. Apresentou-se o projeto *O quanto em Portugal é o mundo: experiências individuais e redes de sociabilidade nas malhas do império português (c. 1500–c. 1800)*. Coordenado por Ronaldo Vainfas, o projeto propunha um recorte original no estudo do império colonial português. Com os recursos disponíveis pela aprovação desse projeto, obtivemos melhores condições de trabalho.

Entre as realizações beneficiárias desse primeiro Pronex, além da promoção de vários simpósios temáticos nos encontros da Associação Nacional de História (Anpuh)[3], destacam-se o primeiro curso *lato sensu* de História Moderna da UFF, ministrado entre 2005 e 2006, e a efetivação de dois colóquios internacionais em 2005 e em 2007.[4] Em 16 e 17 de outubro de 2006, a Companhia das Índias organizou o "I Seminário de Pós-Graduandos em História Moderna", congregando mestrandos e doutorandos do PPGH-UFF e de outros programas de excelência em História no país. Mais que a apresentação de conteúdos e temas de pesquisa, a idéia era promover o debate em torno de tipos de fontes e suas respectivas metodologias de estudo. As mesas, organizadas de acordo com esse critério, foram coordenadas por pesquisadores do núcleo, e o público foi composto, em sua maioria, por alunos da graduação em História da UFF e da FFP-Uerj – que naquele momento iniciava também seu curso

---

[3] Como exemplo dessa participação no XXII Simpósio Nacional de História da Anpuh, em João Pessoa no ano de 2003, cf. Ronaldo Vainfas, Bruno Feitler & Lana Lage (orgs.), *A Inquisição em Xeque. Temas, controvérsias, estudos de caso*, Rio de Janeiro, Eduerj, 2006.

[4] Como fruto das comunicações do primeiro colóquio realizado em 2005, cf. Ronaldo Vainfas, Georgina Silva dos Santos & Guilherme Pereira das Neves (orgs.), *Retratos do Império. Trajetórias individuais no mundo português nos séculos XVI a XIX*, Niterói, EdUFF, 2007.

de pós-graduação. Nossos bolsistas de iniciação científica atuaram como equipe de apoio.

Após o evento, convidamos os participantes a entregar propostas de artigos, que foram selecionados, revisados e comentados pelos organizadores do seminário. Apresentamos agora o resultado desse trabalho. Ele visa contribuir para o estímulo à pós-graduação em História, mediante a leitura de alguns estudos em exercício, com vários fundos documentais e em diferentes estágios de maturação.

Entretanto, neste livro – destinado a aspirantes à pós-graduação, a mestrandos ou doutorandos em História –, cabe dissertar um pouco sobre o seu tema e o seu título. No limiar de nosso terceiro milênio, Carlo Ginzburg, em livro bastante divulgado, preocupa-se com as relações entre a *história*, a *retórica* – entendida, grosso modo, como a arte de falar e de escrever bem – e a *prova* – no sentido da verificação, mas também da experimentação. Considera que nas últimas décadas a continuidade bastante aceita entre *história* e *retórica* marginalizou a outrora continuidade evidente entre *história* e *prova*.[5] Procura assim mostrar que, ao menos até o século XVIII, a *prova* era considerada uma parte integrante da *retórica*, e que esse vínculo, um tanto esquecido, possui importantes relações com a metodologia dos historiadores.

Ao identificar uma das principais matrizes dessa oposição construída entre *retórica* e *prova* na obra de Nietzsche, Ginzburg alerta para os perigos do relativismo excessivo na valorização dos diferentes "estilos", pela recusa da responsabilidade de se assumir uma avaliação crítica no estudo de um objeto. O historiador italiano enfrenta, desse modo, o "desafio cético", procurando expressar o ponto de vista de quem trabalha com os documentos, no sentido amplo do

---

[5] Carlo Ginzburg, *Relações de Força. História, retórica, prova*, São Paulo, Companhia das Letras, 2002, pp. 13-45 (1ª edição: 2000).

Espelhos Deformantes

termo. Para Ginzburg, fontes como o texto de Lourenço Valla no século XV, sobre a apócrifa *Doação de Constantino*, bem expressam uma eloqüente combinação de que a retórica também se movia no âmbito do provável – diferente do da verdade científica. Nesse sentido, era preciso fazer a fonte "falar". Nesse passado mais distante, desde a Antigüidade até a Época Moderna, a difundida utilização da tortura para a obtenção da verdade revelava, mais uma vez, a combinação entre retórica e prova. O historiador italiano introduz então um ponto central em suas reflexões:

> [...] ao avaliar as provas, os historiadores deveriam recordar que todo ponto de vista sobre a realidade, além de ser intrinsecamente seletivo e parcial, depende das relações de força que condicionam, por meio da possibilidade de acesso à documentação, a imagem total que uma sociedade deixa de si.[6]

Desse modo, seria importante para a pesquisa histórica considerar, no exame das fontes, essas *relações de força,* e também aquilo que escapa a elas, atrevendo-se a ler os testemunhos às avessas, contra as intenções de quem os produziu. O estudo dos instrumentos que facilitavam o domínio de um discurso sobre o outro permitiria, justamente, para o pesquisador, uma melhor compreensão dessas diferentes culturas.

Ginzburg tenciona demonstrar aos céticos as implicações cognitivas das próprias escolhas narrativas. Mas posiciona-se também contra a idéia de que os modelos narrativos intervêm no trabalho historiográfico apenas no seu final, para organizar o material coletado. No século XIX, o progresso científico e tecnológico favoreceu a idéia de

---

[6] Idem, p. 43.

um conhecimento historiográfico baseado no *espelhamento* passivo da realidade. No século XX, um entusiasmo análogo enalteceu, diferentemente, os elementos construtivos desse conhecimento. Mas a polêmica desenvolvida por Ginzburg contra o relativismo cético não se confunde com a equivocada idéia oitocentista de que as fontes oferecem acesso imediato à realidade. Longe de uma perspectiva cientificista, mas igualmente distante da crítica pós-moderna. As fontes não seriam nem janelas escancaradas, na visão de positivistas, nem muros que bloqueiam a visão, como crêem os céticos. A metáfora mais apropriada para o seu entendimento seria a de *espelhos que deformam os objetos*.[7]

Sobre os espelhos. Outro historiador italiano, que atua também como semiólogo, disserta sobre o motivo de os espelhos não poderem ser considerados signos, os fenômenos semiósicos sendo diferentes dos especulares.[8] Nessa "entrada pelo espelho", Umberto Eco o define como uma superfície regular, plana ou curva, que reflete a radiação luminosa. O espelho plano forneceria uma imagem virtual correta, sem aberrações; já o espelho convexo refletiria imagens também corretas, mas reduzidas; por sua vez, o espelho côncavo forneceria imagens virtuais retas, e ampliadas. Ao variar de posição em relação ao foco, esse objeto proporciona – segundo Eco – imagens reais, ampliadas ou reduzidas, conforme o caso.

Mas o historiador e semiólogo italiano também questiona alguns sensos comuns sobre os espelhos, por exemplo, a idéia de que a imagem especular seria invertida. Opiniões de que os espelhos põem a direita no lugar da esquerda e vice-versa, mas que não trocam o alto

---

[7] Idem, p. 44.

[8] A *semiose* seria um fenômeno típico dos seres humanos, pelo qual atuam um signo, seu objeto e sua interpretação. A *semiótica* seria a reflexão teórica sobre a semiose. Para essas reflexões, cf. Umberto Eco, *Sobre os Espelhos e Outros Ensaios*, Rio de Janeiro, Nova Fronteira, 1989, pp. 11-37 (1ª edição: 1985).

Espelhos Deformantes

pelo baixo, ou de que fazem as duas coisas juntas. No entanto, os espelhos não invertem ou emborcam. Eles refletem a direita onde está a direita, e a esquerda onde está a esquerda. É o observador quem, por identificação, imagina ser o homem dentro do espelho, e assim se vê, por exemplo, com o relógio no pulso direito, quando ele está no esquerdo. Eco considera que nosso cérebro habituou-se a usar espelhos refletindo fielmente o que se tem diante de si, bem como se acostumou a inverter a imagem da retina – esta sim invertida. Contudo, se no âmbito perceptivo ou motor interpretamos a imagem do espelho corretamente, nossa reflexão conceitual ainda não consegue separar bem o fenômeno físico das ilusões que ele propicia. Assim, usamos a imagem especular de modo certo, mas freqüentemente, falamos a seu respeito de modo equivocado.

Ante o espelho, seria melhor falar de congruência e não de inversão, como um mata-borrão sobre uma folha recém-escrita. Se não conseguimos ler o que ficou impresso no mata-borrão, isso se deve aos nossos hábitos de leitura, pois os mata-borrões registram os sinais de tinta exatamente onde eles se apoiaram na superfície. Portanto, para usarmos bem um espelho, precisamos saber que temos um à nossa frente. Quando percebemos que se trata de uma imagem especular, partimos do princípio de que o espelho diz a verdade. O espelho não traduz; registra aquilo que o atinge da forma como o atinge. Ele não interpreta os objetos.

Os espelhos também podem ser próteses, como os óculos ou os binóculos, pois eles estendem o raio de ação de um órgão, possuindo ainda função de aumento, como as lentes, ou de diminuição, como as pinças. Nesse sentido, os espelhos são como próteses neutras, que permitem o estímulo visual até onde nossos olhos não alcançam. Como próteses, os espelhos podem ser também canais, materiais intermediários que permitem a passagem da informação.

Contudo, a magia dos espelhos consiste justamente no fato de que suas características possibilitam-nos não somente olhar melhor o mundo, mas também ver-nos como nos vêem os outros – uma experiência sem igual para a espécie humana. O espelho também fornece uma duplicata absoluta do campo estimulante – e não propriamente do objeto em si. Essas propriedades singulares explicam por que os espelhos inspiraram tanto a literatura: a virtual duplicação dos estímulos, do corpo que se desdobra e se coloca ante si mesmo, o roubo da imagem, essa tentação contínua de considerar-se um outro. Tudo isso faz da experiência especular algo único, no limiar entre percepção e significação. Dessa experiência icônica absoluta nasce o sonho de um signo com essas características. No entanto, mesmo o mais realista dos desenhos não exibiria as características perfeitas de duplicação de um espelho.[9]

Mas os espelhos também são conhecidos como *designadores rígidos*: somente quando os observamos, eles são capazes de restituir o nosso vulto. Nesse sentido, a imagem especular só se faz presente na presença de um referente. Uma relação entre objeto e imagem como um vínculo entre duas presenças. Sem mediação.[10]

Embora as características até aqui apontadas indiquem a função dos espelhos como algo diferente dos signos, há casos de espelhos que podem ser usados de maneira a produzir processos semiósicos. Este seria o caso dos *espelhos deformantes*, espécie de próteses estranhas que dilatam a função do objeto. Como uma corneta, capaz de trans-

---

[9] Vali-me da metáfora do espelho em minha tese de doutorado, aludindo ao gênero literário dos espelhos de príncipes e à conjuntura política da América portuguesa, como reflexo do universo político e cultural reinol, considerando o senso comum da inversão especular para a análise das revoltas. Rodrigo Bentes Monteiro, *O Rei no Espelho. A monarquia portuguesa e a colonização da América 1640-1720*, São Paulo, Hucitec, 2002. Os trabalhos alusivos ao tema são vastos e polissêmicos; seria impossível citá-los separadamente.

[10] Umberto Eco, op. cit.

Espelhos Deformantes

formar um discurso num trecho de ópera bufa. Uma prótese com funções alucinógenas. Nesse caso, continuamos a perceber formas, cores, sons e cheiros, mas de modo alterado. Conhecendo nossos órgãos sensoriais e acreditando neles, conseguimos controlar nossas reações, e interpretar e traduzir os dados provenientes desses reflexos para reconstruir percepções mais "corretas". Mas se não sabemos o que é *espelho*, nem o que é *deformante*, enganamo-nos.

No parque de diversão, deixamos esse engano acontecer. Mas Umberto Eco também alude a certas *regras de interpretação* para "decodificarmos" as ilusões de óptica. Ante o espelho deformante, podemos colocar em jogo algumas regras de projeção, semelhantes às aplicadas para reconhecer um desenho estilizado ou uma caricatura. Surge então a necessidade de interpretar os dados que o espelho nos fornece – como nos fenômenos de refração na água. Vale ressaltar que essa experiência de uma imagem deformada altera as fronteiras entre o fenômeno especular e o semiósico, pois, embora a imagem deformada seja supérflua em relação ao referente, ela também tem muitas características do semiósico, ainda que esboçadas e imprecisas.

Umberto Eco pondera que, talvez aterrorizados pôr essas ilusões e possibilidades, relegamos o exemplo dos espelhos deformantes aos castelos encantados. Entretanto, devemos lembrar que o mesmo autor publicou um romance que, além de *best-seller*, decidiu a opção profissional de um historiador em 1983. Em *O Nome da Rosa* (*Il Nome della Rosa*), Eco concebeu a cena em que o sábio franciscano Guilherme de Baskerville – inspirado em Guilherme de Occam – e seu jovem pupilo Adso de Melk entravam pela primeira vez na misteriosa biblioteca em forma de labirinto, num mosteiro da Península Itálica, em 1327. Após terem percorrido várias salas, Guilherme e Adso estavam perdidos. Vale a pena acompanhar as palavras do historiador romancista, fazendo-se do fictício aprendiz que, octogenário, teria escrito o manuscrito fonte do romance – a "dupla máscara" de Eco.

Estendendo o lume adiante avancei nas salas seguintes. Um gigante de proporções ameaçadoras, de corpo ondulado e flutuante como o de um fantasma, veio ao meu encontro.

"Um diabo!", gritei e pouco faltou para que me caísse o lume, enquanto me virava de repente e me refugiava nos braços de Guilherme. Este tirou-me o lume das mãos e, afastando-me, adiantou-se com uma decisão que me pareceu sublime. Também ele viu algo, porque parou bruscamente. Depois seguiu adiante e levantou a lanterna. Desatou a rir.

"Realmente engenhoso. Um espelho!"

"Um espelho?"

"Sim, meu bravo guerreiro. Há pouco no *scriptorium*, te atiraste corajosamente sobre um inimigo verdadeiro, e agora te assustas diante da tua imagem. Um espelho, que devolve a tua imagem aumentada e distorcida."

Tomou-me pela mão e conduziu-me para diante da parede que frenteava a entrada da sala. Numa lâmina de vidro ondulada, agora que o lume a iluminava mais de perto, vi nossas duas imagens, grotescamente deformadas, que mudavam de forma e de tamanho à medida que nos aproximávamos ou nos afastávamos.

"Deves ler algum tratado de óptica", disse Guilherme divertido, "como certamente o leram os fundadores da biblioteca. Os melhores são os dos árabes. Alhazen compôs um tratado, *De aspectibus*, em que, com precisas demonstrações geométricas, falou da força dos espelhos. Alguns dos quais, conforme a modulação de sua superfície, podem aumentar as coisas mais minúsculas (e que outra coisa são as minhas lentes?), outros fazem aparecer as imagens reviradas, ou oblíquas, ou mostram dois objetos em lugar de um, e quatro em lugar de dois. Outros ainda, como este, fazem de um anão um gigante ou de um gigante um anão."

Espelhos Deformantes

"Jesus do céu!", disse. "São essas então as visões que dizem ter tido na biblioteca?"[11]

Para esta apresentação, parece significativo o exemplo utilizado por Eco sobre a rica biblioteca medieval em forma de labirinto com livros – um deles envenenado – e espelhos que distorcem imagens, à maneira de um castelo encantado. Também ali se encontram, em torno das fontes, o excêntrico professor orientador, leitor de escritas cifradas e que se adianta com seus óculos inovadores, e o aluno, a princípio estupefato com as visões provocadas pelos espelhos/fontes. Além da recomendação das regras – o tratado de óptica indicado pelo mestre – para se entender melhor esse tipo de reflexo. Curiosamente, na mesma época o autor também escreveu um manual para a escrita de uma tese, que circulou entre muitos universitários e pós-graduandos brasileiros.[12]

Enfim, a idéia de um romance ficcional e historicamente possível, associada à característica única dos espelhos, de só serem contemplados mediante o nosso próprio reflexo, nos sugere algo a não ser esquecido. Por mais que aprendamos sobre procedimentos e técnicas de pesquisa, sempre veremos muito de nós mesmos, ao lidarmos com os reflexos distorcidos do passado. Portanto, para não ficarmos assustados como Adso na biblioteca, faz-se necessário ajustar melhor os nossos pontos de vista, na interação com esses *espelhos deformantes*.[13]

O livro foi dividido em cinco partes, comentadas por pesquisadores do PPGH-UFF e da Companhia das Índias. A primeira delas aborda fontes missionárias na Índia e na América portuguesa, e diferentes

---

[11] Umberto Eco, *O Nome da Rosa*, Rio de Janeiro, Nova Fronteira, 1983, pp. 202-203 (1ª edição: 1980).

[12] Idem. Cf. também Umberto Eco, *Pós-Escrito ao Nome da Rosa*, Rio de Janeiro, Nova Fronteira, 1985, e *Como se Faz Uma Tese*, São Paulo, Perspectiva, 1986, (1ª edição italiana: 1977).

[13] Carlo Ginzburg, op. cit., p. 44.

modos de interpretá-las; a segunda parte visa exemplificar, mediante estudos de processos eclesiásticos e civis em diferentes contextos, duas maneiras de lidar com filtros de fontes provenientes desses mecanismos coercitivos; as fontes cartorárias e os registros de alfândegas constituem o destaque da terceira parte, que flerta com a história quantitativa; por sua vez, as fontes administrativas reguladoras do espaço, mas principalmente de relações culturais e sociais, compõem o tema da quarta parte; por fim, a quinta parte agrega fontes de estilos diversos, mas sobre uma temática cara aos Tempos Modernos: as trajetórias de indivíduos e de grupos entre os âmbitos público e particular. Alguns pós-graduandos autores neste livro hoje já são mestres, doutores ou doutorandos. Contudo, manteve-se a titulação pertinente ao momento da participação no seminário e de escrita de cada capítulo.

A publicação deste livro não seria possível sem o segundo Pronex (Faperj–CNPq) obtido pela Companhia das Índias em 2006, com o projeto *Raízes do privilégio: limpeza de sangue, hierarquias e mobilidade social no império português (séculos XVI-XIX)*, novamente sob a coordenação de Ronaldo Vainfas. A perspicácia e a sensibilidade de Ronald Raminelli foram fundamentais na idealização do seminário, na montagem das mesas e na seleção dos artigos. Também agradeço a Georgina Santos, a Célia Tavares e a Daniela Calainho pela ajuda na organização do seminário. Nancy Faria auxiliou na revisão dos textos. Um agradecimento especial vai para Mário Fernandes Correia Branco, doutorando do PPGH-UFF e excepcional colaborador da Companhia das Índias; também para os bolsistas de iniciação científica Alain Tramont, Bárbara Deslandes Primo, Guilherme Linhares, Gustavo Kelly de Almeida, Jerônimo Duque Estrada de Barros, Mariana Guglielmo, Mila de Paula e Thiago Krause. Eles abrilhantaram o evento, e fortificam o futuro desse núcleo.

Rodrigo Bentes Monteiro
Companhia das Índias, outubro de 2007

Parte I

Retórica e história
em relatos de conquista

Depois de publicados, os escritos ganham autonomia, circulam, perdem e adquirem novos significados. De fato, as palavras se moldam, em grande parte, aos leitores e a sua imaginação. Os registros do passado têm a mesma sina, se prestam a inúmeras enquetes, informam e atordoam aos historiadores. Hoje as fronteiras entre fontes eclesiásticas, administrativas, diplomáticas ou literárias romperamse a ponto de ser muito instigante empregar documentos religiosos para perscrutar as tramas políticas. A contrapelo, o historiador compreende processos ainda pouco explorados; percebe o limitado enquadramento imputado às fontes, rótulos incapazes de conter a sua complexidade. Essa tendência está manifesta nos três artigos desta seção. Se os missionários exaltavam a devoção e vertiam muita tinta para honrar a obra divina, tratavam igualmente de plantas, doenças e costumes. Não se restringiam a escrever, faziam política, ocultavam dos reis notícias que somente transmitiam aos seus superiores, construíam canais para fluir cartas e amparar, com suas experiências, os companheiros apartados. Franciscanos ou jesuíticos, os escritos missionários estão distantes do limitado âmbito da história religiosa, pois revelam tanto uma sensível percepção etnográfica ao abordar os hábitos nativos, quanto uma inaptidão para perceber os limites da prática de converter ou apagar os arraigados costumes gentios. Na narrativa epistolar, ainda evidenciava-se a ambígua lealdade ao rei e à Igreja, o confronto político entre ordens religiosas e entre forças celestes que tencionavam controlar os mais remotos e ordinários filhos da terra.

Ronald Raminelli

A conquista espiritual da Índia:
armas e evangelho na obra
de frei Paulo da Trindade

Patricia Souza de Faria[*]

Analisamos o processo de conversão dos indianos ao catolicismo nos séculos XVI e XVII, no âmbito do império asiático-português, a partir da crônica elaborada por um franciscano nascido na Índia. Trata-se da *Conquista Espiritual do Oriente*, redigida na década de 1630 por frei Paulo da Trindade, conhecido por sua associação retórica das "espadas" do poder eclesiástico e do poder temporal na conquista do Oriente, isto é, por conjugar a conquista espiritual à conquista temporal.[1] Pretendemos identificar como frei Paulo da Trindade caracterizou a ação dos franciscanos na Índia.[2]

---

[*] Doutoranda em História pela Universidade Federal Fluminense, sob a orientação do professor Ronald Raminelli.

[1] Charles Boxer introduziu a questão do Padroado português, citando frei Paulo da Trindade, que considerava a união das "espadas" do poder civil e do poder eclesiástico uma associação essencial para a conquista espiritual do Oriente, já que as armas só conquistaram espaços respaldadas pela evangelização, e a evangelização só era eficaz se estivesse apoiada nas armas. Charles Boxer, *O Império Marítimo Português 1415-1825*, São Paulo, Companhia das Letras, 2002, p. 227.

[2] Paulo da Trindade, *Conquista Espiritual do Oriente: em que se dá relação cousas mais notáveis que fizeram os Frades Menores da Santa Província de S. Tomé da Índia Oriental em a pregação da fé e conversão dos infiéis, em mais de trinta reinos, do Cabo de Boa Esperança até as remotíssimas Ilhas do Japão*, Lisboa, Centro de Estudos Históricos Ultramarinos, 1962-1967, 3 vols. Apesar de escrito no século XVII, o trabalho subsistiu manuscrito até ser publicado na segunda metade do século XX. Na época, Paulo da Trindade não era o cronista da Ordem de São Francisco, mas sim Francisco Negrão, cuja obra se perdeu.

28 Rodrigo Bentes Monteiro (org.)

Selecionamos a crônica produzida por um franciscano para tentar elucidar os processos associados à evangelização da Índia através de uma fonte que não fosse jesuítica. A escolha da crônica franciscana inscreve-se no esforço de crítica à noção que predominou nos estudos sobre as missões católicas no Oriente, que trataram todo dinamismo como resultado – exclusivo – da ação dos membros da Companhia de Jesus.[3]

Os franciscanos chegaram à Índia em 1500 e se fixaram definitivamente com a instituição do Comissariado, em 1517. Os jesuítas ali aportaram em 1542. O período que precede sua presença na Índia foi tratado como isento de interesse para a história religiosa da região.[4] O recurso a outras fontes, além das crônicas jesuíticas, permite identificar que já se delineava um projeto de "disciplinamento social" anterior à chegada dos inacianos na Índia (1542) e que os franciscanos participaram do estabelecimento dos dispositivos necessários à conversão em massa dos moradores de Goa, sendo elucidativo o fato de o primeiro bispo diocesano de Goa ter sido um franciscano, D. Juan de Albuquerque, assim como seu primeiro arcebispo, D. Gaspar de Leão.[5]

---

[3] Alan Strathern, "*Os Piedosos* and the Mission in Índia and Sri Lanka in the 1540s", em *D. João III e o Império: Actas do Congresso Internacional comemorativo do seu nascimento*, Lisboa, Centro de História de Além-Mar, 2004, pp. 855-864; Ângela Barreto Xavier, "Tendências na historiografia da expansão portuguesa: reflexões sobre os destinos da história social", *Penélope*, n. 22, Oeiras, jun. 2000, pp. 141-79.

[4] Noção cristalizada mesmo nos estudos contidos na importante *História da expansão portuguesa*, organizada por Francisco Bethencourt e Kirti Chauduri, caso do artigo de Caio Boschi. Ver Caio Boschi, "Estruturas eclesiásticas e Inquisição", em Francisco Bethencourt & Kirti Chauduri (orgs.), *História da Expansão Portuguesa. Do Índico ao Atlântico (1570-1697)*, Navarra, Círculo de Leitores e Letras, 1998, vol. II, pp. 429-52.

[5] Nas décadas iniciais da presença portuguesa na Índia, admitia-se que o rei de Portugal possuísse súditos membros de outra confissão religiosa. Contudo, a partir do reinado joanino, colocava-se em prática um projeto de conversão em massa dos goeses, que se traduziu em medidas que concediam privilégios aos convertidos e afastavam os não-cristãos dos ofícios do Estado da Índia. No interior do processo de "disciplinamento social"

Além da crônica de Paulo da Trindade – que poderia ser considerada uma apologia à ação dos franciscanos na Índia e, desse modo, dotada de pouca validade para a revisão do protagonismo historiográfico vivido pela Companhia de Jesus – outras fontes permitem identificar a notável importância dos franciscanos na cristianização da Índia e a existência de consideráveis dispositivos voltados para a cristianização de Goa, os quais foram concebidos antes da chegada dos jesuítas. Entre tais fontes, existem as *Memórias Eclesiásticas de Goa* (códices 176 e 177 da Biblioteca Nacional de Lisboa) e as correspondências dos clérigos que atuaram na Índia antes da chegada dos jesuítas, disponíveis no acervo dos Arquivos Nacionais da Torre do Tombo (no fundo, denominado *Corpo Cronológico*) ou já publicadas na coleção *Documentação para História das Missões do Padroado Português no Oriente*, organizada por Silva Rego (volumes 1 e 2).[6]

---

estava subjacente o princípio de uma cultura "confessional", isto é, os súditos deveriam obrigatoriamente seguir a confissão de fé do soberano. Wolfgang Reinhard optou pela expressão "Era Confessional" (*konfessionelles Zeitalter*) para tratar do desenvolvimento paralelo do luteranismo, do calvinismo e do catolicismo na Idade Moderna. Reinhard apresenta a modernidade da "Contra-Reforma", considerando as suas estratégias de cristianização e de disciplinamento da sociedade, a reforma da administração da Igreja, a internalização de valores cristãos, a adoção de uma nova pedagogia, a revisão do etnocentrismo através da experiência das missões. Ernst Walter Zeeden elaborou uma teoria da confessionalização, ressaltando a interpenetração do poder político e da religião no âmbito do Estado. A afirmação de Zeeden torna-se elucidativa para compreender a "Era Confessional", quando a religião do rei deveria ser a religião adotada pelos súditos. Ver R. Po-Chia Hsia, *The World of Catholic Renewal. 1540-1770*, Cambridge, Cambridge University Press, 1998, pp. 4-5; Palomo Prodi, "Disciplina cristiana – apuntes historiográficos en torno a la disciplina y el disciplinamiento social como categorías de la historia religiosa de la alta edad moderna", *Cuadernos de Historia Moderna*, n. 18, Madrid, Universidad Complutense, 1997, pp. 116-39.

[6] A. Silva Rego, *Documentos para História das Missões do Padroado Português no Oriente*, Lisboa, Fundação Oriente/Comissão Nacional para as Comemorações dos Descobrimentos Portugueses, 1991-1996.

Devido aos limites disponíveis para expor o tema investigado, no momento optamos apenas pela análise da crônica de frei Paulo da Trindade. Justifica-se a importância do estudo da crônica franciscana como um esforço metodológico, associado à tentativa de equilibrar os testemunhos conhecidos sobre o processo de conversão dos indianos ao catolicismo, nos séculos XVI e XVII. Na medida em que os jesuítas foram os responsáveis pela produção da mais significativa massa documental sobre as missões no Oriente[7], muitos historiadores têm optado pelo estudo da Companhia de Jesus, aprofundando a percepção desequilibrada acerca dos métodos de conversão aplicados no Oriente. Apesar das amplas informações que auxiliam na reconstituição de aspectos institucionais da presença franciscana na Índia, neste artigo não utilizaremos a crônica de Paulo da Trindade para recuperação de informações factuais, mas para apresentar um outro olhar sobre as missões católicas no Oriente, considerando-se dois tópicos: os métodos missionários valorizados pelos franciscanos e a forma como estes caracterizaram o seu apostolado na Índia.

Frei Paulo da Trindade nasceu aproximadamente em 1570, em Macau, e partiu para Goa. Foi Comissário Geral das Províncias Franciscanas da Índia (São Tomé e Madre de Deus), leitor jubilado e deputado do Santo Ofício.[8] Sua obra divide-se em três partes: a primeira é dedicada a Goa e Bardez; a segunda refere-se aos reinos entre o Cabo da Boa Esperança e o de Comorim; já a última é dedicada ao

---

[7] Inês Županov, *Missionary Tropics, Jesuit Frontier in India (16th-17th century)*, Ann Arbor, University of Michigan Press, 2005; Diogo Ramada Curto, "Cultura escrita e práticas de identidade", em Francisco Bethencourt & Kirti Chauduri (orgs.), *História da Expansão Portuguesa*, op. cit., pp. 458-531.

[8] Miguel da Purificação, *Relação Defensiva dos Filhos da Índia Oriental e da Província do Apóstolo S. Thomé dos Frades Menores da Regular Observância da mesma Índia*, Barcelona, Sebastião e João Matheus, 1640.

Espelhos Deformantes

Ceilão, aos reinos de Bengala, Pegu, Sião, Malaca e adjacências, além da China e das ilhas do Japão. As fontes mencionadas pelo franciscano consistem na obra do cronista Diogo do Couto,[9] na obra manuscrita do franciscano Francisco Negrão (que não se encontra localizada), nas cartas guardadas no Convento de São Francisco de Goa e no Compêndio Índico da Companhia de Jesus.[10]

Uma das contribuições ao estudo das missões católicas no Oriente, decorrente da análise de uma fonte franciscana, consiste em apresentar uma perspectiva distinta acerca dos métodos de conversão utilizados na Índia. Desde os primeiros tempos apostólicos, existiram dois grandes modelos de evangelização, que foram repensados em tempos e lugares diferentes: uma via suave (*introduce eos*) e uma via violenta (*compelle eos*). A suave compreendia o religioso em toda a radicalidade cristã, capaz de atrair membros de sociedades não-cristãs, nelas intervindo, assentando-se na inquestionabilidade da superioridade cristã e na impossibilidade de tradução dos conceitos cristãos para outras línguas e culturas. Caberia à graça divina fazer a semente do Evangelho, plantada pelo religioso, produzir bons frutos. O método preconizado unia a oração, o exemplo de vida fornecido por ele e a pregação do Evangelho. Em Portugal, esse modelo missionário era identificado entre as ordens mendicantes, das quais a de São Francisco era uma representante, sendo responsável por pregações litúrgicas e apostólicas nos dias santos, nas visitações, nos sínodos, nos batismos, nas aclamações à monarquia, nos ofícios fúnebres e nos hospitais. Às ordens mendicantes, caso dos franciscanos, foram entregues alguns dispositivos de caridade, como confrarias e hospitais, espaços onde

---

[9] Década V, l.6, capítulos 3 e 4.

[10] *Compendium Indicum in quo continentur facultates, et aliae gratiae a Sede Apostolica Societati Jesu in partibus Indiarum cacessae* (1580), em que são mencionados os privilégios concedidos pela Santa Sé às ordens religiosas que atuaram na Índia.

o exemplo da caridade e da pobreza evangélica poderiam ser ainda mais exaltados – até aproximadamente a década de 1550; quando se buscavam pregadores e apoio assistencial, pensava-se em franciscanos e dominicanos, o que não prevaleceria posteriormente.[11]

Os franciscanos buscavam apresentar-se como espelho de Jesus, como *imitatio Christi*. Frei Jacinto de Deus afirma que, desde o começo da ordem, os franciscanos estenderam-se pelo mundo a fim de pregar o Evangelho, caso de são Francisco de Assis, que teria passado ao Egito e convertido o sultão, além de pregar na Itália, na França e na Espanha. Os seguidores de são Francisco de Assis imitaram-no, espalhando-se por todo o mundo.[12] Se Francisco de Assis foi a mais perfeita imitação humana de Cristo, os franciscanos guardam esse atributo da perfeita *imitatio Christi*, por serem seguidores do fundador da Ordem de São Francisco. Conforme frei Paulo da Trindade, são Francisco de Assis converteu o sultão do Egito por tê-lo impressionado com sua pobreza evangélica e com seu exemplo.[13]

Segundo Melquíades Andrés Martín, a chave da vida espiritual franciscana estaria muito mais na sabedoria que na ciência, na graça em lugar da doutrina, na vontade mais que no entendimento, na for-

---

[11] Ângela Barreto Xavier, *A invenção de Goa. Poder imperial e conversões culturais nos séculos XVI e XVII*, Florença, tese de doutorado em História, Instituto Universitário Europeu, 2003, p. 356.

[12] Frei Jacinto de Deus, Caminho dos Frades Menores para a Vida Eterna, Lisboa, Miguel Deslandes, 1689. Na seção dedicada aos conceitos encomiásticos do seráfico padre são Francisco, são conferidos atributos que o colocam como "substituto" de Cristo, com transposição da essência perfeita do Messias ao fundador da Ordem de São Francisco, citando autoridades teológicas. Conceitos encomiásticos como "Deus diminui-se para Francisco crescer, mas cresceu Francisco para Deus ser maior em nosso conhecimento; sendo mais de muito, o que Deus deu ao mundo, dando-lhe seu Unigênito Filho Encarnado; também muito foi, o que seu Filho lhe deu, dando-lhe a Francisco, seu Retrato".

[13] Paulo da Trindade, *Conquista Espiritual do Oriente...*, op. cit., vol. I, p. 80.

Espelhos Deformantes

ça da oração no lugar da força do estudo. O franciscano frei Gaspar de Leão, que foi arcebispo de Goa, fez uma apologia em seu livro *Desengano de Perdidos* à via unitiva (busca da união mística do fiel com Deus), que seria a via do coração, do amor, contrapondo-a à via escolástica (a da ciência, da inteligência, do entendimento). A de amor, preconizada por frei Gaspar de Leão, não exaltava o papel dos estudos no processo de conversão, mas a realização de si mesmo como *imago dei*, alcançada pela oração e pela mortificação, pela caridade e pela pobreza.[14]

Para fins de comparação, cabe mencionar que a Companhia de Jesus destacou-se no empreendimento da Reforma Católica, tanto através da ação pastoral como por meio da educação, dupla prioridade, honrada mediante o modelo institucional dos colégios, espaço que fornecia o ensino, além de base apostólica, onde residiam os padres consagrados ao ministério espiritual. Os colégios jesuíticos consistiram em organizações que reuniam religiosos com habilidades variadas (para o ensino, a erudição ou os trabalhos apostólicos), respondendo a duas necessidades da época em que surgiram: atendiam à busca por educação e cultura, em uma sociedade marcada pelo humanismo, pela necessidade de formação de oficiais para o Estado moderno, além de responderem à vontade de cristianizar as regiões exploradas insuficientemente, como as áreas rurais da Europa[15] ou os espaços coloniais. A Companhia de Jesus pregava a eficácia de um plano de estudos bem definido (*Ratio Studiorum*) e valorizava a expressão em todas as suas modalidades: o teatro, as festas, as disputas ou os debates para provar a verdadeira fé. A originalidade do sistema

---

[14] Ângela Barreto Xavier, *A invenção de Goa...*, op. cit., p. 357.

[15] Federico Palomo, *Fazer dos Campos Escolas Excelentes: os jesuítas de Évora e as missões do interior em Portugal (1551-1630)*, Lisboa, Fundação Calouste Gulbenkian, 2003.

educativo dos jesuítas explica-se, igualmente, pela associação entre finalidades religiosas e práticas, de modo que formar bons cristãos significava formar também homens úteis, sábios, de bom julgamento. Equipados com um aparato teológico, intelectual e mesmo científico, os jesuítas elaboraram tratados, proferiram entusiásticos sermões, sensibilizaram por meio da pregação, do teatro e da música, a fim de cumprirem o papel de apóstolos, o que foi efetuado nas mais diversas línguas, produzindo cartilhas, manuais de confissão e textos hagiográficos em dialetos variados.[16]

Contudo, não é pertinente associar meramente os jesuítas a uma "via escolástica", apesar do papel desempenhado pelo estudo e pela doutrina na atividade missionária dos inacianos, que são recordados também por uma via alternativa, marcada pelo modelo adaptacionista. As experiências de *accomodatio*[17] ocorreram especialmente em áreas não açambarcadas pelos meios humanos e repressivos do Estado português da Índia, caso de Maduré, ou em regiões com mais dificuldade de controle, como a China Ming e o Japão; experiências que suscitaram a querela dos ritos, quando os jesuítas foram acusados de

---

[16] Luce Giard & Louis de Vaucelles, *Les Jésuites à l'Âge Baroque (1540-1640)*, Grenoble, Jérome Millon, 1996.

[17] Desde o início dos tempos apostólicos, prenuncia-se a idéia da adaptação à cultura dos povos a serem convertidos. "E fiz-me como judeu, para os judeus, para conquistar os judeus. Aos que estão sob a lei, como se estivesse sob a lei, embora não esteja sob a lei, para conquistar os que estão debaixo da lei. Aos sem lei, como se estivesse sem lei (Não estando sem lei para com Deus, mas sob a lei de Cristo), para ganhar os que estão sem lei". O apóstolo Paulo continua a exortação, dizendo que os "fortes" na fé deveriam respeitar as exigências dos fracos: "Fiz-me como fraco, para os fracos, para ganhar os fracos" (I Cor 8:22). A questão colocada pelos missionários seria a respeito da necessidade de se adaptar a idéias religiosas diferentes, perscrutando quais eram os traços das convicções de cada um que podiam ser deixados na sombra. Adriano Prosperi, "O missionário", em Rosario Villari (org.), *O Homem Barroco*, Lisboa, Presença, 1995, pp. 145-54.

Espelhos Deformantes

autorizarem ritos gentílicos entre os convertidos, caso do jesuíta Roberto de Nobili que, em Maduré, admitia que os neófitos portassem a linha do cordão bramânico e o próprio missionário se vestia e se alimentava como um sacerdote indiano, aplicando pasta de sândalo na testa.[18] O método preconizado por Nobili e por outros jesuítas esperava converter as elites indianas, caso dos sacerdotes brâmanes, acreditando no efeito multiplicador das conversões dos estratos sociais mais baixos após a conversão das elites.

Os jesuítas apareceram nos estudos sobre as missões no Oriente como os religiosos mais criativos, sobretudo pelas experiências proselitistas, baseadas no método da *accomodatio*. Os diferentes métodos de conversão são explicados tradicionalmente por noções abstratas, pois eles costumam ser vinculados a uma perspectiva humanista-renascentista moderna, ao passo que as ações franciscanas costumam ser compreendidas como resultado de uma permanência, quase atávica, de uma cosmovisão medieval em oposição à visão moderna dos jesuítas.

A perspectiva binária que opõe franciscanos e jesuítas (o medievo e o moderno, a ignorância e os estudos, o uso da força e a adaptação cultural) se torna ainda menos elucidativa quando confrontada com a maneira como os franciscanos compreendiam a conversão: muito

---

[18] Biblioteca da Ajuda de Lisboa (BAL), Códice 51-VII-27. Miscelânea Ultramarina, n. 16, fls. 82-116. "Breve noticia dos erros, que tem os gentios do Comcão na India". Missão de Maduré; BAL, Códice 51-VII-27. Miscelânea Ultramarina, n. 14, fls. 65, 67-68v. "Breve noticia da missão de Madurey na Índia". "Este papel he escrito pella mão do V. P. João de Brito M. de Maduré."; BAL, Códice 51-VII-27. Miscelânea Ultramarina, n. 15, fls. 70-80v. Ânua da missão de Maduré dos anos de 1684, 1685 e 1686, escrita por Luís de Melo ao Padre Geral, Carlos de Noyelle; BAL, Códice 49-V-7, Jesuítas na Ásia, fls. 241 a 247. "Anno 1621. Resoluçam sobre a duvida que ouse em se permittirem aos Bramenes da Índia Oriental as linhas corumins e mais ceremonias de que uzam antes de sua conversam."; BAL, Códice 49-V-30, Jesuítas na Ásia, pp. 176-81. "Resposta de Padre Roberto de Nobili às censuras de Goa".

menos produto dos estudos escolásticos, do aprendizado de línguas locais e muito mais fruto da oração, da busca da união com Deus, da pregação límpida do Evangelho, sem esforços retóricos, e do exemplo. A partir da leitura das crônicas franciscanas, identificamos a idéia de que caberia à ação do Espírito Santo a conversão dos infiéis; ao franciscano, caberia ativar a ação do Espírito de Deus através da oração mental, tornando-se receptáculo e exemplo da mensagem Evangélica, externalizando, por meio da caridade e da penitência (mortificação e pobreza), a imitação da vida de Francisco de Assis e da humildade de Cristo.

Os franciscanos não concordavam em muitos aspectos com a concepção jesuítica de missão, pois concebiam os ritos tradicionais autorizados aos neófitos como idolatrias e superstições, acreditavam que os missionários não deveriam esquecer os votos de pobreza e discordavam dos jesuítas em ter como alvo as classes privilegiadas, achando que os pobres eram mais inclinados ao cristianismo. Os franciscanos temiam que os orientais, uma vez acostumados com um catolicismo "mole", não aceitassem, no futuro, abandonar tais práticas, concebidas para neófitos.[19] Para os jesuítas, aquilo que era uma prioridade na evangelização dos poderosos – a aproximação dos poderes seculares locais como garantia de manutenção e progresso do cristianismo – se apresentava para os franciscanos como uma concessão à sociedade pagã asiática. Sendo assim, a leitura de uma fonte franciscana permite refletir sobre as escolhas e as possibilidades de adoção de determinadas estratégias missionárias a partir da perspectiva dos próprios franciscanos.

---

[19] J. S. Cummins, "Two missionary methods in China: Mendicants and Jesuits", *Archivo Franciscanum Historicum*, Firenze, v. XXXVIII, 38, enero-dic. 1978, pp. 33-108.

Espelhos Deformantes

Os principais elementos retóricos, utilizados por Paulo da Trindade na construção da imagem dos franciscanos que atuaram no Oriente, consistem na apresentação dos franciscanos como sucessores do apóstolo são Tomé;[20] na apresentação de são Francisco como modelo de espiritualidade e como precursor da evangelização de povos pagãos; nos franciscanos como pioneiros na evangelização da Índia, tendo chegado ao Oriente quarenta e dois anos antes de outras ordens religiosas; os franciscanos não foram os primeiros por acaso, mas escolhidos por Deus, por serem membros da ordem religiosa que mais despreza a riqueza, sendo os mais adequados para agir em terras asiáticas tão ricas; a associação entre conquista espiritual e conquista temporal; a nação portuguesa estaria designada por Deus a construir um império católico, conquistando com as armas condições para propagar a fé cristã; o martírio de Taná, ocorrido no período medieval, é usado para reivindicar a "posse" espiritual dos franciscanos sobre a Índia, já que foram os primeiros a derramar o sangue cristão no Oriente, assinando com esse sangue a "escritura pública".

Alguns elementos comuns a outras narrativas franciscanas ocuparam as linhas de frei Paulo da Trindade, especialmente a centralidade de são Francisco de Assis como exemplo de vida cristã, acentuando-se a sua postura missionária e a inclinação para pregar aos povos pagãos. A imitação de são Francisco de Assis seria uma aspiração dos franciscanos, que concebiam o santo como o homem que mais se pareceu com Cristo,[21] retirando os "infiéis" das trevas mediante a pregação. O martírio dos frades no Marrocos (no remoto ano de 1220) é apresentado como uma experiência pioneira de evangelização em terras de

---

[20] A tradição considera que a evangelização da Índia ocorreu, primordialmente, devido à ação de São Tomé, durante a época dos Apóstolos.

[21] Jaroslav Pelikan, *A Imagem de Jesus através dos Séculos*, São Paulo, Cosac & Naify, 2000.

"infiéis", como projeto conduzido pelos franciscanos.[22] Paulo da Trindade trata os franciscanos de sua época como herdeiros do mesmo espírito missionário de são Francisco de Assis, movidos igualmente pelo desejo de pregar as verdades do catolicismo aos infiéis. Os franciscanos, segundo o autor,

> [...] nunca degeneram do seu espírito e zelo de salvar almas, indo-as buscar onde quer que estão para as levar nas unhas e prear para Deus, fazendo em diversas partes do mundo notabilíssimas conversões em glória de esse mesmo Senhor, propagação da nossa santa Fé e honra de nossa sagrada religião.[23]

Tanto jesuítas quanto franciscanos afirmavam que os melhores pregadores e os mais eficazes métodos missionários poderiam ser identificados em suas respectivas ordens religiosas. Paulo da Trindade atribuiu aos franciscanos a criatividade e a ação pioneira nas missões do Oriente:

> [...] foram os primeiros que passaram a este Oriente e estiveram nele quarenta e dois anos primeiro que viessem outros religiosos de outra Religião, ocupando-se em todo este tempo com grande espírito e fervor, como verdadeiros soldados de Cristo, na conquista espiritual de muitas almas que converteram e baptizaram, como nesta nossa história largamente se dirá.[24]

Os franciscanos chegaram "quarenta e dois anos primeiro que viessem outros religiosos de outra Religião". Era comum a expressão "outra

---

[22] Frei Paulo da Trindade, *Conquista Espiritual do Oriente...*, op. cit., vol. 1, pp. 9-12.
[23] Idem, pp. 14-5.
[24] Idem, pp. 26-8.

Espelhos Deformantes

Religião" para designar uma outra ordem religiosa. Naquele momento, frei Paulo da Trindade realçava a primazia da Ordem de São Francisco diante de uma outra ordem que só teria chegado à Índia quarenta e dois anos depois, caso dos jesuítas que lá só aportaram em 1542. Quando Trindade escrevia, na primeira metade do século XVII, os jesuítas já desfrutavam da exploração de importantes extensões fundiárias e considerável inserção na vida cotidiana de várias regiões da Índia. Exaltar o papel pioneiro dos franciscanos significava restabelecer a importância da função que eles desempenharam no Oriente, antes mesmo que a Companhia de Jesus existisse. Paulo da Trindade projetou nos franciscanos os valores que passavam a ser mais esperados em um missionário, entre tais habilidades, o conhecimento de línguas locais.[25]

As linhas dedicadas ao conhecimento das línguas locais, à produção de gramáticas e de confessionários em dialetos indianos pelos franciscanos refletem muito menos a realidade que o esforço retórico de Paulo da Trindade, tentando ajustar-se às expectativas missionárias do momento, às quais a Companhia de Jesus estava mais próxima de corresponder, assim como mais dedicada a divulgar em seus próprios escritos.[26]

---

[25] Ângela Barreto Xavier, *A invenção de Goa...*, op. cit.

[26] Paulo da Trindade citou vários franciscanos que seriam conhecedores de línguas indianas, como frei Amador de Santana, frei João de São Matias (escreveu uma *Vida de Cristo* intitulada *Purana* – narrativa épica com compilação de histórias de heróis e mitos indianos – e escrita em konkani), Manoel de São Matias, frei Pedro de São Brás, frei Cristóvão de Jesus e frei Manoel Batista foi também empregado pela Inquisição como censor de escritos em konkani, fornecendo o *imprimatur* para trabalhos do jesuíta Tomás Stephens (1649 e 1654), além de redigir um catecismo em konkani. Frei Manoel do Lado produziu um catecismo em konkani. Frei Domingos de São Bernardino, natural da Índia, Comissário do Santo Ofício da Província de Bardez, elaborou uma explicação do credo e de artigos da fé em língua oriental. Duas obras de frei Gaspar de São Miguel (*Vivekamala* e *De vitis apostolotum eurumque Symbolo*) foram enviadas à Europa para provar que os franciscanos conheciam as línguas locais. Paulo da Trindade, *Conquista Espiritual do Oriente...*, op. cit., vol. 1, p. 158; frei Fernando Félix Lopes, *Coletânea de Estudos de História e Literatura*, Lisboa, Academia Portuguesa de História, 1997; Achiles Meersman, OFM, *The Ancient Franciscan Provinces in India*, Bangalore, Christian Literature Society, 1971, p. 75.

Paulo da Trindade assim relatou seu descontentamento: "depois que li um livro que certo autor compôs em italiano e imprimiu em Roma", alegando "que os frades de São Francisco da Índia não se ocupavam em fazer cristandades, mas somente em enterrar defuntos e cantar missas de Réquiem". Diz que teriam sido essas afirmações, consideradas calúnias, a motivação para escrever a história da conquista espiritual do Oriente, contrariando a opinião do mencionado autor italiano, o jesuíta Giovanni Pietro Maffei, autor da *Historiarum Indicarum* (1588).

Ressaltou Paulo da Trindade que a ação pioneira nas terras de mouros e gentios coube aos franciscanos, os quais teriam atingido a Índia duzentos anos antes dos portugueses e sofreram martírio no ano de 1321, em Taná. Frei Paulo queria legitimar a "posse" dos frades menores em relação à conquista espiritual da Índia, alegando o fato de ser pioneira. A memória do martírio de 1321 seria evocada em defesa dos franciscanos:

> [...] pela confissão da nossa santa Fé [...] que parece quiseram eles tomar posse desta conquista espiritual por parte da nossa Seráfica Religião, ficando a memória do seu glorioso martírio como escritura pública desta posse, escrita não com tinta mas com sangue, para maior solenidade dela.[27]

A idéia de "posse" dos franciscanos sobre a Índia justificar-se-ia por terem sido os primeiros a regar o solo com sangue, antes mesmo dos portugueses. No contexto em que escreveu, na década de 1630, os franciscanos não desfrutavam do reconhecimento dessa alegada "posse" sobre a conquista espiritual da Índia. Na verdade, precisavam

---

[27] Paulo da Trindade, *Conquista Espiritual do Oriente...*, op. cit, vol. 1, p. 72.

Espelhos Deformantes

41

dividir o espaço de atuação na Índia com as demais ordens religiosas: dominicanos, jesuítas e agostinianos. Além disso, as ordens religiosas encontravam-se vulneráveis diante da pretensão do clero secular de retirá-las de uma participação significativa na administração das paróquias locais.

O autor não pôde deixar de reconhecer a vinda de membros de outras ordens religiosas, mas enfaticamente persiste na defesa dos franciscanos como os primeiros soldados de Cristo que atuaram no Oriente, assim como teriam sido os primeiros, devido ao cumprimento da vontade de Deus, que escolheu os melhores trabalhadores para a vinha do Oriente, projetando o olhar sobre os "humildes e pobres Frades Menores", convocados quase ao mesmo tempo para serem enviados à América, à África e à Ásia. Obviamente, a escolha de Deus seria a mais sábia ao atribuir aos franciscanos – que, conforme a Regra de sua ordem, desprezam as riquezas – a tarefa de serem os primeiros pregadores na Índia, terra repleta de ricas pedras, finos tecidos e estimadas especiarias. Frei Paulo da Trindade afirma que os reis gentios se admiravam com o desprezo dos franciscanos pelos bens materiais.

Em outras crônicas franciscanas, repete-se a mesma tônica: conseguem conversões pelo comportamento pautado na humildade, na caridade e, especialmente, pela adoção do princípio da pobreza evangélica. A conversão de renitentes reis ímpios era obtida quando franciscanos rejeitavam os presentes mais sofisticados oferecidos pelos soberanos. Sendo assim, Paulo da Trindade apresenta a estratégia dos franciscanos de uma forma bastante distinta da adotada pelos jesuítas, os quais esperavam agradar às elites locais, inclusive ofertando presentes.[28]

---

[28] As estratégias utilizadas pelo jesuíta Matteo Ricci na China da dinastia Ming foram estudadas por Jonathan Spence, que apresentou os esforços do religioso em atender às expectativas das elites chinesas, oferecendo presentes, como um relógio, ensinando

A imagem do terreno onde seriam plantadas as sementes evangélicas é caracterizada tanto por exaltação das qualidades naturais, quanto por rejeição aos costumes e aos ritos locais. Frei Paulo da Trindade enfatiza as riquezas naturais do Oriente, começando pela região da costa de Monomotapa (atual Moçambique): minas de ouro, minas de prata, pérolas aljôfar e peixe-mulher (um cetáceo). Além de cavalos-marinhos, âmbar, marfim, aloé e sangue-de-dragão (que se retira de uma árvore, em forma de resina vermelha), também sal, salitre, sofisticados tecidos, diamantes, pimenta, canela e rubi.[29] Mas destaca a disparidade entre a riqueza do Oriente e a falta de méritos dos povos da região, pois o Oriente seria um "seminário de todas as diabólicas superstições e idolatrias" do mundo:

> Quem considerar as muitas riquezas e cousas preciosas que o autor da natureza, Deus nosso Senhor, com tão liberal mão repartiu com todas estas terras do Oriente, não poderá deixar de se maravilhar de ver quão mal os naturais dele pagam a seu Criador esses bens que dele tem recebido, pois vemos que, em lugar de terem dele conhecimento e receberem a sua Fé e guardarem a sua lei, tão longe vivem de tudo isso, que nem ainda parecem ter o lume da razão, tirando a adoração à primeira Causa e dando-a pedras e paus e, o que é pior é, ao próprio demônio; sendo o Oriente como um seminário de todas as diabólicas superstições e idolatrias do mundo, que não parece senão que andam em competência a bondade de Deus e a malícia dos homens, pois quanto mais ele se esmera em lhes fazer bens tanto estes se assinalam

---

técnicas para desenvolver as habilidades mnemônicas, estimadas pelos jovens que esperavam ser aprovados nos concursos para a burocracia local. Jonathan D. Spence, *O Palácio da Memória de Matteo Ricci: a história de uma viagem: da Europa da Contra-Reforma à China da dinastia Ming*, São Paulo, Companhia das Letras, 1986.

[29] Paulo da Trindade, *Conquista Espiritual do Oriente...*, op. cit., vol. 1, pp. 47-50.

Espelhos Deformantes

mais em lhe fazer ofensas, pagando-lhe com pecados os benefícios que dele recebem.[30]

Paulo da Trindade associa as "idolatrias" da Índia à passagem do livro do Apocalipse (17, 3-4), relacionando-as à imagem da meretriz repleta de pedras preciosas. A besta vermelha assentada, descrita no Apocalipse, seria o próprio demônio, "ele mesmo em todo o Oriente adorado e venerado" pelos "bárbaros gentios", que edificam templos e realizam sacrifícios em sua homenagem. As sete cabeças da profecia indicariam os reis idólatras do Oriente; já o copo de ouro pleno de abominações e imundícies seria "a torpe doutrina de muitas e várias seitas que há em toda esta gentilidade", associada às práticas de sacrifícios e feitiçarias sustentadas por reis locais. Compara a ostentação de riquezas dos pagodes com as figuras diabólicas representadas na Bíblia, cobertas de pedras preciosas. Mas o autor mostrou-se otimista, pois, assim como a mulher fornicadora do Apocalipse era vestida e adornada ricamente pelos reis, mas acabou derrotada, assim a idolatria oriental teria sido vencida pela verdadeira fé católica, especialmente difundida pela ordem de São Francisco.

O demônio teria criado um ardil, que foi disfarçar a falsidade das doutrinas gentias, encobrindo-a "[...] debaixo de mui sonoros versos a que estes naturais são mui inclinados", já que não existiria "entre eles escritura alguma pertencente à falsa teologia de seus deuses que não seja em versos mui suaves nem se lia nunca senão cantando", para, "entretendo-se o sentido na suavidade do verso e melodia do canto, não [dar] lugar ao entendimento a julgar por falso tudo o que lhe propõe".

Evidencia-se que Paulo da Trindade conhecia, mesmo que de forma sumária, a forma de narrativa dos épicos indianos, senão os

---

[30] Idem, p. 47.

mantras religiosos. Já a "falsidade" contida nesses suaves versos seria preservada pelos mestres das seitas indianas, que manteriam em segredo as doutrinas gentílicas, sendo que os brâmanes teriam por ofício ensiná-las.[31]

A conquista temporal do Oriente, região que se comportava como "seminário de todas as diabólicas superstições e idolatrias do mundo", teria sido viabilizada pelos portugueses, que, após o descobrimento do novo caminho marítimo para as Índias, subjugaram reinos, edificaram fortalezas e conquistaram terras ricas em especiarias. Mas a conquista temporal teria sido acompanhada pela espiritual, na medida em que os portugueses possuíam as armas em punho para lutar contra os "infiéis". Foi Deus quem teria escolhido os portugueses para descobrir e conquistar a Índia, pois seriam responsáveis por promover a expansão do catolicismo, além de respaldados pela ação missionária dos franciscanos e pelas bulas papais que concediam o direito de Padroado ao rei de Portugal.

> [...] tomar Deus a Nação portuguesa para instrumento de tanto bem, foi com muito particular ordem da sua divina Providência, verificando-se nela o que o mesmo Senhor disse ao primeiro rei de Portugal D. Afonso Henriques, quando no Campo de Ourique lhe apareceu posto em uma cruz e entre outras cousas lhe afirmou que queria edificar sobre ele e sobre sua geração um império para si, para que o seu santo Nome fosse levado a gentes estranhas, e lhe prometeu que nunca dele nem de seus descendentes apartaria a sua misericórdia, porque por eles tinha aparelhado para si grande sementeira, tendo-os escolhidos por seus semeadores para terras mui apartadas e remotas. O que sem dúvida

---

[31] Idem, pp. 82-4.

Espelhos Deformantes

temos visto na vinda dos portugueses à Índia, pois com ela se dilatou a Fé por estas tão estendidas regiões e se tem colhido para o celeiro da Igreja tanto fruto de almas que por esta via receberam a Fè e se baptizaram.[32]

A colheita das almas dos indianos para o "celeiro da Igreja", feita sob direção temporal dos portugueses, seria o cumprimento de um plano divino, anunciado em tempos remotos ao primeiro monarca português. A história da nação portuguesa iniciou-se sob os auspícios da construção de um império, atrelado ao propósito da dilatação do catolicismo a distantes terras.[33]

Paulo da Trindade apoiou-se em lendas em torno de são Tomé para justificar o destino da nação portuguesa como eleita para propagar o catolicismo no Oriente. Menciona a profecia de são Tomé, que, levantando uma cruz na igreja de Meliapor, distante do mar doze léguas naquele tempo, disse, com espírito profético, que, quando o mar chegasse com suas águas junto daquela cruz, viria da parte do poente uma gente branca, que tornaria a pregar aquela mesma Fé que ele pregava. Trindade acreditava que os portugueses seriam a "gente branca" anunciada nos vaticínios de

---

[32] Idemp, p. 30-1.

[33] Cabe ressaltar o lugar de fala de Paulo da Trindade enquanto religioso nascido na Índia, mas que era apologista do papel desempenhado pela nação portuguesa na conquista temporal e espiritual da região em que nasceu. Não questionava o "estatuto colonial", não apresentou a relação com a Coroa portuguesa nos moldes da relação dicotômica de colonizador e colonizado. A sua identidade vinculava-o ao pertencimento à ordem imperial portuguesa, sustentada pelas armas e pelo Evangelho, sendo assim participante – enquanto religioso – deste amplo projeto de conversão da Ásia ao catolicismo. Sua postura panegírica em relação aos portugueses torna-se ainda bastante elucidativa diante do contexto político da união dinástica das coroas ibéricas, recordando-se que escreveu na década de 1630, quando ainda estava em vigor a União Ibérica.

são Tomé: "E assim como tinha dito, aconteceu, porque ao tempo que os Portugueses chegaram à Índia, tinha o mar já comido todo aquele espaço das doze léguas e estava muito perto da cruz do santo Apóstolo".[34]

Os portugueses e os franciscanos foram essenciais na conquista espiritual do Oriente, como considerava Paulo da Trindade:

> E pois havemos de tratar da conquista espiritual deste Oriente, pede a razão que não passemos de todo em silêncio a temporal dele, pois ambas estas andaram tão juntas e germanadas que de ordinário, nem as armas entravam senão onde a pregação da Fé lhes dava lugar para isso, nem o Evangelho se pregava senão onde as armas abriam as portas aos denunciadores dele.[35]

Porém, a retórica de Paulo da Trindade trata de forma harmônica a união de interesses do poder temporal e do espiritual, ocultando os inúmeros conflitos jurisdicionais que se multiplicavam no Estado da Índia, no século XVII: as contendas entre o clero secular e o regular, as rivalidades entre as diferentes ordens religiosas presentes na Índia (como jesuítas, franciscanos, dominicanos, agostinianos), as pretensões da Cúria de Roma e dos seus vigários apostólicos da Congregação da *Propaganda Fide*, que ameaçavam os privilégios da Coroa portuguesa e dos missionários do Padroado. Para Inês Županov, a relação entre a Cruz e a Coroa, representada sem ambigüidades e conflitos, não refletia uma postura irônica de Paulo da Trindade, mas um sentimento de urgência, que mostrava as expectativas do missionário em um momento – a primeira meta-

---

[34] Paulo da Trindade, *Conquista Espiritual do Oriente...*, op. cit., vol. 1, p. 31.
[35] Idem, pp. 52-3.

Espelhos Deformantes

de do século XVII – em que o grande projeto de conversão da Ásia parecia fracassar, sem um engajamento em ampla escala de todos esses atores sociais.[36]

Todavia, como mencionamos, os missionários mais adequados para a conversão em massa da Índia seriam os franciscanos, na óptica de Paulo da Trindade. A análise da fonte franciscana revela que, se por um lado frei Paulo enfatizou as características tradicionalmente ostentadas pelos franciscanos como se fossem as razões para o êxito na conversão dos indianos (pobreza evangélica, exemplo, caridade), por outro, tentou projetar nos franciscanos as características que passaram a ser mais estimadas e concebidas como mais eficazes, caso do estudo, do domínio das línguas locais, ações que se tornaram associadas aos jesuítas, especialmente.

Em linhas gerais, frei Paulo da Trindade associou a conquista espiritual à temporal, destacando que a nação portuguesa estaria designada por Deus para construir um império católico, conquistando com as armas condições para propagar a fé cristã. Ressalta a narrativa heróica dos mártires de Taná (os primeiros a derramar o sangue cristão no Oriente), assim como enfatiza o tópico relativo à chegada dos franciscanos à Índia quarenta e dois anos antes de outras ordens religiosas. Os franciscanos são tratados como pioneiros na evangelização da Índia e tal fenômeno não teria ocorrido por acaso: eleitos por Deus por serem membros da ordem religiosa que mais despreza a riqueza, seriam os mais adequados para agir nas ricas terras do Oriente.

---

[36] Inês Županov, "The prophetic and the miraculous in Portuguese Asia: a hagiographical view of colonial culture", *Santa Barbara Portuguese Studies*, Santa Bárbara, University of California, vol. 2, 1995, pp. 137-61.

As cartas jesuíticas e o legado de Nóbrega na consolidação da Companhia de Jesus no Brasil
1549-1599

Mário Fernandes Correia Branco[*]

> [...] ao partirem à conquista do mundo – e nisto seguindo a injunção evangélica – os jesuítas em parte o conquistaram, mas o seu maior prodígio foi o de serem conquistados por ele. Não foram os únicos que em presença do "outro" se esforçaram por compreendê-lo, para melhor o evangelizar ou dialogar com ele – nem Sahagun nem Las Casas são jesuítas – mas ninguém como eles, com aplicada consciência e persistência se extraiu da matriz européia e se fez "outro", para que, segundo seu desígnio, o mesmo do Apóstolo das Gentes, "Deus fosse tudo em todos".[1]

---

[*] Doutorando em História pela Universidade Federal Fluminense, sob a orientação do professor Ronaldo Vainfas.

[1] Eduardo Lourenço, "Portugal e os Jesuítas", *Oceanos*, n. 12, Lisboa, Comissão para as Comemorações dos Descobrimentos Portugueses, 1992, p. 50.

O objetivo deste capítulo é apresentar uma breve exposição do atual estágio da tese que desenvolvo, acerca das atividades da Companhia de Jesus no Brasil. O recorte cronológico que baliza a pesquisa inicia-se em 1549, quando desembarcou a primeira leva de missionários jesuítas enviada aos trópicos, chefiada pelo padre Manuel da Nóbrega, estendendo-se até o ano de 1599, que assinala a adoção da versão final do *Ratio Studiorum*, no qual foram definidas as normas que passaram a reger as atividades dos colégios jesuíticos.

Trata-se de sugerir um reexame das primeiras décadas de atuação da Companhia de Jesus na América portuguesa. Por conseguinte, o principal objetivo deste trabalho é propor uma leitura renovada das fontes impressas sobre o período, em particular, as cartas dos religiosos da Companhia de Jesus, recorrendo-se às diversas edições existentes, principalmente aquelas realizadas pelo eminente historiador da Ordem, o padre doutor Serafim Leite (1890-1969).

A maior parte da correspondência jesuítica do século XVI, escrita pelos religiosos que missionaram entre os brasis, pode ser encontrada em duas publicações: nas *Cartas dos Primeiros Jesuítas do Brasil*, e na *Monumenta Brasiliae*, que faz parte da série *Monumenta Historica Societatis Iesu* – MHSI.[2] A primeira foi publicada no Brasil, em três volumes, graças ao trabalho de Sérgio Buarque de Holanda na Comissão encarregada das comemorações do quarto centenário de fundação da cidade de São Paulo, em 1954. A essa altura, o padre Serafim Leite residia em Roma, onde trabalhava desde 1950 como um dos redatores da série *Monumenta Historica*, em que se ocupava da edição da *Monumenta Brasiliae*. Sérgio Buarque dirigiu-se ao amigo jesuíta, visando obter sua

---

[2] Serafim Leite, *Cartas dos Primeiros Jesuítas do Brasil*, São Paulo, Comissão do IV Centenário da Cidade de São Paulo, 1954, 3 vols.; *Monumenta Brasiliae*, Roma, Monumenta Paulo Historica Societatis Iesu, 1956-1968, 5 vols.

concordância para a publicação, no Brasil, das cartas reunidas, até então, pelo historiador inaciano.[3]

Já a *Monumenta Brasiliae* é composta de cinco volumes – cujo primeiro foi publicado em 1956 –, e faz parte da série *Monumenta Historica Societatis Iesu* – MHSI, editada pelo Institutum Historicum Societatis Iesu – IHSI, em Roma. Apesar da origem em comum, ambas as obras apresentam algumas particularidades. Na *Monumenta*, por razões metodológicas adotadas nas publicações do IHSI, os resumos das cartas estão em latim, ao passo que nas *Cartas dos Primeiros Jesuítas* elas vêm em português. Além disso, o *Monumenta Brasiliae V – Complementa Azevediana I*, de 1968, reúne as cartas escritas até 1565, na Europa, pelo padre Inácio de Azevedo.

Como se sabe, ele foi o primeiro jesuíta enviado como Visitador da Companhia para além dos limites geográficos do Velho Mundo. A visitação de Azevedo estendeu-se de 1566 até 1568, período em que o jesuíta percorreu as casas, os colégios e as aldeias nas quais os Soldados de Cristo se ocupavam da conversão e da catequese do gentio, da Bahia até São Vicente. Em 1569, Azevedo foi nomeado Provincial do Brasil pelo padre Francisco Borja, o terceiro sucessor de Inácio de Loyola como Geral dos jesuítas. Entretanto, Inácio de Azevedo não chegou a exercer a função nos trópicos, pois foi morto em 1570, com outros missionários jesuítas, por corsários huguenotes, em pleno Atlântico, no episódio que passou à história como o dos *quarenta mártires do Brasil*. Posteriormente, foram incluídos no rol dos jesuítas beatificados pela Igreja. Certamente por isso, era intenção dos dirigentes da Companhia publicar outros dois volumes da *Complementa*, reunindo inúmeras cartas de Azevedo; no entanto, o projeto não se concretizou devido ao falecimento de Serafim Leite, em dezembro de 1969.

---

[3] Idem, vol. 1, pp. 5-6.

Quanto à série *Monumenta Historica Societatis Iesu*, cabe ressaltar que sua finalidade consiste na edição dos documentos acerca da origem e da expansão da Companhia de Jesus. Trata-se de uma iniciativa institucional, cuja origem remonta a janeiro de 1894. A partir de então, e até 1925, foram publicados 61 volumes, dedicados à vida de santo Inácio de Loyola e da Companhia de Jesus na Europa. Pertencem a esse período a edição histórico-crítica das *Constituições* e a *Monumenta Paedagogica*. Em 1930, a sede da *Monumenta* transferiu-se de Madri para Roma, por ocasião da fundação do Institutum Historicum Societatis Iesu – IHSI. Posteriormente, passou a ocupar-se do trabalho missionário da Companhia. Por conseguinte, nela se insere a *Monumenta Brasiliae*, cuja elaboração coube ao padre Serafim Leite. De acordo com o catálogo das publicações do IHSI, foram editados, até 1996, 148 volumes, cuja relação completa, incluindo os volumes da *Monumenta Historica*, pode ser consultada na internet.[4]

Apesar do empenho dos dirigentes da Companhia de Jesus e do profícuo trabalho de Serafim Leite, a série *Monumenta Brasiliae*, ainda que seja mais completa que a edição brasileira de 1954, não possui a totalidade das cartas dos jesuítas que viveram e missionaram na América portuguesa no século XVI. Seus cinco volumes contêm apenas cartas e outros documentos, que foram escritos no período de 1533 a 1568. Limitação que também atinge a recente reimpressão, já em 2000, de uma edição fac-similar da que foi patrocinada pela Universidade de Coimbra em 1955: *Cartas do Brasil e mais escritos do Padre Manuel da Nóbrega (Opera Omnia).*[5]

---

[4] Disponível em <http://xoomer.virgilio.it/mmorales/ihsi/html>. Acesso em outubro de 2006.

[5] Serafim Leite, S. J. (org.), *Cartas do Brasil e Mais Escritos do P. Manuel da Nóbrega (Opera Omnia)*, Belo Horizonte, Itatiaia, 2000 (Coleção Reconquista do Brasil, v. 211).

Espelhos Deformantes

Para cobrir esse hiato na publicação das cartas dos inacianos que missionaram na América portuguesa, no primeiro século de suas atividades, dentre as quais se incluem inúmeras escritas pelo padre José de Anchieta, tive de consultar outras edições da correspondência jesuítica, embora não sejam tão bem elaboradas como as que constam da série *Monumenta Brasiliae*. É o caso, por exemplo, das cartas de Anchieta, trazidas a público por aqueles que se empenharam na causa de sua beatificação. O melhor exemplo dessa tendência é a obra compilada pelo também padre jesuíta e historiador, Hélio Abranches Viotti: *P. José de Anchieta, S.J. Cartas Correspondência Ativa e Passiva*.[6]

Trata-se de uma coletânea composta de cerca de cinqüenta documentos, que até então haviam sido publicados esparsamente em diversas edições. Dentre as inúmeras notícias acerca das atividades dos inacianos nos trópicos, pode-se encontrar a narrativa da fundação da *paupercula domus*,[7] que deu origem ao Colégio de São Paulo de Piratininga, em 1554. Do mesmo modo, encontramos notícias sobre a fundação da cidade de São Sebastião do Rio de Janeiro, por Estácio de Sá, em 1565, e dos primórdios da aldeia de São Lourenço dos Índios, atualmente a cidade de Niterói, ambas na baía de Guanabara.

Anchieta foi o quinto Provincial da Companhia no Brasil, cujo mandato se estendeu de 1577 a 1587, e se correspondia regularmente com seus superiores, na Europa. Por conseguinte, nessa publicação encontra-se a última carta conhecida de sua autoria, enviada ao Geral da Companhia, o padre Claudio Aquaviva, em dezembro de 1594. Edição preciosa, portanto, cobrindo a longa trajetória de vida do *Apóstolo do Brasil*, que aqui viveu e trabalhou por mais de quarenta

---

[6] Hélio Abranches Viotti, S. J., *P. José de Anchieta, S.J. Cartas Correspondência Ativa e Passiva*, São Paulo, Loyola, 1984.

[7] Assim se referia Anchieta à paupérrima casa de pau-a-pique, que serviu de abrigo aos primeiros missionários da Companhia, a partir de 25 de janeiro de 1554.

anos, desde o desembarque, em 1553, na Bahia, até 1597, quando morreu, na aldeia de Reritiba, atualmente cidade de Anchieta, no litoral do Espírito Santo.

Finalmente, cabe destacar a reedição, de 1988, das cartas publicadas originalmente na década de 1930, pela Academia Brasileira de Letras. Apresenta nota preliminar, introdução e sinopse da história do Brasil e da missão dos padres jesuítas de 1549 a 1568. No entanto, possui alguns problemas, particularmente quanto à atribuição de autoria, que já se encontravam numa apressada e malfadada edição de 1886, na qual se baseou, e que lograram escapar ao aguçado crivo de Afrânio Peixoto, autor das preciosas notas ao texto original.[8]

Sem dúvida, as cartas jesuíticas constituem um corpo excepcional de fontes para os primórdios da colonização e da cristianização do Brasil. Entretanto, após as publicações coligidas por Serafim Leite, praticamente só foram objeto de estudo por parte de especialistas em Teoria Literária, dentre os quais se destacam Alcir Pécora e João Adolfo Hansen, que se detiveram, mais especificamente, na análise dos parâmetros da narrativa que os jesuítas adotaram.[9]

Nesse sentido, de acordo com Pécora, embora desde a Antigüidade já existissem alguns modelos retóricos mais refinados, até finais do século XV, a epistolografia esteve presa aos modelos rígidos preconizados pela *Ars Dictaminis*, desenvolvida durante a Idade Média. A forma culta

---

[8] Manuel da Nóbrega, *Cartas Jesuíticas I. Cartas do Brasil, 1549-1560*, Belo Horizonte/São Paulo, Itatiaia/Edusp, 1988; Azpilcueta Navarro et al., *Cartas Jesuíticas II. Cartas Avulsas*, Belo Horizonte/São Paulo, Itatiaia/Edusp, 1988; José de Anchieta, *Cartas Jesuíticas III. Cartas: Informações, Fragmentos Históricos e Sermões*, Belo Horizonte/São Paulo, Itatiaia/ Edusp, 1988.

[9] Alcir Pécora, "Cartas à Segunda Escolástica", em Adauto Novaes (org.), *A Outra Margem do Ocidente*, São Paulo, Companhia das Letras, 2000; João Adolfo Hansen (org.), *Cartas do Brasil: 1626-1697. Estado do Brasil e Estado do Maranhão e Grã Pará – Padre Antônio Vieira*, São Paulo, Hedra, 2003.

Espelhos Deformantes

de escrever cartas, adotada desde os últimos anos do século XI, difundiu-se a partir do convento beneditino de Montecassino, na Itália. Ali pontificavam os monges Alberico de Montecassino e Juan de Gaeta. Já no século seguinte, a cidade de Bolonha passou a ser o pólo a partir do qual se difundiram as normas epistolares. Posteriormente, o Humanismo deu novos ares ao gênero, que passou a sofrer influência das cartas de Cícero, descobertas por Petrarca (1304-1374). Percepção que, como se viu, levou alguns séculos para firmar-se como tendência dominante. Essa clivagem, quanto ao formato e ao conteúdo das cartas, ocorreu em resposta às necessidades de definição de um modelo epistolar que pudesse atender às atividades cada vez mais amplas da administração eclesiástica. Foi a partir de então que o modelo depurado da nova maneira de se escrever uma carta passou a ser ensinado nas classes de Retórica. Segundo esse modelo, são partes integrantes de uma carta:

- a *Salutatio* [saudação],
- o *Exordium* [exórdio],
- a *Captatio benevolentiae* [captação de benevolência],
- a *Narratio* [narração],
- a *Argumentatio* [argumentação],
- a *Petitio* [petição],
- a *Conclusio* [conclusão],
- o *Subscriptio* [assinatura].

Este foi, segundo Pécora, o modelo seguido pelos inacianos em suas cartas. Certamente, a *Ars Dictaminis* influenciou a correspondência jesuítica, o que se deve, sobretudo, à permanência dessa tradição epistolar entre os letrados do século XVI, em que os primeiros jesuítas se formaram, e que foi finalmente institucionalizada pela Companhia de Jesus na versão final do *Ratio Studiorum*, em 1599. No entanto, para além dos aspectos formais adotados na produção de suas cartas, os Companheiros de Jesus destacaram-se, particularmente, pelo cuidado meticuloso com que foi mantida, nos mais variados arquivos da Companhia, a correspondência dos seus dirigentes e missionários. Porém, como ressalta Bouza-Alvarez, essa mentalidade arquivística possui uma matriz nitidamente ibérica, que, por certo, proporcionou a sobrevivência de vasta documentação sobre as atividades da Companhia até os nossos dias.[10]

Entre as inúmeras cartas, destacam-se as de Inácio de Loyola, das quais se conhecem cerca de sete mil, reunidas na coletânea intitulada *S. Ignatii de Loyola Epistolae et Instructiones*, reimpressa em doze volumes, entre 1964-1968. Do mesmo modo, foram publicadas em dois volumes, entre 1944 e 1945, as *Epistolae S. Francisci Xavierii*, cuja edição crítica coube aos historiadores inacianos, os padres Georg Schurhammer e Josef Wicki, ambos do Instituto Histórico da Companhia de Jesus (IHSI). Posteriormente, essa edição foi reimpressa com adições em 1996.

A par da inegável importância desse acervo para a história da Companhia de Jesus, o *corpus* documental serviu como fonte para inúmeras pesquisas sobre o tema. No entanto, a maioria dos que se debruçaram sobre as cartas dos jesuítas – talvez influenciados pela retórica pombalina do século XVIII – ainda insiste em atribuir aos inacianos uma ação centralizada e coordenada a partir da sede em Roma, desde o início de suas atividades. Curiosamente, no entanto, essa perspectiva foi esposada tanto por aqueles que abordam favoravelmente as ações dos missionários, quanto pelos que os criticam. Todavia, parece mais próprio argumentar que, pelo menos ao longo

---

[10] Fernando Bouza Álvarez, *Corre Manuscrito: una historia cultural del Siglo de Oro*, Madrid, Marcial Pons, 2001.

Espelhos Deformantes

dos primeiros anos de existência canônica da Ordem, uma característica fundamental da missionação jesuítica – seja nas terras brasílicas, seja no Extremo Oriente – consistiu, exatamente, na ausência de um *modus operandi* bem definido, cabendo a condução das atividades dos missionários àqueles que se encontravam na linha de frente do avanço evangelizador, pois, como se sabe, o ordenamento institucional dos inacianos e a conseqüente centralização de suas decisões, somente foram possíveis, dentro dos limites das comunicações da época, após a adoção do texto final das Constituições, em 1558.

Por outro lado, não se pode negar que alguma forma de sistematização para as ações dos inacianos foi conseguida, através da correspondência entre os religiosos da Ordem, muito embora, quando se impunha a tomada de decisões, a escassez de notícias e a incerteza na obtenção das respostas em tempo hábil fizessem com que, nessas ocasiões, somente o *feeling* dos jesuítas servisse como referencial, pois, sem dúvida, como afirma John O'Malley,

> Inácio e seus associados mais chegados estavam claramente conscientes de que a comunicação de ideais, metas e estilo da Companhia não ocorriam automaticamente e que tinham de ser sustentadas numa base consistente e contínua. [...] Essa situação explica a ênfase extraordinária que as *Constituições* colocaram como meio para alcançar a "união dos corações". [...] Estabeleceram, não obstante, um ideal de comunicação freqüente e franca. Sempre que podiam, os jesuítas continuavam a sua correspondência oficial e não-oficial entre eles, não em latim, mas no vernáculo, o que significa que muitas cartas daquele período são em espanhol, português e italiano.[11]

---

[11] John O'Malley, *Os Primeiros Jesuítas*, São Leopoldo/Bauru, Unisinos/Edusc, 2004, pp. 102-3.

De fato, por caminhos diversos, a bordo das naus da Carreira da Índia ou nos alforjes de mensageiros, ao atravessar os oceanos, vencer distâncias, cruzar continentes, enfrentando toda espécie de perigos, a correspondência jesuítica serviu, sobretudo, para garantir uma ação concertada dos inacianos. Através das cartas, os que se encontravam na Europa se mantinham informados e em contato com os missionários que, partindo de Lisboa, se dispersavam até as fronteiras da Cristandade – no Oriente, na África e na América. Intercâmbio precário, é verdade, e, muitas vezes, incerto, porém, com ordenação e método capazes de assegurar a montagem de um sistema de informações pouco usual para a época, que contribuiu para a posterior centralização de suas atividades.

Esse cuidado com a circulação da correspondência entre os membros da Companhia era quase uma obsessão de Loyola. Dentre muitos outros, destaca-se um episódio que ilustra a avidez do Geral por notícias sobre as atividades de seus confrades, e que foi narrado pelo seu primeiro biógrafo e confidente, o padre lusitano Luís Gonçalves da Câmara.

Na abertura do Concílio de Trento, em 1545, cujas sessões perduraram, entre inúmeras interrupções, até 1563, o pontífice Paulo III enviou, como "teólogos do papa", três dos mais renomados religiosos da Companhia: os padres doutores Diego Laynez, Pedro Canísio e Claude Le Jay. No entanto, em Roma e já bastante preocupado com o bem-estar de seus discípulos,

> Inácio, aparentemente indiferente ao essencial, queria saber tudo sobre seus doutores, suas vidas em Trento, suas prédicas, o tratamento que recebiam no Concílio, sua alimentação e as condições de alojamento que lhes eram oferecidas. Seu confidente Gonçalves da Câmara relata

Espelhos Deformantes

que o preposto geral um dia exclamou diante dele: "Cierto! Gostaria de saber quantas pulgas os mordem todas as noites".[12]

Certamente, a peculiar meticulosidade de Loyola inspirou o cuidado com que a correspondência foi tratada na formulação das *Constituições*, de cuja redação ele próprio se ocupou entre 1541 e 1556. O longo período de elaboração traduz as nuances desse processo. Após inúmeros contatos entre as diversas casas da Companhia, que levaram em conta as sugestões recebidas de todos os quadrantes da expansão jesuítica, chegou-se à versão final, que define as ações adotadas para o "bom governo da Companhia":

1 – Admissão à provação,
2 – Demissão da Companhia,
3 – Noviciado,
4 – Formação dos futuros jesuítas após o noviciado,
5 – Admissão ao corpo da Companhia,
6 – Vida pessoal dos que já foram admitidos na Companhia,
7 – Missão e ministérios da Companhia,
8 – Fomento da união entre os membros da Companhia,
9 – Governo da Companhia,
10 – Conservação e expansão da Companhia.

As normas que, a partir de então, passaram a reger a correspondência dos inacianos foram definidas na oitava parte, exatamente aquela que trata "da união entre os membros da Companhia". Embora o texto final encorajasse a tomada de decisões pelos missionários na linha de frente do avanço evangelizador da Companhia,

---

[12] Jean Lacouture, *Os Jesuítas: os conquistadores*, Porto Alegre, LP&M, 1994, vol. 1, p. 116.

seus membros deviam pautar as próprias ações de acordo com a opção mais adequada ao momento, ou segundo as circunstâncias com as quais se deparavam. Acima de tudo, visariam sempre à *maior glória de Deus.*

Por conseguinte, foi a constante preocupação de Loyola com a articulação das ações de seus missionários, dispersos pelas mais distantes latitudes do planeta, que matizou o texto das *Constituições*. Como, por exemplo, se pode observar no parágrafo abaixo:

> [673] Concorrerá também de maneira muito especial para esta união, a *correspondência epistolar entre súditos e Superiores, com o intercâmbio freqüente de informações entre uns e outros, e o conhecimento das notícias e comunicações vindas das diversas partes.* Este encargo pertence aos Superiores, em particular ao Geral e aos Provinciais. Eles providenciarão para que em cada lugar se possa saber o que se faz nas outras partes, para consolação e edificação mútuas em Nosso Senhor.[13]

No texto das *Constituições*, Loyola institucionalizou a forma que ele mesmo já seguia em sua própria correspondência. Pois, como relembra Jean Lacouture, citando uma das inúmeras cartas de Inácio, dirigida aos seus confrades, o Geral indicava o método que ele próprio adotava para escrevê-las:

> Escrevo uma primeira vez a carta principal. Nela conto coisas edificantes e em seguida, examinando e corrigindo, considerando que

---

[13] *Constituições da Companhia de Jesus* (e normas complementares). Anotadas pela Congregação Geral XXXIV, São Paulo, Loyola, 1997, p. 211. O número entre colchetes indica o artigo das Constituições (grifos meus).

Espelhos Deformantes

todos a verão, reescrevo-a ou mando escrevê-la outra vez, pois aquilo que escrevemos deve ser mais amadurecido do que aquilo que falamos [...] o que está escrito permanece, sempre pode testemunhar e não se deixa corrigir ou explicar com tanta facilidade quanto a palavra.[14]

Tais cuidados tornam evidente a inserção da atividade jesuítica numa cultura escrita e justificam a quantidade de cartas produzidas pelos inacianos. Como se viu acima, a correspondência conhecida de Loyola é monumental, constituindo-se de quase sete mil cartas, dirigidas não só a papas, cardeais e outros dignitários da Igreja, mas também aos reis de Portugal e da Espanha e demais soberanos da Europa. Além, é claro, das que Loyola enviou aos missionários que se encontravam nos confins do Oriente ou da América, postos avançados que constituíam, à época, as fronteiras da cristandade.

De fato, onde conseguissem chegar em seu avanço missionário, os Soldados de Cristo enviavam, com a maior brevidade e regularidade possível, as cartas que informavam ao Geral sobre suas atividades. Mas, devido aos limites impostos pelas distâncias, as notícias nem sempre circulavam com a rapidez desejada pelos dirigentes em Roma. De todo modo, ainda que pouco se ausentasse da Cidade Eterna, Inácio de Loyola exerceu sobre os destinos da Companhia de Jesus um verdadeiro *governo pela pena,* o qual legou aos seus sucessores.

O Geral percebera, desde muito cedo, o grande impulso que a publicação das cartas de seus confrades poderia proporcionar ao trabalho de divulgação das atividades da Companhia. Nesse sentido, cabe relembrar a assertiva de Elizabeth Eisenstein, destacando o papel das obras impressas para a divulgação de fontes originalmente manuscritas, pois:

---

[14] Jean Lacouture, *Os Jesuítas,* op. cit., p. 127.

62   Rodrigo Bentes Monteiro (org.)

[...] a transformação dos meios de comunicação mudou a natureza da participação nos assuntos públicos. A ampla distribuição de uma mesma informação estabeleceu um vínculo impessoal entre os cidadãos que não se conheciam, mas que poderiam ser mobilizados de forma simultânea para uma causa determinada.[15]

A necessidade de obras impressas acentuou-se, ainda mais, com a crescente demanda por livros, motivada pelos colégios jesuíticos, cujo primeiro foi fundado na cidade de Messina, na Itália, em 1548. A partir de então, tornou-se imperioso prover os meios para o aprendizado dos alunos, que, em número crescente, se apresentavam para freqüentá-los, como ressalta John O'Malley,

> Livros eram necessários, a preços que os estudantes pudessem comprar. Com este objetivo em vista, Inácio passou, no último ano de sua vida, por enormes problemas para assegurar uma máquina impressora boa para o Colégio Romano, a qual foi instalada e estava pronta para funcionamento poucos meses após sua morte. [...]. Em 1556, mesmo ano em que a máquina de impressão foi colocada em operação no Colégio Romano, os jesuítas introduziram a impressão na Índia, ao instalar uma máquina de impressão no Colégio de Goa. Assim, o primeiro livro impresso na Índia foi a *Doutrina Cristã*, de Xavier.[16]

Da mesma forma, valendo-se ainda da imprensa, os inacianos não mediram esforços para dar às cartas de seus missionários a mais ampla divulgação externa possível. Contudo, não se descuidavam de seu pú-

---

[15] Elizabeth L. Eisenstein, "Sobre la Revolución y la palabra impresa", em Roy Porter & Mikulás Teich (orgs.), *La Revolución en la Historia*, Barcelona, Crítica, 1990, p. 266.

[16] John O'Malley, *Os Primeiros Jesuítas*, op. cit., p. 181.

Espelhos Deformantes

blico interno, razão pela qual essas cartas eram copiadas e reenviadas para todas as regiões em que se encontravam os jesuítas, estivessem eles em terras do ultramar, nos trópicos ou nos confins orientais ou, ainda, atuando na própria Europa – prática institucional dos inacianos que corrobora a afirmativa de Bouza-Álvarez, pois,

> copiar, extrair ou trasladar manuscritos era um trabalho a que se dedicaram profissionalmente os chamados copistas, copiadores, escreventes [...]. Além de tudo, eles parecem ter-se convertido em amanuenses para fazer traslados os secretários, estudantes pobres e os próprios leitores.[17]

De fato, a publicação das cartas jesuíticas serviu para reavivar a fé dos católicos, particularmente naquelas regiões que se encontravam sob a ameaça das interpretações que fugiam à ortodoxia católica. Paralelamente, havia uma demanda para a circulação, graças ao inegável apelo de edificação religiosa e ao deslumbramento que o seu conteúdo causava entre os europeus. Afinal, a nova face da humanidade com que se defrontavam os missionários, o modo de vida e o ambiente exótico que habitavam tinham grande apelo entre o público, fosse ele letrado ou não. O cuidado com a difusão das cartas alcançou grande amplitude, conforme destaca Adriano Prosperi,

> [...] a Companhia de Jesus especializou-se na recolha, elaboração e difusão desse tipo de informações: uma abundante literatura impressa, resultante da seleção de um grande volume de informações contidas

---

[17] Fernando Bouza Álvarez, "Cultura escrita e história do livro: a circulação manuscrita nos séculos XVI e XVII", *Leituras: Revista da Biblioteca Nacional*, n. 9 e 10, Lisboa, 2001, p. 72.

nas cartas dos jesuítas criou um laço duradouro entre a Companhia e o público, alimentando uma curiosidade sempre desperta em relação ao maravilhoso e ao exótico.[18]

Sobretudo, foi graças à circulação interna, entre as casas e os colégios dos inacianos, dessas *cartas d'além-mar*, que os estudantes da Companhia recebiam notícias sobre o andamento dos trabalhos de conversão e catequese desenvolvidos pelos seus confrades. A troca de experiências era encorajada e alcançava dois objetivos que se complementavam. Por um lado, alimentava os anseios de ação dos futuros missionários, que se encontravam em formação. Por outro, mais afeitos ao *modus operandi* dos Companheiros de Jesus, permitia aos dirigentes locais da empresa jesuítica, particularmente aqueles que se encontravam imersos na dura realidade do ultramar, o conhecimento e a posterior adaptação, *mutatis mutandis*, das estratégias aplicadas e testadas em outras latitudes.

As cartas de Nóbrega

A exemplo do que ocorreu com a correspondência inaciana, produzida em outras latitudes, também as que foram escritas pelos missionários que atuaram na América portuguesa constituíram um riquíssimo repositório de dados sobre a região e seus habitantes, no início da colonização. No entanto, possuem algumas particularidades que as distinguem do conjunto geral. De fato, a ação dos jesuítas desenvolveu-se entre a violência da vida colonial nos trópicos, típica região de fronteira, e a inconsistência das instituições régias que se iam implantando, pouco a pouco, na nova fronteira da cristandade.

---

[18] Adriano Prosperi, "O missionário", em Rosário Villari (org.), *O Homem Barroco*, Lisboa, Presença, 1994, p. 149.

Por conseguinte, trabalhando numa região vastíssima e ainda pouco conhecida, dotada de uma natureza exuberante, povoada por nativos, cuja cultura desafiava os conhecimentos vigentes, e por europeus aventureiros, pouco polidos pelos efeitos disciplinadores das Reformas, Nóbrega e seus companheiros tiveram de encontrar por si mesmos a maior parte das soluções para os problemas com que se defrontavam, ainda que sempre consultando os superiores na Europa, por meio de cartas, quanto ao seu acerto, o que, por um lado, numa chave de leitura religiosa, fez da correspondência jesuítica testemunha do favor divino, concedido aos processos de evangelização implementados pelos Companheiros de Jesus; por outro, mais propriamente histórico, concedeu a essas cartas o *status* de uma documentação sem igual sobre os primórdios da colonização em terras brasílicas, à qual vários estudiosos já recorreram.[19]

Sobretudo, permitem ao leitor atento perceber a lenta e gradual construção de procedimentos destinados a alcançar os indígenas com a mensagem salvífica, que os Companheiros de Jesus vinham divulgar. O acerto dessas estratégias foi de tal amplitude que acabou por se tornar, mais do que uma simples experimentação empírica, um verdadeiro método, que legaram à posteridade.

O artífice desse modelo nos trópicos foi o padre Manuel da Nóbrega. Nascido em 1517, em Portugal, entrou na Companhia de Jesus em 1544, já padre e doutor em Direito Canônico pela Universidade de Coimbra. Veio para o Brasil como chefe da primeira leva

---

[19] Luiz Felipe Baêta Neves, *O Combate dos Soldados de Cristo na Terra dos Papagaios: colonialismo e repressão cultural*, Rio de Janeiro, Forense Universitária, 1978; Jean Lacouture, *Os Jesuítas*, op. cit.; Thales de Azevedo, *Igreja e Estado em Tensão e Crise*, São Paulo, Ática, 1978; Arlindo Rubert, *A Igreja no Brasil*, Santa Maria, Pallotti, 1977; Vitorino Nemésio, *O Campo de São Paulo: a Companhia de Jesus e o plano português do Brasil*, Lisboa, Secretaria de Estado da Informação e Turismo, 1971.

de missionários que desembarcou na Bahia, em 1549. Em 1553, por escolha de Inácio de Loyola, tornou-se o primeiro Provincial do Brasil, permanecendo no cargo até 1560, quando foi substituído pelo padre Luis da Grã. Nóbrega morreu em 1570, no Colégio do Rio de Janeiro. Durante os vinte e um anos em que viveu nos trópicos, desenvolveu intensa atividade missionária, que o conduziu a todas as latitudes da colônia. Sob a sua inspiração, foram criados os aldeamentos tutelados pelos inacianos e alcançada a consolidação da Companhia em terras brasílicas.

Quando Manuel da Nóbrega e seus companheiros desembarcaram na Bahia, em março de 1549, quase dez anos após a partida de Francisco Xavier para a Índia e graças às cartas deste último, lidas com reverência nos refeitórios e nas salas de aula da Companhia, o Oriente exercia uma forte atração sobre os noviços que freqüentavam as casas e os colégios dos inacianos na Europa. Nesse sentido, as descrições das conversões em massa dos indianos cumpriram muito bem o papel que lhes fora atribuído, de se tornarem difusoras, dentro e fora da Ordem, da atividade missionária. Esta, por sua vez, revestia-se ainda da aura de encanto que, pelo viés religioso, envolvia a busca do martírio perante as hostes de infiéis e que, além dele, podia ser encontrada nos feitos heróicos dos romances de cavalaria medieval, que permaneciam fazendo parte do universo mental daqueles tempos.

Ciente dessa realidade adversa, em que a América portuguesa pouco mais era do que uma escala em direção à Índia, Nóbrega teve que se desdobrar para sensibilizar os seus superiores na Europa sobre a validade da conversão do gentio nos trópicos e assegurar o envio de mais religiosos para a missão do Brasil. Esse esforço ficou registrado em sua correspondência, na qual, por um lado, aparece aquele *realismo pedestre* lusitano, apontado por Sérgio Buarque de Holanda, estabelecendo um registro pragmático das condições da terra e da gente que a habitava. Por outro, permite acompanhar a gênese e o desenvolvimento de uma nova modalidade de difusão do cristianismo.

Embora sejam conhecidas cerca de oitenta cartas de Nóbrega, apenas quarenta e duas chegaram até nossos dias, das quais trinta e nove foram escritas no Brasil. A despeito das lacunas existentes em sua correspondência, é possível distinguir três momentos, os quais balizam a gênese e o desenvolvimento das estratégias que nortearam as ações dos missionários nos trópicos. No primeiro desses momentos, as cinco cartas conhecidas, de 1549, não deixam dúvida quanto ao deslumbramento do jesuíta com a exuberância da natureza tropical. Todas obedecem a um padrão narrativo, trazendo informações sobre a terra, os colonos, os agentes da coroa, os nativos e suas crenças, além da constante solicitação para o envio de *mais operários para a vinha do Senhor*. Apresentam, ainda, uma visão quase edênica dos trópicos, que pouco diferia das demais obras dos cronistas da época, o que certamente pode explicar o sucesso editorial, para os padrões da época, alcançado por uma delas, a *Informação das Terras do Brasil*.[20] Em relação aos indígenas, por sua vez, essas cartas de 1549 partilhavam a percepção que – desde aquela outra, célebre, de Caminha, ao Venturoso D. Manoel – fazia da conversão dos brasis ao cristianismo uma tarefa relativamente fácil de ser alcançada. Percepção que integrava o senso comum da época, e que, de certa forma, quase cinqüenta anos depois, ainda se podia encontrar até mesmo no *Regimento* de Tomé de Sousa. Por conseguinte, nessas cartas iniciais de Nóbrega, o indígena aparece como uma *folha em branco*, capaz de ser preenchida por meio de uma pregação itinerante pelas aldeias, seguindo o modelo original de propagação do cristianismo, que copiava o estilo andarilho do próprio Jesus e que fora adotado pelos seus apóstolos e por são

---

[20] Serafim Leite, *Monumenta Brasiliae*, op. cit., vol. I, pp. 145-54.

Paulo. *Mutatis mutandis*, esse foi o procedimento empregado pelos inacianos no início de suas atividades de evangelização na América portuguesa.

Contudo, a realidade do ambiente tropical logo se encarregou de desfazer tais perspectivas otimistas. Típica região de fronteira, a terra oferecia ao pequeno número de colonos europeus uma infinidade de obstáculos e tentações, às quais nem mesmo a maioria dos poucos eclesiásticos que viviam na colônia escapava. Para os jesuítas, imbuídos das exigências da *devotio moderna*, esse quadro de penúria do clero secular acrescentou mais uma tarefa, além da que se propunham, de conversão dos indígenas: a depuração da prática religiosa dos europeus que habitavam os trópicos. Nesse sentido, é forçoso reconhecer que a ação dos missionários, particularmente junto aos colonos, desenvolveu-se numa direção bastante próxima da assertiva de Peter Burke acerca do "triunfo da quaresma".[21]

Entretanto, o tempo não demorou a mostrar aos jesuítas que o trabalho de conversão e catequese dos nativos corria sério risco de perder-se. De fato, o modo de vida dos nativos, que os levava a mudar freqüentemente a localização de suas aldeias, para o que contribuiu a sanha escravista dos colonos, dentre outros fatores, impôs dificuldades incontornáveis ao modelo de missionação itinerante pelas aldeias brasílicas. A solução inovadora foi o aldeamento, tutelado pelos religiosos da Companhia. A primeira referência ao novo modelo que passou a ser adotado pelos inacianos está registrada na carta que Nóbrega enviou da Bahia ao rei de Portugal, D. João III, em princípios de julho de 1552.[22]

---

[21] Peter Burke, *Cultura Popular na Idade Moderna*, São Paulo, Companhia das Letras, 1981.

[22] Serafim Leite, *Monumenta Brasiliae*, op. cit., vol. I, pp. 343-7.

Espelhos Deformantes

[...] E os que agora se batizam os apartamos em uma aldeia, onde estão os cristãos e tem uma igreja e casa nossa, onde os ensinam, porque não nos parece bem batizar muitos em multidão, porque a experiência ensina que poucos vêm a lume, e é maior condenação sua e pouca reverência ao sacramento do batismo.[23]

O método adotado, a partir de então, para a conversão e a catequese nos trópicos, visava, sobretudo, enfrentar, com os recursos humanos disponíveis, a escassez de missionários oriundos da Europa, pois a reunião dos neófitos nas aldeias tuteladas favorecia a distribuição dos religiosos. Por meio dessa estratégia, foi possível aos poucos jesuítas, então em atividade no Brasil, cobrir o vasto território colonial, desde Pernambuco, ao norte, até o litoral de São Vicente, o limite meridional da América portuguesa, ainda parcamente povoada pelos europeus.

Na carta que escreveu, em 6 de janeiro de 1550, ao padre Simão Rodrigues, Provincial em Portugal, Nóbrega enfatiza a distribuição de seus companheiros pelas diversas capitanias: Vicente Rodrigues, Francisco Pires, Salvador Rodrigues e Nóbrega estavam na nascente cidade do Salvador; Navarro, em Porto Seguro; Afonso Brás, no Espírito Santo; Leonardo Nunes, Diogo Jácome e Antônio Paiva, em São Vicente; e Antonio Pires, em Pernambuco.[24]

Escrito por Nóbrega entre 1556 e 1557, o *Diálogo sobre a Conversão do Gentio* marca o segundo momento da atividade jesuítica no Brasil. Nesse documento, a fina percepção do chefe dos inacianos em terras brasílicas manifestou-se em duas vertentes de análise do cotidiano missionário: a defesa do prosseguimento das ações dos missionários junto

---

[23] Idem, *Cartas do Brasil...*, op. cit., p. 116.
[24] Idem, *Monumenta Brasiliae*, op. cit., vol. I, pp. 155-70.

aos indígenas, por meio da manutenção dos aldeamentos tutelados, e o valor inegável do conhecimento das características culturais dos brasis pelos missionários que se ocupassem da catequese dos nativos.[25]

Na realidade, fiel à sua formação jurídica de matriz humanista, o chefe dos jesuítas no Brasil elaborou, na forma de um diálogo, um pequeno tratado sobre a validade da experiência que os inacianos estavam empreendendo na conversão dos nativos da América portuguesa. Afinal, desde o desembarque, em 1549, Nóbrega já vislumbrara a amplitude da tarefa que os aguardava. Contudo, naquela época, não imaginava os limites que o cotidiano colonial imporia ao trabalho dos missionários. Somente após quase dez anos de atividade, foi possível avaliar o desempenho da Ordem em terras brasílicas.

Dessa forma, sem descuidar do componente sagrado da missão de evangelização, Nóbrega, através das idéias apresentadas no *Diálogo*, valorizava, na realidade, a ação do homem no mundo, por meio do conhecimento adquirido pela experimentação no trato direto com o gentio, o que possibilitava o constante aperfeiçoamento da prática da catequese, o que levou à necessidade da criação e da manutenção de espaços diferenciados para a efetiva conversão dos indígenas, de acordo com uma percepção muito próxima da que resultou na criação dos colégios jesuíticos na Europa. Foi dessa compreensão que nasceu a fixação dos índios em aldeias permanentes, sob a tutela dos jesuítas, e que se tornou o padrão adotado pela Companhia nos trópicos, o qual, posteriormente, será introduzido noutras áreas de missionação. Essa percepção da dinâmica do processo de cristianização manifestou-se, sobretudo, nos aldeamentos. A delimitação desse espaço diferenciado conferiu aos índios aldeados uma identidade própria perante os europeus e os brasis, onde estavam, em grande parte, livres da

---

[25] Idem, vol. II, pp. 317-45.

Espelhos Deformantes

ação escravista dos colonos e protegidos das influências corruptoras da sociedade colonial.

Cerca de cem anos depois, a percepção de Nóbrega acerca da necessidade do trabalho constante dos missionários junto aos brasis, foi retomada por outro grande jesuíta, o padre Antônio Vieira, num de seus mais conhecidos sermões: *O sermão do Espírito Santo.*

> [...] A estátua de mármore custa muito a fazer pela dureza e renitência da matéria, mas, uma vez feita não é necessário que lhe ponham mais a mão. A estátua de murta é mais fácil de formar, pela facilidade com que se dobram os ramos; mas é necessário andar sempre a reformá-la e a trabalhá-la, para que se conserve. Se deixa o jardineiro de assistir, em quatro dias faz-se um ramo e o que pouco antes era é já uma confusão verde de murtas.[26]

Somente após sua substituição, em 1560, pelo padre Luís da Grã, no cargo de Provincial do Brasil, que Nóbrega realizou o balanço geral da atividade jesuítica na América portuguesa. Trata-se do terceiro momento em sua correspondência – o de síntese –, portanto, conforme se pode ver na carta que enviou em 12 de junho de 1561, ao padre Diego Laynez, Geral da Companhia, e que se encontrava, então, presente ao Concílio de Trento. O documento contém vinte e dois parágrafos, nos quais Nóbrega relatou minuciosamente as suas atividades, desde a chegada aos trópicos, concluindo com uma defesa veemente dos métodos que adotara até então para a conversão e a catequese dos indígenas, além da necessidade de manutenção do patrimônio fundiário, que obtivera para os colégios que fundara.[27]

---

[26] Antônio Vieira, "Sermão do Espírito Santo", *Sermões...*, apud Charles R. Boxer, *A Igreja e a Expansão Ibérica (1440-1770)*, Lisboa, Edições 70, 1978, p. 122.

[27] Serafim Leite, *Monumenta Brasíliae*, op. cit., vol. III, pp. 354-66.

Por conseguinte, na esfera religiosa, os jesuítas agiram para a efetiva conversão e catequese dos nativos ao cristianismo, através da criação dos aldeamentos tutelados. No âmbito secular, com a fundação dos colégios, atuaram junto aos colonos, estruturando, em bases sólidas, a efetiva presença dos inacianos nos trópicos. Nessas duas vertentes, trabalharam em terras brasílicas, ao longo dos séculos seguintes.

À guisa de conclusão, verifica-se que, nas cartas escritas no primeiro ano de atividade nos trópicos, Nóbrega e os demais missionários descreveram em pormenores os nativos: sua aparência física, seu modo de vida, suas crenças e seus costumes, num modelo narrativo muito próximo dos relatos etnográficos. Certamente, os religiosos foram movidos pela curiosidade e pela estupefação ante a nova face da humanidade com que se defrontavam, o que se pode notar na *Informação das terras do Brasil.*

Contudo, o objetivo era muito mais ambicioso e vislumbrava duas linhas de ação que se complementavam. Se, por um lado, seus autores buscavam motivar seus superiores para o envio de mais "operários para a vinha do Senhor", por outro, mais próprio ao âmbito institucional, os dirigentes da Ordem na Europa valeram-se delas como meios de divulgação externa das ações dos inacianos, além de servirem para despertar vocações nos corações e nas mentes dos alunos dos inúmeros colégios fundados pela Companhia no Velho Mundo, o que corrobora a assertiva de Charlotte de Castelnau-L'Estoile, acerca do conteúdo da correspondência dos inacianos nos trópicos,

A ambição jesuíta consistia em agir no mundo para a maior glória de Deus. Essa relação com o mundo exterior é essencial: é necessário, portanto, conhecer o mundo para poder agir mais eficientemente sobre ele. Os padres jesuítas não podiam pensar a província jesuíta sem remetê-la ao mundo exterior, a essa sociedade colonial em plena

Espelhos Deformantes

transformação que era o Brasil do final do século XVI. Há, portanto, nesses textos de descrição da província brasileira, um olhar penetrante sobre a sociedade em geral, um bom cálculo das forças dinâmicas, das evoluções em curso.[28]

Entre todas essas possibilidades, as cartas jesuíticas serviram, em primeiro lugar, para orientar os procedimentos internos da Ordem, particularmente no período de elaboração das *Constituições*. Em segundo, asseguraram para a Companhia uma grande publicidade, graças às inúmeras cópias que os dirigentes fizeram circular, possibilitaram o despertar de vocações religiosas, asseguraram benesses por parte das cabeças coroadas da Europa e dos funcionários régios e serviram para reavivar a fé dos católicos em geral.

No entanto, além disso, nas cartas jesuíticas ainda pulsam, até nossos dias, os sentimentos que inspiraram seus autores, ou, por outras palavras, elas possuem inegável essência de humanidade, pois acalentaram a fé e mitigaram a solidão dos Soldados de Cristo que missionaram em terras distantes, como bem soube dizer o padre Jorge Rodrigues, de Ilhéus, em agosto de1565:

> Porquanto é muito santo, [...] este tão louvado costume que nos deixaram nossos Padres, [de] comunicarmos nossas coisas uns com os outros como verdadeiros membros da Companhia, dando parte a nossos Irmãos assim de nossa alegria como de nossa tristeza, e, quando não podemos por palavra, por cartas para [que] a uns e outros nos consolemos e animemos a servir a Cristo todos os dias da nossa vida contando seus louvores e maravilhas.[29]

---

[28] Charlotte de Castelnau-L'Estoile, *Operários de uma Vinha Estéril: os jesuítas e a conversão dos índios no Brasil 1580-1620*, Bauru, Edusc, 2006, p. 55.

[29] Serafim Leite, *Monumenta Brasiliae*, op. cit., vol. IV, p. 277.

A construção retórica da edificação: Vieira, os índios e a missão nas Serras de Ibiapaba

Lígio de Oliveira Maia[*]

Nascido em Lisboa – e desembarcando, ainda menino, na Bahia de Todos os Santos – padre Antônio Vieira é uma das personagens coloniais mais intrigantes e, talvez, das mais discutidas. Primeiro, porque sua longevidade (1608-1697) foi marcada pela forte e reconhecida presença de espírito, com a qual, dos púlpitos coloniais ou das Cortes européias, encorajava seus irmãos e aconselhava seu rei, nunca se esquivando de denunciar o mais temido dos poderosos. Todavia, são seus escritos que demonstram a altivez de um homem inquieto, o qual deixou à posteridade mais de 700 cartas e 207 sermões, de que, aliás, corrigiu e esmerou boa parte nos últimos anos de vida. Tamanha produção causa desassossego naqueles que aceitam o desafio de estudá-la, sobretudo pelos inúmeros e imbricados temas que ganham relevo sob sua pena.

O objetivo aqui, contudo, é modesto e bem mais restrito. Trata-se mesmo de um exercício de reflexão histórica sobre um dos textos mais conhecidos do padre Vieira, sua *Relação da missão da Serra de Ibiapaba* (1660). Paradoxalmente, "conhecido" porque sempre

---

[*] Doutorando em História pela Universidade Federal Fluminense, sob a orientação da professora Maria Regina Celestino de Almeida.

publicado – junto aos *Sermões* ou a coletâneas de textos vierianos – por outro lado, em minha opinião, ainda não estudado demoradamente. O motivo, talvez, seja porque alguns autores não conseguem encaixá-lo nos textos *proféticos* do autor; ou mesmo por se referir à região do Ceará, uma das portas de entrada do imenso Maranhão, ainda considerado pela historiografia de somenos importância no âmbito da história colonial. A seguir, ver-se-á que a primeira justificativa é secundária e que a segunda é simplesmente insustentável.

O discurso pelo contexto

Para os lingüistas, em geral, é a forma retórica de composição das cartas que constitui a chave para sua compreensão; por outro lado, no que se refere aos historiadores, tal preceito é pouco válido, se deslocado de seu lugar de produção e dos contextos em que está inserido, pois é pouco provável que o conteúdo esteja plenamente subordinado à composição estética. Em outras palavras, esquece-se flagrantemente a experiência (objetiva e subjetiva) que sustenta e finaliza o próprio processo cognitivo na invenção das correspondências.

Não se está negando que havia uma prescrição, pois se sabe que os escritos jesuíticos do século XVI estavam no âmago de uma longa tradição medieval da *ars dictaminis* (arte de escrever cartas). A composição da estrutura formal que, aliás, preocupava também o fundador da Companhia, santo Inácio, constituía "um mapa retórico *em progresso* da própria conversão"; ou seja, através dessa longa tradição epistolográfica, a Companhia de Jesus sedimentava "sentidos adequados aos roteiros plausíveis". Em outras palavras, a forma da carta dava legitimidade ao remetente e à sua instituição e, como demonstra Pécora, baseado nas indicações da correspondência de santo Inácio

Espelhos Deformantes

– especialmente, nas cartas de edificação – o papel da *autoridade* ou o *caráter* do escritor era da maior importância.[1]

Ao mencionar a experiência objetiva e subjetiva no processo de escrita, considera-se fatores da própria experiência humana. Nesse sentido, as cartas e demais fontes coloniais, longe de serem transparentes e construírem quadros objetivos da realidade, trazem em seu *corpus* problemáticas pertinentes, algumas, inclusive, há muito discutidas pelos historiadores. Mais do que levar em conta a relação sociocultural do emissor e do destinatário ou suas preocupações imediatas, deve-se também tomar para análise o próprio processo de escrita e, por essa via, a contribuição de alguns lingüistas tem sido da maior relevância, ao referir-se à correspondência da Companhia de Jesus e do padre Vieira, em particular.[2] Por outro lado, o que escapa aos estudiosos, ao enfatizarem a tradição epistolográfica e sua forma retórica, é que elas podem ser moldadas ou construídas a partir de contingências históricas e com resultado de longo alcance.

Em trabalho recém-publicado no Brasil, Castelnau-L'Estoile atenta para o modo como o Provincial do Brasil, padre Pero Rodrigues, incentivava a formulação das cartas *Ânuas* pelos missionários de campo, aqueles que estavam entre os índios, nos trabalhos catequéticos; antes e a partir de Roma, a *auctoritas* institucional era dada aos jesuítas de letras, ausentes do sertão e mestres nos colégios. Para a autora, a

---

[1] Alcir Pécora, "Cartas à Segunda Escolástica", em Adauto Novaes (org.), *A Outra Margem do Ocidente*, São Paulo, Companhia das Letras, 1999, pp. 373-414 (grifos do autor).

[2] Ao estudar o "retrato do índio em Vieira", analisando seus escritos do período entre 1652 e 1662, em que a questão indígena ganha maior relevo, parece-me que Alcir Pécora dá uma contribuição valiosa aos historiadores, sobretudo porque contextualiza a produção do jesuíta. Contudo, é surpreendente que tenha deixado fora a *Relação da missão da Serra de Ibiapaba* (1660). Cf. Alcir Pécora, "Vieira, o índio e o corpo místico", em Adauto Novais (org.), *Tempo e História*, São Paulo, Companhia das Letras, 1994, pp. 423-61.

justificativa do sacerdote na extensa carta de 1599, dirigida ao Geral, padre Aquaviva, era a de que tais correspondências deviam repousar numa "experiência vivida", para melhor traçar concretamente os percalços da Obra, formulando as plenas edificações a todos os ouvintes em potencial. Logo, a carta de Rodrigues marcaria uma inflexão, naquilo que ela chama de "escrituração missionária".[3] A autora não perdeu de vista os embates internos da Companhia de Jesus entre os que defendiam a via sedentária nas aldeias, junto aos luso-brasileiros, e o caráter itinerante das missões ao interior do sertão, mais próximo do ideal de missão, propugnado nas *Constituições* e nos *Exercícios Espirituais*. Vê-se, assim, que a tradição da escrita rendeu-se ou formulou-se, frente à história, a demandas locais e mais urgentes, também sob a ação direta dos missionários no Brasil e a partir de "situações reais".[4]

Por outro lado, é necessário levar em conta a distinção que havia entre a carta de *edificação* (ou principal) e as *hijuelas* (ou anexos) na Companhia de Jesus. Nos anexos, deviam constar assuntos mais rotineiros na missão, ligados à manutenção dos missionários, instrumentos litúrgicos, saúde dos padres etc.; já as cartas de *edificação* tinham por objetivo causar nos ouvintes, jesuítas e não-jesuítas, o estímulo à fé, assegurando as graças da Piedade, clara manifestação da presença divina no ascético trabalho missionário.

---

[3] Charlotte de Castelnau-L'Estoile, *Operários de uma Vinha Estéril: os jesuítas e a conversão dos índios no Brasil (1580-1620)*, São Paulo, Edusc, 2006, pp. 437-42.

[4] Os elementos clássicos da *ars dictaminis* (*salutatio, captatio benevolentiae, narratio, petitio* e *conclusio*), encontrados nas cartas jesuíticas do século XVI, estavam, todavia, ausentes no século posterior. Para Pompa, a explicação advém do contexto missionário, diferente do primeiro século de evangelização, pois a *narratio* dessas cartas corresponde menos à composições retóricas construídas num quadro temático escolhido do que a "situações reais". Cf. Cristina Pompa, *Religião como Tradução: missionários, Tupi e "Tapuia" no Brasil colonial*, Bauru, Edusc, 2003, pp. 81-4.

Espelhos Deformantes

O processo de edificação, assim, ganhava relevância, ao mesmo tempo, em sua forma pública e no interior de sua escrituração, pois dava testemunho duradouro de sua ação. Escrita, reescrita e cuidadosamente organizada de modo a estimular os ouvintes, deixava transparecer, desde a origem da Ordem, a função unificadora das correspondências a ligar as longínquas missões do Oriente e do Ocidente,[5] sobressaindo-se mesmo uma espécie de identidade jesuítica.

Os pesquisadores têm tomado as cartas *Ânuas* e as *Relações*, escritas pelos membros da Companhia, por exemplos de cartas de edificação. As primeiras, apesar do nome, não tinham uma periodicidade exata, mas seu objetivo era informar aos Provinciais o trabalho missionário, geralmente realizado em missões distantes, constituindo aspectos "administrativos" de maior peso, por se apresentarem como relatório-resumo, de modo que a edificação aparece sob formas limitadas; as *Relações*, por conseguinte, eram relatos sobre missões específicas, do andamento dos trabalhos realizados, dos percalços vividos e dos obstáculos superados. Seu objetivo não era apenas resumir o trabalho, mas edificar os ouvintes e, com a aprovação do Provincial, podiam ser enviadas à Europa, o que lhes assegurava novo estatuto, passando de simples cartas de missionários a "literatura de edificação".[6]

No Brasil – e pela leitura cuidadosa da lei de 1596, em que aos jesuítas era dada a prerrogativa de fazer "descer" os índios do sertão –, os relatos de entradas ou de expedição vão ganhar, além da edificação, um caráter diplomático e político, no sentido pleno do termo, devido à sua aproximação mais estreita com os poderes temporais,

---

[5] Para uma análise dessas preocupações desde a origem da Ordem de Inácio, ver Fernando Torres Londoño, "Escrevendo cartas. Jesuítas, escrita e missão no século XVI", *Revista Brasileira de História*, vol. 22, n. 43, São Paulo, 2002, pp. 11-32.

[6] A essa literatura de edificação (relatos de expedição ou Relações), a autora chama de "carta-relato". Charlotte de Castelanau-L'Estoile, *Operários de uma Vinha...*, op. cit., p. 442.

na linha de frente da conquista colonial. Relatos que, aliás, vão servir a diferentes destinatários, pois a "carta sobre as missões do sertão se inscreve nesse clima agitado em que os jesuítas procuravam justificar sua estratégia política simultaneamente diante da hierarquia jesuíta e das autoridades civis da colônia e da metrópole".[7]

Logo, percebe-se que o contexto histórico na produção das fontes (cartas, cartas anuais, relatos de expedição ou Relações) e a experiência de seus autores e/ou leitores (e suas instituições) não são apenas relevantes e devem ser tomados em conta, como também são absolutamente necessários. Dito de outro modo, o discurso pelo discurso, a composição estética por ela mesma e a forma sobre o conteúdo podem eclipsar questões, tornando-as, de outra forma, inatingíveis.

Missão às Serras de Ibiapaba: entrada ao imenso Maranhão

As Serras de Ibiapaba compreendem uma região ou, mais precisamente, um conjunto montanhoso, localizado a noroeste do atual estado do Ceará, na fronteira com o Piauí. No século XVII, pelas condições geográficas e demográficas, era tema constante na correspondência de autoridades colonialistas. Para lá seguiram os primeiros missionários portugueses, em 1607, rumo ao "desconhecido" Maranhão, colocando "as primeiras plantas nesta nova vinha" com o fim de evangelizar os gentios e se tornarem conhecidos à influência dos franceses, presentes na região desde 1580.

---

[7] O Provincial do Brasil, padre Pero Rodrigues, via essa aproximação com os poderes colonialistas como um novo ânimo ao trabalho missionário, esforçando-se em convencer o Geral da Companhia e alguns opositores em Roma, que receavam a perda do primitivo ideário missionário. Idem, p. 443.

Espelhos Deformantes

81

Nessa nova vinha, os grupos indígenas representavam os obstáculos vivos mais atuantes, compondo um contingente humano que variou de algumas centenas até seis mil, de acordo com dados colhidos entre 1605 e 1756.[8] A potencialidade de conversão de um número tão expressivo – não se devem perder de vista o malogro e o esvaziamento das aldeias no primeiro século – deu novo ânimo aos missionários no norte colonial e, a isto, deve-se somar outro motivo não menos importante: a conservação do império português (ver *infra*); por outro lado, é fundamental atentar para os férvidos acontecimentos que envolviam a Ordem de Vieira e os colonos, na disputa pelo poder temporal sobre os índios, no Pará e no Maranhão.

Dispensado de seu trabalho diplomático em Portugal, Vieira chefia a missão da Companhia de Jesus, no Maranhão e no Grão-Pará, entre 1652 e 1661. Desse período, figuram alguns de seus mais debatidos sermões, com acusações e até condenações públicas aos colonos em relação ao uso da mão-de-obra indígena. No cerne dos conflitos, vai a Lisboa e consegue a provisão de abril de 1655, dando aos jesuítas total participação nas decisões sobre descimentos, declaração de guerra e governo dos índios. O pêndulo oscila radicalmente com a transferência do governador André Vidal de Negreiros, que apoiava as determinações reais em favor dos padres, e com a morte de seu rei protetor, D. João IV, em novembro de 1656. Em seguida, Vieira e todos os missionários são seguidamente expulsos do Maranhão e do Pará, em 1661, e, dois anos depois, o Conselho Ultramarino retira a exclusividade da Companhia no trabalho entre os índios, dividindo as aldeias com outras ordens religiosas e aumentando o poder das Câmaras.

É no âmago desse contexto histórico, envolvendo o trabalho missionário, aqui apresentado brevemente, que recai a análise da *Rela-*

---

[8] Cf. Serafim Leite, SJ, *História da Companhia de Jesus no Brasil*, Lisboa/Rio de Janeiro, Livraria Portugália/Instituto Nacional do Livro, 1938-1950, vol. III, pp. 85-96.

ção de Ibiapaba. Desde já, é possível compreender a região como uma entrada (geográfica e catequética); daí tratar-se de uma *Relação de Entrada* – missionária e de expansão colonialista – ao vasto Maranhão, sendo esta efetivamente a tônica de outros escritores jesuítas.[9]

Resta saber se é possível compreender a *Relação de Ibiapaba* como uma espécie de registro intermediário, ou, em outras palavras, como um tipo de *continuum* de ação missionária. Nesse sentido, que lugar deve ocupar esse documento colonial e quais seus temas tratados e construídos por Vieira, e, afinal, qual é o lugar do índio nessa retórica de edificação?

Relação da missão das Serras de Ibiapaba

É possível que a *Relação de Ibiapaba* nunca tenha singrado o oceano, a bordo de qualquer navio, em direção à Europa, para ser aprovada e impressa sob os auspícios da Cúria generalícia da Companhia, em Roma.[10] Todavia, é inegável sua circulação entre os missionários, no

---

[9] Refiro-me, especialmente, a um rico conjunto documental formado pela *Relação do Maranhão* (1609), do padre Luís Figueira; pela *Relação da missão das Serras de Ibiapaba* (1660), do padre Vieira; e, finalmente, pelas *Cartas anuais*, do padre Ascenso Gago (1695-1702), todas elas sobre os trabalhos catequéticos entre os índios nas Serras de Ibiapaba. Cf. Luís Figueira, S.I., "Relação do Maranhão" [1608], *Três Documentos do Ceará Colonial*, Fortaleza, Instituto do Ceará, 1967, pp. 76-113; Antônio Vieira, S.I., "Relação da Missão da Serra de Ibiapaba" [1660], em Cláudio Giordano (org.), *Escritos Instrumentais sobre os Índios*, São Paulo, Educ/ Loyola/Giordano, 1992, pp. 122-90; Serafim Leite, S.I., *História da Companhia...*, op. cit.

[10] Com o falecimento de Vieira, parte de seus manuscritos, encontrados em seu cubículo, na Bahia, foi remetida a Lisboa. A *Relação de Ibiapaba* compõe, com outras dessas cartas, o tomo I *das Vozes Saudosas*, organizado pelo padre André de Barros e impresso em 1736. Cf. Antônio Vieira, S.I., *Sermões*. Revisão e adaptação de Frederico Ozanam Pessoa de Barros; supervisão do padre Antônio Charbel e de A. Della Nina; introdução e supervisão técnica de Luiz Felipe Baêta Neves, Erechim, Edelbra, 1998, p. 78, 86-91. Salvo em contrário, as citações da *Relação* estarão indicadas por parágrafos, junto aos tópicos, especialmente devido às diferentes publicações desse documento.

Espelhos Deformantes

Maranhão, já que Vieira fora seu Visitador e Superior. O mesmo pode ser dito de sua circulação na Província do Brasil, até pela obrigação institucional de manter com o Provincial uma constante correspondência acerca dos trabalhos.

O extenso documento está dividido em 17 parágrafos (§§) ou tópicos, que antecedem os assuntos tratados. Embora reconheça, desde já, a fecundidade de outros temas aqui não abordados diretamente, a meu ver, três grandes temas perpassam a narrativa da *Relação de Ibiapaba*. São eles:

I – A conservação das conquistas portuguesas (§§ IV, V, XIV)

Na *Relação* de Vieira, os anos da década de 1650 aparecem, claramente, como uma nova oportunidade de conjugar num mesmo empreendimento as forças da Coroa e da Companhia. Ao mencionar a intenção do governador de construir um forte no rio Camuci, em frente às Serras, aponta tratar-se da dilatação da fé levada "sobre as asas do interesse", na qual os padres tinham que tomar parte. Não se deve perder de vista que o trabalho missionário era condição essencial na manutenção das conquistas portuguesas e, em Vieira, era hiperdimensionada na apologia de exclusividade de sua ordem, pois "as utilidades temporais e políticas que por esse meio acresceram à Coroa e Estados de V. Majestade" – disse, ao tratar das missões entre os nheengaíba, no Pará – se dão porque "os primeiros e maiores instrumentos da conservação e aumento desta Monarquia são os ministros da pregação e propagação da fé".

De fato, a argumentação de Vieira desdobra-se para o outro braço do imenso Maranhão: "o Estado do Maranhão até agora estava sitiado de dois poderosos inimigos, que o tinham cercado e fechado entre os braços de um e outro lado, porque, pela parte do Ceará o tinham cercado os tobajaras da serra, e, pela parte do Cabo do Norte – que são os dois extremos do Estado – os nheengaíbas".[11]

A carta endereçada ao rei e datada de fevereiro de 1660 foi escrita antes de Vieira seguir para as Serras de Ibiapaba, constituindo-se numa preocupação já sistematizada pelo ilustre remetente, pois, dois anos antes, havia escrito uma outra ao Provincial do Brasil, enumerando nove razões para a permanência dos missionários, naquele momento de total insegurança. Para o "bem comum da República", e relembrando aos missionários a sua condição de membros do império português, o jesuíta esclarece que a manutenção da missão em Ibiapaba estava diretamente relacionada às "outras missões deste Estado", para as quais garantiria o "recurso da Província por terra, e o da Província e de Portugal".[12]

Está claro que a *Relação de Ibiapaba*, sendo uma narrativa construída para edificar, era também, e ao mesmo tempo, uma carta diplomática e de cunho político. Diplomática, porque seu conteúdo vislumbrava uma aproximação negociada com grupos indígenas até então conhecidos apenas por "fama"; e de aspecto político porque costurava os interesses da Coroa, inclusive sugerindo ou aconselhando ações aos poderes colonialistas para sua plena manutenção. A introdução aos apelos temporais pode ser, ainda, verificada no rigor com que lista e nomeia as autoridades: Diogo Botelho, governador do Estado do Brasil; André Vidal de Negreiros, governador do Maranhão; e também no além-mar, na pessoa do conde de Odemira. Todos, por assim dizer, testemunhando o zelo dos missionários e dando o aval aos seus empreendimentos.

---

[11] Cópia de uma carta para el-rei sobre as missões do Ceará, do Maranhão e do grande rio das Amazonas [11/02/1660]. Idem, pp. 458-70.

[12] Carta a um Provincial do Brasil [10/06/1658], Antônio Vieira, S.I., 1608-1697, *Cartas do Brasil*, São Paulo, Hedra, 2003, pp. 187-92.

Espelhos Deformantes

Além dos índios, a *Relação* também dá conta de outra instabilidade nas conquistas portuguesas: no início do século, os franceses e, no tempo de Vieira, os holandeses. Por isto, as reduções dos tabajara e dos nheengaíba: "V. Majestade tem hoje estas formidáveis nações, não só conquistadas e avassaladas para si, senão inimigas declaradas e juradas dos holandeses".[13] Todo o entusiasmo de Vieira não passava de mera retórica, pois, ao se encontrar pela primeira vez com os índios de Ibiapaba, já influenciados pelos "políticos da Holanda", desabafava, inclusive apontando o relapso das autoridades coloniais: "sempre as nossas razões de estado foram vencidas da nossa cobiça, e, por não darmos pouco por vontade, vimos a perder tudo por força".

Aparentemente respondendo aos críticos da continuidade da missão, possivelmente atuando dentro e fora da Companhia, Vieira constrói uma argumentação que se desloca dos frutos da Obra, geralmente os mais eloqüentemente apresentados – embora, faça isso noutros momentos – para os "males" que se têm evitado pela simples presença dos missionários. O jesuíta referia-se à redução e à vassalagem dos tabajara, "sem armas nem despesas"; à abertura do caminho entre Maranhão e Ceará e para Pernambuco, "fechados pelas hostilidades desta gente [os índios]"; aos índios como inimigos dos holandeses, "cuja confederação era a Serra de Ibiapaba, o maior padrasto que tinha sobre si o Maranhão"; já não matam nem "comem carne humana" e "guardam paz e fidelidade às nações vizinhas"; e seus "vícios da fereza e desumanidade estão também muito domados". E conclui, sem meias palavras: "tudo por benefício da assistência dos padres".

Vê-se, assim, que a ferocidade indígena, seus rituais antropofágicos e constantes combates com outros grupos não eram apenas problemas de ordem teológica, de conversão. Supõem e compõem, junto

---

[13] Cf. Antônio Vieira, S.I., *Sermões*, op. cit., p. 470.

86 Rodrigo Bentes Monteiro (org.)

ao combate aos inimigos estrangeiros, à vassalagem indígena e à abertura de comunicação entre capitanias, um feixe de problemas, segundo Vieira, já resolvidos para resguardo de todo o Corpo do Império. Aliás, a *Relação de Ibiapaba* parece constituir também mais um exemplo, apontado por outros autores, dos escritos e do pensamento de Vieira em que o papel da Companhia estaria subordinado ao império português – escolhido pela Providência para estender a Cristandade sob o aval direto da Igreja Romana.[14]

II – *Exemplu* na edificação (§§ I, VI-VIII, X-XII, XVII)

Logo no primeiro parágrafo da *Relação*, Antônio Vieira constrói um discurso de ligação ou continuidade com a primeira missão jesuítica em Ibiapaba, realizada em 1607. Para isso, vale-se do sacrifício dos primeiros missionários ou, mais precisamente, de seus gloriosos destinos. Assim se refere à morte do padre Pinto:

> [...] estando o padre Francisco Pinto ao pé do altar para dizer Missa, sem lhe poderem valer os poucos índios cristãos que o assistiam, com flechas e partasanas, que usavam de paus mui agudos e pesados, lhe deram três feridas mortais pelos peitos e pela cabeça, e no mesmo altar, onde estava para oferecer a Deus o sacrifício do corpo e sangue de seu Filho, ofereceu e consagrou o de seu próprio corpo, começando aquela ação sacerdote, e consumando-a em sacrifício.

---

[14] Em Vieira, "ação discursiva intervindo em outras ações e representações contemporâneas, suas cartas não dissociam doutrina e prática, desempenhando funções teológico-políticas específicas, como as de reiterar a unidade do 'corpo místico' da Companhia de Jesus e os laços de subordinação do remetente e do destinatário no pacto de sujeição à pessoa fictícia do rei". Cf. João Adolfo Hansen, "Introdução", Antônio Vieira, S.I., 1608-1697, *Cartas do Brasil*, op. cit., p. 17.

Espelhos Deformantes

A possível heterodoxia de Vieira ao comparar a morte do padre com o sacrifício do Ungido de Deus é apenas aparente. Pouco depois, o compara ao Abel bíblico, irmão injustamente assassinado, que teve seu sangue reclamado ao atingir os Céus, sendo a irmandade do sacerdote derivada dos "primogênitos desta missão", os índios batizados de quase cinqüenta anos antes, e ainda vivendo nas Serras.

No pensamento metafísico do narrador, contudo, padre Pinto teria outra importância no âmago da Companhia, no Maranhão. Sua morte representou um "martírio" que se "deixa para mais longa história". A descrição construída de sua morte não chega a ganhar a relevância de dramaticidade e, mesmo, de uma cena teatral, formulada pelo companheiro do sacerdote morto, o padre Luís Figueira, em sua *Relação do Maranhão*, pouco depois do episódio; mas dá o tom de sua rememorização, inclusive de seu milagre ao fazer chover no inóspito sertão, sendo, talvez, o primeiro mártir da Companhia de Jesus no Maranhão.[15]

---

[15] Acredito que o tema da construção do padre Pinto como "mártir" da Companhia ainda não esteja convincentemente resolvido. Castelnau-L'Estoile afirma que os jesuítas não usaram a morte do sacerdote para fazer dele um mártir, embora reconheça que a Província jesuítica estivesse à procura de santos. No final do século XVII, Bettendorf, ao referir-se a seu companheiro Luís Figueira, diz que teria outro "martírio mais prolongado", portanto, referindo-se a um martírio anterior, a morte do padre Pinto. E, como visto, Vieira referiu-se também a seu "martírio". De fato, o pioneirismo de sua missão ao "desconhecido" Maranhão e o milagre de sua cura profetizado pelo padre Anchieta – mencionado por diferentes jesuítas nos Seiscentos – são indícios importantes de seu papel aos missionários posteriores. Devem-se mencionar, ainda, as imagens do martírio do padre Pinto, já ganhando o mundo, em 1675, na obra de Mathias Tanner, em Praga, estando entre os seis portugueses sacrificados, no que se refere à América; e outra gravura (sem data), encontrada na Biblioteca Nacional de Lisboa. Parece-me elucidativo que Raminelli, ao comparar as duas imagens, estivesse realçando o estereótipo do "bárbaro" indígena como obstáculo à atuação dos mártires da Companhia. Cf. Charlotte de Castelnau-L'Estoile, *Operários de uma Vinha...*, op. cit., pp. 477-8; João Felipe Bettendorf, *Crônica da Missão dos Padres da Companhia de Jesus no Estado do Maranhão*, 2. ed., Belém, Fundação Cultural do Pará/Secretaria do Estado da Cultura, 1990[1699], p. 42; Ronald Raminelli, *Imagens da Colonização: a representação do índio de Caminha a Vieira*, Rio de Janeiro, Jorge Zahar, 1996, pp. 73-9.

Particularmente surpreendente é a reação do padre Figueira, companheiro do padre Pinto, que "ficou tão sentido, porém de não ter acompanhado na morte como na vida ao padre", demonstrando, segundo Vieira, "inveja daquela gloriosa sorte". Mas Deus – sempre ele – satisfez o gozo reprimido, pois, em 1643, padre Figueira, junto com outros missionários, morreu nas mãos dos índios, na foz do rio Amazonas, onde "ele e os mais foram primeiro mortos com grande crueldade, e depois assados e comidos daqueles bárbaros".

É possível vislumbrar – mesmo que aproximadamente – os efeitos dessas descrições entre missionários e noviços da Companhia, que, aliás, nesse documento, são recuperadas, como que costurando a primeira missão (1607) a essa nova empresa a partir das edificações formuladas. Após o parágrafo de abertura, inexiste na *Relação* outro mártir a ser lembrado; todavia, os modelos ou exemplos na edificação vão se multiplicando.

O primeiro caso é o do padre Antônio Ribeiro, "tão eloqüente na língua, e exercitado em conhecer e moderar os ânimos desta gente [os índios]", que seguiu para a fortaleza, no litoral do Ceará, com o objetivo de promover a paz entre índios aldeados e outros grupos indígenas. Em meio a um combate no qual estiveram envolvidos mais de "quatrocentos bárbaros", o religioso demonstrou sua intrepidez, subindo nas cercanias do sítio "por meio das flechas, e, não pedindo pazes, nem rogando, senão repreendendo e ameaçando o castigo de Deus aos bárbaros", de modo que "se retiraram logo todos".

Outro missionário, padre Pedro Pedrosa, que nessa ocasião esteve solitário nas Serras, também mereceu de Vieira certa consideração. Inexperiente e pouco entendido na língua, o padre sofria a instigante desconfiança dos indígenas – resolutos a imprimir sua vingança devido à guerra contra seus antigos aliados, os holandeses – de ser um espia dos portugueses. Para Vieira, "estava o padre

Espelhos Deformantes

mais como prisioneiro das suas ovelhas que como pastor delas". Porém dá destaque às condições de sobrevivência e, talvez, numa velada crítica aos missionários de Colégios (reticentes quanto aos incômodos do trabalho na vinha e servidos por escravos negros), aponta que Pedrosa por meses se alimentava de "espigas de milho seco que assava por sua própria mão"; de "raízes de certa árvore agreste, cavada por sua mão"; e que "varria a pobre casinha com as mesmas mãos sagradas com que a tinha feito". Aos missionários da Europa, contudo, os padecimentos não deviam causar tanta aflição, pois "é já boa de contentar a natureza – e muito mais a graça – e dá Deus tantos sabores a estes manjares, que não fazem cá saudades os regalos da Europa".

A edificação, em Vieira, dá-se na efetiva ação e nunca estritamente na contemplação, sob perigo de morte entre os índios, sacrifícios espirituais, sem dúvida para o bem da missão. Por outro lado, se é possível encontrar certa semelhança na *narratio* dos relatos edificantes, saltam aos olhos as descrições do trajeto, apresentadas quase sempre como uma peregrinação espiritual; e, no caso da *Relação de Ibiapaba*, como uma prática expiatória relevante e reveladora da invenção retórica dos modelos escolhidos. Antes de discutir esse ponto, duas questões parecem importantes.

A primeira é que as tintas do narrador são carregadas ao extremo, construindo uma espécie de cena viva das agruras do percurso para, logo em seguida, findar na completa superação dos obstáculos apontados; e, em segundo lugar, é importante constatar que Vieira esteve presente em apenas uma das duas descrições de viagem, de fato, a de seu próprio percurso entre o Maranhão e o Ceará. De modo que, mais uma vez – como, aliás, parece ser a maior parte da *Relação* – o sacerdote escreve a partir de outras narrativas, especialmente com base na *Relação* de Luís Figueira (1609) e nas cartas dos missionários que estavam nas Serras, recebidas por Vieira apenas em 1658, comprovando o desígnio divino.[16]

A descrição da inóspita natureza tinha um duplo objetivo: a própria construção de um itinerário do percurso, pois "esta era a primeira viagem que se fazia ou abria depois de tantos anos por estas praias, a falta de experiência, como sucede em todas as coisas novas, fazia maiores os trabalhos e os perigos"; e, ainda, a própria construção retórica da edificação. Nesse sentido, as forças naturais passam de obstáculos a aliados, no preceito dos sacrifícios: os lençóis de "vinte e cinco léguas de perpétuos areais"; a travessia de "catorze rios mui caudalosos", com suas fozes sempre confundidas com o perigoso mar. Nessa travessia, era necessário levar canoas – parte pela rebentação do mar, por rios e até nas costas (claro que as dos índios da expedição) – e isso por "muitas léguas"; e, ainda, a força dos ventos, "porque é necessária tanta força para romper por ele, como se fora um homem nadando, e não andando". Mas, por invocação de Nossa Senhora da Conceição e favor de Deus, os 35 dias de viagem foram vencidos, chegando os dois novos missionários nas Serras de Ibiapaba "sem alento, nem cor, nem semelhança de vivos, que tais os tinha[m] parado o caminho e a fome".

---

[16] Em carta já mencionada, dos nove pontos que justificavam a permanência dos padres em Ibiapaba, um referia-se à predestinação de seu envio: "Porque verdadeiramente parece que tem mostrado Deus que quer esta missão se continue e que os padres se não saiam dela. Porque, tendo-se procurado sete vezes, por mar e por terra, que chegassem a estes padres as ordens em que os superiores os mandavam retirar, sempre houve impedimentos extraordinários, para que as ditas ordens, ou não fossem, ou não chegassem, e, quando agora havia portadores tão certos como estes índios da serra, ordenou Deus que na mesma semana chegasse o governador com as novas ordens de El-Rei, com que as dos superiores hajam de suspender. Sem dúvida tem Deus provido àquelas almas este meio de sua predestinação, e é infalível haver-se de conseguir", Carta a um Provincial do Brasil [10/06/1658], Antônio Vieira, S.I., 1608-1697, *Cartas do Brasil*, op. cit., p. 191.

Espelhos Deformantes

A viagem de Vieira, iniciada logo após sua visitação aos nhe-engaíba, ganha outra dimensão, não apenas porque falava de sua própria experiência, mas porque era do Superior e Visitador, já nomeado, que ecoava diretamente a narrativa. Ao decidir seguir por terra e não por mar todo o percurso, afirmava "serem todas estas notícias absolutamente necessárias a quem há de dispor as missões", concluindo, ainda, que tais informações não passam de "um gênero de trabalho que se lê facilmente no papel, mas que se passa e atura com grande dificuldade".

Assim como os missionários anteriores, todos os inacianos da comitiva de Vieira andavam a pé e descalços, padecendo por dias das chagas contraídas. Em Vieira, contudo, o sacrifício era mais amplo, pois "o tempo era de penitência, e de meditar nos [sacrifícios] de Cristo". Iniciada em março de 1660, a viagem durou vinte e um dias, que "foi a maior brevidade que até agora se tem visto", chegando os missionários e toda a comitiva na quarta-feira de trevas, da Semana Santa.

Exaustão do percurso, batalha contra a natureza dura e inóspita, força dos padres que, pela Fé, se moveram sobre as montanhas. Tudo isso, todavia, pela providência divina, que a todos amparava, velava e dava sinais claros de seu desígnio, ou seja, a continuação da missão nas Serras de Ibiapaba, abreviada com a morte do padre Pinto, em 1608. O modelo missionário está em todos e a Graça em toda parte, formulando, por meio do discurso de quem tem a autoridade, a plena edificação do trabalho catequético, e, mais uma vez, reafirmando o Instituto de sua Ordem expansionista e o incansável zelo de seus companheiros: "Mas é graça esta própria dos filhos de Santo Inácio, que, posto se não criam nisto, criam-se para isto".

III – A heresia (§§ II, III, IX, XIII, XIV)

Na análise que Hansen faz dos escritos de Vieira, no período em que o padre esteve no Maranhão, o tema da *heresia* surge com maior força. Contudo, esta não é apenas e simplesmente uma divergência doutrinária com os reformadores, mas está diretamente relacionada àquilo que é mais caro a Vieira: a constituição do Corpo Místico do Império, legitimado pela Igreja de Roma, na qual sua Ordem teria papel na frontaria das Causas Segundas. Por isso, eram hereges todos os colonos do Maranhão que escravizavam índios aldeados ou aprisionados injustamente – por não cuidarem de suas almas – e que se portaram contrários ao trabalho da Companhia de Jesus, veladora da manutenção do império. A partir daí, a heresia vai ganhar terreno fértil na invenção de suas cartas.[17]

Na *Relação de Ibiapaba*, a heresia ganha uma projeção peculiar entre os índios, que, a partir da aliança com os holandeses, no período da guerra luso-batava (1630-1654), são os "executores das crueldades que eles, política e hereticamente, lhes cometiam, desculpando com a barbaridade dos brasilianos o que verdadeiramente não só eram consentimentos, senão mandados e resoluções suas". Ao final dos conflitos, centenas de grupos indígenas empreenderam fuga, temendo revides dos vencedores. Nessa época, os montes ibiapabanos, para Vieira, constituíram – por sua extensão e distância – um "refúgio conhecido, e valhacouto seguro dos malfeitores"; e, também, por sua nova composição, a "Genebra de todos os sertões do Brasil".

---

[17] Cf. João Adolfo Hansen, "Introdução", op. cit., pp. 7-74.

Se Recife havia, por vinte anos, sofrido "rigoroso açoite" de Deus pelas injustiças cometidas aos índios naturais da terra, daquela "escola do inferno", todavia, a heresia alastrou-se ao sertão por outros agentes: os *fugitivos de Pernambuco*, que "vieram ensinar à serra, onde, por muitos deles saberem ler, e trazerem consigo alguns livros, foram recebidos e venerados dos tobajaras como homens letrados e sábios, e criam deles, como de oráculos, quanto lhes queriam meter em cabeça".

Os índios, quase sempre apresentados como "bárbaros" e "feras", dão a impressão de terem sua humanidade negada pelo sacerdote, o que não apenas é improvável – pois a humanidade indígena fora resolvida pelos escolásticos no século XVI – como, em outro momento, é totalmente esclarecida. Ao referir-se aos índios nas Serras, antes do contato com os holandeses, afirma que "ainda que não havia neles a verdadeira fé, tinham, contudo o conhecimento e estima dela, a qual agora não só a perderam, mas em seu lugar foram bebendo com a heresia um grande desprezo e aborrecimento das verdades e ritos católicos"; para, em seguida, usar das categorias tomistas que, aliás, parecem não ter surtido nenhum efeito de distinção, já que os índios estavam "abraçando em tudo a largueza da vida dos holandeses, tão semelhante à sua, que nem o herege se distingue do gentio, nem o gentio do herege".

Os índios, desse modo, eram gentios ou potenciais cristãos, e sua fereza estava diretamente relacionada à dificuldade da conversão; por isso era necessário compreender até que ponto houve uma absorção dos preceitos religiosos dos holandeses, o que desanimava, sobremaneira, o missionário, porque "em todo este tempo os tabajaras da serra, não se podem dizer nem saber todos, que eles os sepultava[m] dentro em si mesmos".

Há, assim, certa mistura entre barbaridade e heresia no discurso do narrador referente aos índios, podendo-se identificar na descrição dos "costumes" indígenas certas categorias de "curiosidade" e "edificação".[18] Ao mencionar um dos naufrágios, no rio Camuci, amplia a ferocidade nativa sobre trinta soldados que desembarcaram e que os índios "mataram e cozinharam com grande festa, e os comeram a todos, não vendo os que ficaram na nau mais que o fumo dos companheiros, que não cheiravam ao âmbar por que esperavam". Esta é a "vida bárbara" dos índios nas Serras, "os quais foram ainda mais feras depois que se vieram a ajuntar com elas outras estranhas, e de mais refinado veneno, que foram os índios fugitivos de Pernambuco".

Essa nova composição de "gente", nas Serras de Ibiapaba, exigia dos missionários outra perspectiva de entendimento a ser processado, e que se devia, fundamentalmente, à multiplicidade étnica sob o olhar dos inacianos. Fugia-se, assim, da simples dualidade entre "índios" e "tapuias" ou entre tupi e tapuia, comumente apontada nos documentos escritos pelos padres sobre os habitantes das Serras.

Na impossibilidade de perceber e reconhecer a plena alteridade indígena, ou seja, a construção original de sua religiosidade a partir de influências diversas – inclusive, as dos reformadores, da religiosidade católica e de sua própria tradição imemorial – o missionário simplesmente colocou todos num mesmo bornal conceitual ortodoxo, sob a pecha da heresia. Índios, hereges por não aceitarem ritos e sacramentos católicos, mas também, hereges por impossibilitarem a plena sustentação do

---

[18] "As descrições dos mundos indígenas são trechos narrativos e descritivos feitos para responder à curiosidade dos leitores; contudo, eles se inserem numa economia geral da correspondência jesuíta estruturada pelas duas dimensões, que lhe são essenciais, a administrativa e a espiritual". Charlotte de Castelnau-L'Estoile, *Operários de uma Vinha...*, op. cit., p. 400.

Espelhos Deformantes

império português, no metafísico pensamento de Antônio Vieira. É na contrafação indígena dos sacramentos cristãos que se pode compreender o limite dessa possível heresia nativa sustentada por Vieira.[19]

Considerações finais

A *Relação da missão das Serras de Ibiapaba* é uma continuação retórica dos trabalhos missionários, no (e para o) imenso Maranhão. Não se trata da construção de um quadro objetivo da realidade colonial, mas de mais uma justificativa para a exclusividade e a relevância do trabalho dos companheiros de Jesus. A geografia do percurso e do imenso monte encravado no sertão colonial parece constituir, junto com os índios, o maior obstáculo aos desígnios da Graça.

Na retórica de Vieira, os obstáculos são inflacionados com a chegada dos novos hóspedes, os índios hereges. É bem possível que o que Vieira chamou de conversão dos índios de Pernambuco possa ser compreendido como uma miopia da diversidade ou polifonia de apreensões indígenas acerca da religiosidade cristã; ou seja, sua retórica é uma construção de aproximação, de um entendimento claro do nunca visto, para si e para seus potenciais leitores. Por isso, para contemplar seu pensamento já construído, vale-se, sem rodeios, de outras narrativas, tomadas por objetivas apenas enquanto instrumentos de sua linguagem e de seu discurso.

---

[19] É impossível discutir aqui esse aspecto por conta do espaço limitado; todavia, pode constituir um outro tópico da *Relação de Ibiapaba* (§§ XII-XV, XVII). Sobre alguns desses exemplos do uso indígena dos sacramentos cristãos, ver Lígio de Oliveira Maia, "Cultores da vinha sagrada: missão e tradução nas Serras de Ibiapaba (séc. XVII)", *Revista Trajetos*, vol. 3, n. 6, Fortaleza, UFC, 2005, pp. 217-36.

Parte II

Denúncias e devassas: as transgressões do cotidiano religioso e político

Os anos oitenta do século XX deflagraram uma revolução na historiografia brasileira. A eleição de novos objetos de estudo e o uso diversificado de documentação arquivística, até então pouco explorada, trouxeram à tona temas nada ortodoxos e retiraram da penumbra pobres, excluídos e marginalizados. Os historiadores do período colonial brasileiro capitanearam esse movimento, inspirando as gerações seguintes na análise das fontes da Inquisição, da justiça eclesiástica e régia. Desde então, confissões diante da mesa inquisitorial, processos movidos contra hereges e impenitentes, visitas episcopais, devassas e denúncias ao clero secular têm sido alvo da atenção de jovens historiadores. O mapeamento do universo bolorento dos arquivos locais e o tratamento sistemático de suas séries documentais revelam, a cada passo, as variantes dos conflitos decorrentes da obediência condicional aos poderes coloniais e a frouxidão no cumprimento das normas, desvendando assim as nuances do cotidiano religioso e político do Brasil de antanho. A fronteira tênue entre o público e o privado, o crédito atribuído à oralidade em detrimento do escrito, a precária distinção entre a vida de laicos e religiosos, a pluralidade étnica da população colonial e a mestiçagem cultural afloram dessa tipologia de fontes, para citar apenas algumas de suas possibilidades de análise. A riqueza desses núcleos documentais é inegável. Já contribuiu para redefinir o conceito de família no período colonial ou redimensionar o papel de indivíduos ou grupos na propagação de idéias políticas, como se verá a seguir.

Georgina Silva dos Santos

Padres e adúlteras:
concubinato no bispado do Maranhão
no século XVIII

Pollyanna Gouveia Mendonça[*]

O Concílio de Trento, na sua sessão XXIV, de 11 de novembro de 1563, deixa bem claro que seria punido com excomunhão quem

> [...] disser que a Igreja erra quando ensinou e ensina que, segundo a doutrina evangélica e apostólica (Mc 10; 1 Cor 7), o vínculo do matrimônio não pode ser dissolvido pelo adultério dum dos cônjuges e que nenhum dos dois, nem mesmo o inocente que não deu motivo ao adultério, pode contrair outro matrimônio em vida do outro cônjuge, e que comete adultério tanto aquele que, repudiada a adúltera, casa com outra, como aquela que, abandonado o marido, casa com outro.[1]

Em síntese, o sacramento do matrimônio é indissolúvel, posto que o que Deus uniu, por intermédio da Igreja, o homem não pode separar.[2] Mas nem sempre essas determinações foram cumpridas da

---

[*] Mestranda em História pela Universidade Federal Fluminense, sob a orientação do professor Ronaldo Vainfas.

[1] Concílio Ecumênico de Trento. Disponível em <http://www.monfort.org.br>, p. 2. Acesso em 29 de dezembro de 2005, p. 31.

[2] "O divórcio significava a separação de corpos e de bens. Os casos mais comuns alegados nos processos existentes foram separações por sevícias graves, geralmente cometidas por maridos, e por adultério (em regra acompanhados de acusações sobre a dilapidação dos

forma como a Igreja pretendia. As legislações, tanto eclesiásticas quanto civis, tinham entre os seus capítulos um item reservado à punição do adultério, crime perigosamente desviante e que ia ao encontro dos objetivos da Igreja, que pretendia aumentar consideravelmente as uniões legítimas através do casamento.

Sobre o crime de adultério, as *Constituições Primeiras do Arcebispado da Bahia*, de 1707, afirmam que era "muito grave, e prejudicial à República o crime do adultério contra a fé do matrimônio, e é prohibido por direito Canônico, civil, e natural, e assim os que o commettem são dignos de exemplar castigo", principalmente "sendo Clérigos".[3] A preocupação com o desvio e com os desviantes já estava prevista nessa legislação. Era preciso, entretanto, que houvesse "infâmia e escândalo" do dito amancebamento adulterino, para que contra ele se pudesse proceder. O degredo e a pena pecuniária eram o previsto para punir os acusados.

O *Código Filipino*, legislação civil que vigia sobre o Reino e suas colônias a partir de 1603, era mais rigoroso em relação aos adúlteros, especialmente contra as adúlteras, já que afirmava que "toda mulher que fizer adultério a seu marido, morra por isso".[4] Contudo, essa determinação era revogada se o cúmplice de adultério fosse de maior condição que o marido traído. Uma vez mais, preservavam-se os critérios de hierarquização social.

---

bens), partindo quase sempre das esposas a iniciativa da separação." Ronaldo Vainfas (org.), *Dicionário do Brasil Colonial (1500-1808)*, Rio de Janeiro, Objetiva, 2000, p. 108. Contudo, cabe destacar que, após conseguir o divórcio, não era permitido que os envolvidos casassem novamente.

[3] *Constituições Primeiras do Arcebispado da Bahia*, São Paulo, Typografia Dois de Dezembro, 1853, p. 334.

[4] Silvia Hunold Lara (org.), *Ordenações Filipinas: Livro V*, São Paulo, Companhia das Letras, 1999, pp. 265-6.

Espelhos Deformantes

Ronaldo Vainfas já destacava que a "preocupação com a conservação do matrimônio é acompanhada pelo cuidado com a moralidade do clero, haja vista o grande destaque dado pelas *Constituições* tanto ao concubinato como ao adultério envolvendo padres".[5] Praticando o adultério com tais mulheres, o padre infrator maculava o sacramento do matrimônio, um dos pilares da política reformista da Igreja, do qual devia ser defensor.

Em se tratando dos padres do bispado do Maranhão, o crime de adultério também fez parte do vasto rol de acusações contra os incontinentes. Os processos de que aqui tratarei são pertencentes à Justiça Eclesiástica e, segundo Ronaldo Vainfas, "as fontes que permitem perceber o universo das intimidades sexuais da Colônia são as produzidas pelo poder, especialmente pela justiça eclesiástica ou inquisitorial".[6]

Assim, essa documentação é um lugar privilegiado para penetrar fundo naquela sociedade. Por esses processos, é possível perceber vários detalhes da vida dos delatados e dos delatores, bem como suas idades, seus lugares de nascimentos, seus ofícios e se sabiam ler e escrever. É possível, ainda, acompanhar pormenores dos crimes e mesmo as opiniões de quem acusa e de quem se defende; contemplar a tentativa de imposição de modelos de comportamento implementados pelo poder eclesiástico e as suas dificuldades reais de se fazerem cumprir numa sociedade pluriétnica, escravista e baseada em critérios de diferença de qualidade.

---

[5] Lana Lage da Gama Lima (org.), *Mulheres, Adúlteros e Padres: história e moral na sociedade brasileira*, Rio de Janeiro, Dois Pontos, 1987.

[6] Ronaldo Vainfas, "Moralidades brasílicas", em Laura de Mello e Souza (org.), Fernando Novais (dir.), *História da Vida Privada no Brasil: cotidiano e vida privada na América portuguesa*, São Paulo, Companhia das Letras, 1997, vol. 1, p. 228.

102   Rodrigo Bentes Monteiro (org.)

Angélica Lopes e o padre Onofre Pimenta, por exemplo, foram denunciados nos *Autos e Feitos de Libelo Crime*, em 1756, na vila de Alcântara. Esse processo contém um *Auto de Vizitação* que trata do "escândalo" com que o suposto casal vivia seu relacionamento. Angélica, segundo o dizer do próprio padre, na sua defesa, "Se achava a quazi dois annos" vivendo "honestamente com seu marido João de Almeyda"[7] e, portanto, não podia ser acusada do horrendo crime de adultério.

Não contavam os acusados com o peso que teria o depoimento de Innocencio Lopes, um viúvo de 78 anos e que era nada menos que tio da acusada. A testemunha declarou sobre a sobrinha ser "publicamente notória a mancebia" com que vivia "com o Padre Onofre David Pimenta de quem tem duas filhas" e que a teria "advertido varias vezes do mao estado em que vivia e por não terem effeito as suas admoestações", procurando o vigário "que como Pastor por servisso de Deos puzesse emenda nesta culpa".[8]

No que concerne às características dessas fontes, no auto de denúncia que era lavrado em juízo, especificavam-se os acusados, os delitos cometidos, apontando o lugar e o tempo do crime, mesmo que a denúncia fosse feita secretamente. Segundo as *Constituições Primeiras*, essas queixas podiam ser feitas por qualquer pessoa e, a partir daí, nomearia "o denunciador as testemunhas de que tivesse notícia, declarando seus nomes, offícios, e qualidades", jurando "outro-sim que as dá bem, e verdadeiramente, e assignará".[9]

Os *Autos e Feitos de Libelo Crime*, como o supracitado, constituem um dos tipos de documentos mais ricos em detalhes de todo o acervo de denúncias nos processos da Justiça Eclesiástica. Além de conta-

---

[7] *Autos e Feitos de Libelo Crime*, doc. 4.233, fl. 16.

[8] Idem, fl. 16 v.

[9] *Constituições Primeiras...*, op. cit., p. 361.

Espelhos Deformantes

rem com processos anexos de anos e mesmo crimes diferentes,[10] o número de testemunhas é avultado e os autos são muito volumosos, chegando a processos de mais de quatrocentas folhas.

A estrutura do *Libelo Crime*[11] exprime uma exposição articulada do fato, ou dos fatos, que constitui o crime, segundo o entender do Juízo, para que se evidenciem os elementos de composição do delito. Indica ainda o agente acusado e o pedido, ao final, de sua condenação na forma da regra instituída pela lei, nesse caso, as determinações das *Constituições Primeiras do Arcebispado da Bahia*.

As *Ordenações Filipinas*, por sua vez, embora destaquem apenas casos de *Feitos Crimes*, auxiliam bastante na compreensão da estrutura da documentação criminal. Apontam inicialmente que

> E recebido o libelo na audiência, haverá por brevidade a demanda por contestada por negação, por parte do réu, e mandará ao réu que venha com sua contrariedade até segunda audiência, no qual termo poderá o réu alegar as exceções se as tiver e quiser. Os quais artigos de contrariedade e defesa, e os de réplica e tréplica, sem se lerem receberão na audiência enquanto de direito forem de receber.[12]

---

[10] É muito comum que os libelos tragam *Autos de Devassa* ou partes de *Visitas Pastorais* em anexo. Muitas dessas visitas citadas não estão no acervo da Justiça eclesiástica, talvez por se terem perdido com o passar dos anos, em razão da má conservação, talvez por terem ocorrido na região do Piauí. Algumas delas jamais foram localizadas, o que possibilita concluir que o acervo documental era ainda mais vasto.

[11] Atualmente, segundo Plácido e Silva, por *libelo crime* "entende-se a exposição articulada por escrito em que a pessoa, expondo a questão, os fatos, em que se objetiva, e as razões jurídicas, em que se funda, vem perante a justiça pedir o reconhecimento de seu direito, iniciando demanda contra outra pessoa". Plácido e Silva, *Vocabulário Jurídico*, 16. ed., Rio de Janeiro, Forense, 1999, p. 489.

[12] Silvia Hunold Lara, *Ordenações Filipinas...*, op. cit., p. 423.

104 Rodrigo Bentes Monteiro (org.)

Nos processos contra padres, a acusação que geralmente inicia o *libelo* é a de que ele deveria ser temente a Deus e às Justiças e também de que deveria guardar os preceitos eclesiásticos, entretanto, os sacerdotes são acusados de não cumprirem esses ditames. Nos seus *contrariandos de libelo* (as defesas), eles, invariavelmente, iniciavam sua fala tratando de enaltecer seu bom comportamento, bem como reafirmavam a retidão e a seriedade com que tratavam seus fregueses e também suas obrigações sacerdotais. Ao que parece, dada a análise dessa documentação, a estrutura desses processos obedece a uma espécie de fórmula, de modelo, em que só variavam os crimes cometidos e os réus.

Ainda destacando os *Autos e Feitos de Libelo Crime*, cabe citar o exemplo do padre João Antonio Baldez, que foi denunciado, no ano de 1759, por viver amancebado com "uma certa mulher casada", na cidade de São Luís. O que consta nos autos é que a suposta adúltera tinha o marido ausente. Emanuel Araújo destaca, quanto a esses casos, que "uma situação freqüente por que as mulheres casadas tinham de passar era a ausência temporária do marido em virtude de viagens mais ou menos longas".[13]

Não foi possível averiguar qual o motivo da ausência do esposo da senhora em questão, mas o certo é que as visitas constantes do padre João a ela logo suscitaram a desconfiança dos vizinhos, embora o reverendo procurasse passar despercebido, ao trajar uma capa e usar um chapéu. Uma das testemunhas chegou a afirmar que sabia "pelo ver que o Padre João Antonio Baldez andava de noyte humas vezes em timão com chapeo derrubado e outraz vezes em Capote pelo bayrro" para entrar "em Caza de Certa Mulher Cazada que tem o marido auzente com qual he fama publica vivia amancebado".[14]

---

[13] Emanuel Araújo, *O Teatro dos Vícios: transgressão e transigência na sociedade urbana colonial*, 2. ed., Rio de Janeiro, José Olympio, 1997, p. 226.

[14] *Autos e Feitos de Libelo Crime*, doc. 4.240, fl. 124 v.

Finalmente, é pertinente dar mais destaque ao suposto envolvimento de Anna Lucinda com o padre Manoel Antonio Rodrigues, no ano de 1791, na vila de Alcântara, já que sobre esse caso localizei três longos processos que também correram na Justiça Eclesiástica do bispado do Maranhão. Este é um bom demonstrativo da riqueza da documentação em questão. A partir dela é possível rastrear os personagens e buscar mais detalhes sobre suas vidas. A primeira denúncia foi lavrada nos *Feitos Crimes de Apresentação*, seguindo o aspecto de querela, onde o denunciante era Ricardo Barbosa, o marido de Anna Lucinda.

O que convém destacar no caso desse tipo de documento é o fato de que, junto com os *Autos e Feitos de Libelo Crime*, são os únicos processos que possuem o *Contrariando de Libello Acuzatório* ou o *Replicando de Libello*, que nada mais é que a defesa dos acusados em Juízo. Nessa parte do processo, os réus têm a oportunidade de replicar um por um os delitos de que são acusados. Os *Feitos Crimes de Apresentação*, contudo, são processos específicos para avaliar a indisciplina do clero, enquanto os *Autos e Feitos de Libelo Crime* dão conta dos desvios não só de religiosos, mas também de leigos. Nenhum desses tipos de documentos se restringe aos casos de concubinato, invadindo todas as esferas do que era considerado "crime" e das desavenças que permeavam o cotidiano. Brigas, discussões, contratos de casamentos desfeitos, defloramentos – tudo podia levar a um libelo, caso houvesse denúncia.

Outra especificidade dessa documentação diz respeito à parte denunciante: nos *Feitos Crimes de Apresentação* aparecem os nomes dos acusadores, assumindo o aspecto de querela. Nos *Autos e Feitos de Libelo Crime*, pelo contrário, os denunciantes eram mantidos em sigilo. O Juízo Eclesiástico ou o do promotor do bispado apareciam como autores do processo, pois, como dizem as *Constituições Primeiras*, vindo alguma pessoa informar ao nosso Vigário Geral, ou Promotor de algum delicto, e não querendo formar denunciação em seu nome, se informe do denunciado o dito Promotor e das testemunhas, que haverá para o provar, e tomada a informação necessária pelas testemunhas nomeadas, ou por outras, proponha a sua denunciação na forma do estilo [...] e que tenham em grande segredo as pessoas que os avisarem, e denunciarem algum delicto, para que assim o façam de boa vontade, sem o temor de serem descobertos.[15]

Voltando à denúncia de adultério, o primeiro processo contra a esposa Anna Lucinda foi iniciado em julho de 1791 e Ricardo Barbosa afirmou ter vivido muito bem com sua mulher até o dia em que resolveu, "por caridade christã", hospedar o padre Manoel em sua casa. A hospedagem foi concedida para que o clérigo se tratasse de "huma moléstia", mas a paga que recebera foi este "solicitar a dita sua mulher para fins alheios da fidelidade devida ao foro conjugal e da honestidade esperada do estado sacerdotal".[16]

Disse ainda Ricardo Barbosa que o padre teria induzido Anna Lucinda a sair da companhia do marido e a denunciá-lo em Juízo por maus-tratos. Concluiu seu depoimento, afirmando que o reverendo teria mandado "um escravo com huma carta a raptar a dita sua molher dizendolhe que viesse em Companhia daquele escravo"[17] para São Luís, onde se iriam encontrar. A fuga, contudo, teria sido frustrada: o irmão de Ricardo, cunhado de Anna, a teria tirado do barco à força, trazendo consigo a criança e o escravo que a acompanhavam. Este último depôs em Juízo e confirmou que havia ido buscar Anna por ordem do padre Manoel.

---

[15] *Constituições Primeiras...*, op. cit., p. 361.

[16] *Feitos Crimes de Apresentação*, doc. 4.676, fl. 5 v.

[17] Idem, fl. 6.

Espelhos Deformantes 107

A viagem de barco que Anna Lucinda foi impedida de fazer, saindo de Alcântara com destino à ilha de São Luís, era parte da história e do cotidiano de muitos personagens dos processos-crime que acompanhei e também foi motivo das atenções de governantes daquele período. Em carta pertencente ao acervo do Conselho Ultramarino, Jozé Maria Prenér escreveu para o Reino, em 29 de abril de 1794, mesma década em que o processo de Anna e padre Manoel corria em Juízo, dando notícias da travessia da baía de São Marcos e contando que "da Cidade do Maranhão à Villa de Alcântara são 4 léguas de travessia de mar, que passa em hora e meia e em duas (conforme o tempo) por meio de embarcações de coberta sem perigo".[18]

Após a frustrada tentativa de Anna Lucinda de cruzar a baía de São Marcos para se encontrar com o padre Manoel, foi lavrada a primeira denúncia. O reverendo, contudo, conseguiu uma *Carta de Seguro* que lhe dava salvo-conduto e tolhia qualquer medida que tentasse levá-lo para a prisão. O procurador de Ricardo Barbosa se utilizou da legislação eclesiástica, as *Constituições Primeiras do Arcebispado da Bahia*, em seu livro V, título XXI, para alegar a invalidade desse documento. Mesmo pedindo que o réu apresentasse a tal carta em Juízo, este jamais o fez e, a partir de então, vão aparecendo muitos detalhes de como se comportavam as autoridades eclesiásticas nesses casos.

Ainda que não apresentando testemunhas que pudessem defendê-lo, anexando petições pouco consistentes e que não traziam provas de sua inocência, o vigário-geral, governador do bispado e comissário do Santo Ofício, João Maria da Luz Costa, fechou os olhos para tudo e absolveu o reverendo. Contudo, essa batalha judicial não parou por aí. Ricardo Barbosa ainda entrou com um embargo contra a decisão do vigário-geral, alegando que o réu não tentou sequer provar sua

---

[18] IHGB, Arq. 1, 6, fl. 25 v.

108   Rodrigo Bentes Monteiro (org.)

inocência e apenas creditava a denúncia à "malevolência e caluniosa intenção" do acusador. Nesse ponto, Ricardo deixou clara a diferença entre ambos, já que era pobre e não tinha "dinheyro como o mesmo Reverendo".[19] Como já chamei atenção, aquela era uma sociedade baseada na diferença da "qualidade" entre os indivíduos e não se pode perder isso de vista.

Embora declarando que a decisão da Justiça Eclesiástica ia contra as determinações das Constituições, das leis gerais e do Concílio de Trento, uma vez mais Ricardo Barbosa não conseguiu a justiça que almejava. Nos conclusos do processo, o vigário-geral afirmou que "eram pitulantes" e cheias de "palavras injuriosas e indecentes"[20] as acusações do marido que se dizia traído.

Ainda no mês de outubro daquele mesmo ano, Ricardo Barbosa tentou, junto ao promotor do bispado, padre Ayres Branco, novo embargo da sentença, o que novamente não conseguiu. Por fim, ainda foi condenado a arcar com as custas dos autos, uma vez que o vigário considerou sem culpa o acusado. Concluído em 1º de fevereiro do ano de 1792, o processo culminou com a absolvição do reverendo e a condenação do acusador.

Rastreando os personagens pelos nomes, ao modo proposto por Carlo Ginzburg,[21] localizei Anna Lucinda nos *Autos e Feitos Cíveis de Justificação*, em outro processo, começado no mês de agosto do mesmo ano de 1791. Isso significa que os autos iniciados por seu marido corriam *pari passu* com esse outro processo. Anna Lucinda iniciou

---

[19] *Feitos Crimes de Apresentação*, doc. 4.676, fl. 48.

[20] Idem, fl. 45.

[21] Nesse ponto, Ginzburg considera que as "linhas que convergem para o nome e que dele partem", compondo uma espécie de teia de malha fina, "dão ao observador a imagem gráfica do tecido social em que o indivíduo está inserido", Carlo Ginzburg, E. Castelnuovo & C. Poni, *A Micro-História e Outros Ensaios*, Antonio Narino (trad.), Rio de Janeiro, Bertrand Brasil, 1989, p. 175 (Memória e sociedade).

Espelhos Deformantes

seu depoimento afirmando que o marido "a tratava indecorozamente como se sua escrava fosse" e que a perseguia "dandolhe muitas pancadas ainda por causa das bebidas de q usava continuamente de forma que a dezenove de julho do presente ano lhe deu muitas pancadas" e ainda que "a mataria se a não acodissem na rua".[22] Ela requeria em juízo um depósito em casa honesta e pedia a separação de corpos de seu marido.

Analisando as relações de amor no Maranhão, entre 1750 e 1850, através dos casamentos e dos divórcios, Maria da Glória Correia defende que amor e casamento não pertenciam ao mesmo campo semântico naquele período. No que diz respeito ao depoimento de Anna Lucinda e suas acusações contra Ricardo Barbosa, a análise de Correia auxilia na compreensão dos discursos proferidos pelas esposas que requeriam a separação de seus maridos. Ela aponta que

> Imagem recorrente nos processos de divórcio, a condição de escrava constituirá a grande referência para traduzir sofrimentos e maus-tratos de mulheres das mais diferentes idades, perfis sociais e étnicos, que movem causas contra seus maridos, cujos autos igualmente representam rica fonte por meio da qual se pode inventariar castigos, palavras ofensivas, armas e instrumentos de tortura a que se viram submetidos homens e mulheres que viveram em cativeiro.[23]

Anna Lucinda, com 17 anos à época, pediu que se listassem testemunhas e que se interrogasse o seu marido. Exigiu, contudo, que o escrivão fosse trocado, por ser irmão de Ricardo Barbosa. A Justiça

---

[22] *Autos e Feitos Cíveis de Justificação*, doc. 4.104, fl. 1.

[23] Maria da Glória Guimarães Correia, *Do Amor nas Terras do Maranhão: um estudo sobre o casamento e o divórcio entre 1750 e 1850*, Niterói, tese de doutorado em História, UFF, 2004, p. 234.

acolheu a sua súplica, mas nem isso livrou Anna dos ferozes comentários das testemunhas, que antes deveriam defendê-la. Apenas um dos nove depoentes ficou de seu lado, enquanto os demais contaram com riqueza de detalhes que o motivo que a levava a pedir o divórcio nada mais era do que o concubinato escandaloso que mantinha com o padre Manoel. Tais depoimentos, contudo, devem ser inseridos no seu tempo e na lógica daquela sociedade misógina, que dava ao marido poder sobre a esposa e que incitava as denúncias de mau comportamento feminino, por serem perigosos à manutenção da estabilidade familiar.

Sobre essa troca voraz de acusações entre os cônjuges e o depoimento de testemunhas nos conflitos em meio à busca do divórcio, as considerações de Maria da Glória Correia são bastante consistentes. Após analisar grande conjunto documental sobre esses casos de divórcio, ela ajuíza que,

> Em detrimento do auto-elogio tão comum nos processos de divórcio, se as autoras corriam o risco de serem confrontadas, por testemunhas que depunham a favor do réu, em detrimento da imagem de esposa modelo que diziam ser em suas cantilenas, outras testemunhas faziam coro aos seus queixumes, confirmando as tensões e conflitos que marcavam as relações entre os mais diferentes cônjuges e que, no mais das vezes, eram do conhecimento de todos, por ser característico do tempo que as barreiras deslizassem do privado para o público e vice-versa.[24]

As testemunhas contaram, inclusive, sobre as diversas brigas do casal, todas elas em razão de o marido cobrar fidelidade da esposa – mais um aspecto revelador das intimidades efêmeras ou mesmo

---

[24] Idem, p. 187.

Espelhos Deformantes

111

inexistentes àquela época.[25] Afirmavam saber "por ver e presenciar" o "horrendo amancebamento", por vê-la "cortando ao dito Padre as unhas e cabelos das narinas" e por "conversarem as escondidas". Relatavam, ainda, que o padre "tinha muitos ciúmes della e por seu marido querer por cobro nisso", Anna teria respondido "que antes queria perder a amizade do marido do que do dito Padre, e que antes queria ir para cadea do que hir outra vez para a companhia do dito seu marido".[26] Este seria, segundo as testemunhas, o motivo das pancadas e dos pescoções que lhe teria dado o marido.

Segundo consta no processo, Ricardo Barbosa teria flagrado o "casal" em adultério. Relatam os autos que, "vindo a caza vio as portas fechadas, e correndo para ver se os apanhava, se adiantou hum negro que estava de vigia a hir avisalos". Ricardo, então, se teria escondido "detras de huns cofos de algodão" de onde ouvira o padre Manoel dizer a Anna "que ella hera a culpada do marido della os hir apanhando". Ainda segundo o depoimento, Ricardo teria dito umas "palavras graves"[27] ao reverendo, o que levou Anna à nova fuga.

Uma das testemunhas ainda comentou ter visto Ricardo Barbosa, dias depois, ir buscar a mulher novamente para levá-la para casa. Teria dito que "não lhe faria mal e só queria viver com ella como Deus manda" e que, no que se referia à traição, "não hera dos primeiros, e

---

[25] Esta é outra característica marcante das fontes em questão. Por elas é possível alcançar aspectos destacados acerca da inexistência da privacidade no período colonial. Para o da América portuguesa, têm-se concluído que havia uma indiferenciação entre as esferas do público e do privado. Este teria sido o espaço, por excelência, da inexistência de intimidades na vida cotidiana. Fala-se de uma privacidade ainda em processo de gestação, que só terá contornos definidos com a transferência da família real e seu aparato estatal para a Colônia, nos idos de 1808. Para saber mais, ver Laura de Mello e Souza, *História da Vida Privada no Brasil...*, op. cit.

[26] *Autos e Feitos Cíveis de Justificação*, doc. 4.104, fl. sem numeração.

[27] Idem, fl. sem numeração.

112   Rodrigo Bentes Monteiro (org.)

nem seria dos derradeiros". Anna, contudo, estaria irredutível e, por dizer que "elle tivesse brio, e vergonha",[28] teria apanhado outros dois bofetões. Nada posso afirmar quanto à veracidade desses fatos, nem é minha intenção fazê-lo. Esse jogo de acusações era muito peculiar em denúncias de adultério, nas quais cada um tentava amenizar suas culpas. Lamentavelmente, esse processo está incompleto e não pude acompanhar a decisão da Justiça.

O que salta aos olhos no caso da Anna Lucinda é a distância em que ela se encontrava, a partir do que contam os autos, do modelo de mulher submissa e fiel ao matrimônio. Essa constatação é importante para que se ressalte a inadequação de modelos que se pretendiam homogeneizadores. Sem dúvida, houve, de fato, mulheres que seguiam os ditames da boa esposa e da donzela recatada; contudo, as resistências a essas normas também sempre se fizeram presentes. A esse respeito, Maria da Glória Correia afirma que

> [...] se em todos os níveis da sociedade estava disseminado um discurso sobre a inferioridade em que eram tidas e a subordinação na qual se esperava vivessem as mulheres, estas não necessariamente constituíam cópias fiéis do modelo ideal, negando-o em seu cotidiano com as mais diferentes estratégias.[29]

Porém, Anna Lucinda não se viu livre de seu marido tão facilmente. A insistência dele nas acusações de concubinato de sua esposa com o padre Manoel ainda se desdobraria em longos capítulos. Em 1796 – cinco anos, portanto, depois da primeira denúncia – ainda estava o marido acusando o suposto casal em juízo, através de outro processo,

---

[28] Idem, fl. 19.

[29] Maria da Glória Guimarães Correia, *Do amor nas terras do Maranhão...*, op. cit., p. 70.

Espelhos Deformantes

113

agora nos *Feitos Crimes*,[30] uma terceira série documental para o mesmo caso. Nesse tipo de documento também aparece o nome do delator. As *Constituições Primeiras* conceituam esses casos de querela como

> Uma simples petição, na qual se declara o nome de accusador, o accusado, e o crime cometido, e o lugar, dia, mez, e anno em que se commetteo: póde e deve receber-se de todo o crime grave; porém não de injurias posto que atrozes, nem do que se queixar que lhe fizerão afrontas, por que não havendo feridas, nódoas, ou pisaduras negras, ou inchadas não tem lugar a querela.[31]

Pelo que pude perceber nos autos, Anna Lucinda teria voltado a viver com Ricardo e novamente teria fugido ou sido raptada por ordem do padre Manoel. Todas as testemunhas arroladas afirmavam conhecer o dito concubinato e que, no momento da denúncia, Anna estaria "vivendo nos sobreditos do Padre".[32]

O vigário-geral ainda era o mesmo João Maria da Luz Costa, que, anos antes, mesmo com provas que o acusador julgava consistentes, absolveu o padre Manoel. Dessa vez, Ricardo teve mais êxito. O sacerdote foi condenado à prisão e ao livramento, o que, nos termos do juízo eclesiástico, significava que o réu teria de se apresentar à Justiça, permanecendo preso, para se livrar das culpas. Não me foi possível alcançar o desfecho do caso, pois, a partir daí, sumiram os rastros desses personagens.

---

[30] Os *Feitos Crimes* assim como os *Feitos Crimes de Apresentação* se iniciam com *Cartas de Seguro Negativo*, em que o acusado pedia ao prelado que lhe passasse uma carta na qual constasse que não poderia ser preso até que conseguisse provar sua inocência.

[31] *Constituições Primeiras...*, op. cit., p. 357.

[32] *Feitos Crimes*, doc. 4.694, fl. 4 v.

Uma documentação inédita[33] e riquíssima, no que concerne aos relatos das infrações, permitiu o alcance de verdadeiras trajetórias pessoais que me levaram a crer que muito mais havia por trás dessas transgressões. Os processos da Justiça Eclesiástica que fundamentaram este estudo permitiram perceber, para além da simples transgressão, as resistências a modelos de comportamento impostos. Os padres, que deveriam servir de exemplo para seus fregueses e combater a lassidão moral, acabavam deixando-se impregnar pelos valores comuns ao *modus vivendi* colonial e, com uma deficiente política de repressão aos transgressores, num território imenso, iam vivendo concubinatos estáveis e também desrespeitavam dogmas, como o do sacramento do matrimônio, morando com mulheres casadas. Viviam, como diz Certeau "escapando desse poder, sem deixá-lo"[34] ou, ainda, na tal "jaula flexível e invisível" de que fala Carlo Ginzburg, "dentro da qual se exercita a liberdade condicionada de cada um".[35]

É óbvio que se deve relativizar muito do que aparece numa documentação produzida em juízo, em processos que objetivavam mormente punir acusados. Não descartei a possibilidade de que muitas das falas das testemunhas fossem direcionadas e influenciadas pelo próprio discurso moralizador e punitivo, produzido diante do Juízo. Entretanto, mesmo sabendo dos riscos inerentes à análise desses processos-crime,

---

[33] Os processos-crime que fundamentam tanto este artigo como a dissertação que estou prestes a defender são fontes inéditas que tive a oportunidade de analisar, desde o trabalho final da graduação. Essas fontes estão atualmente abrigadas no Arquivo Público do Estado do Maranhão (APEM) e fazem parte do acervo da Cúria Metropolitana, que foi doado há poucos anos para aquela instituição. Esses processos encontram-se muito bem catalogados e higienizados, disponíveis à apreciação do público interessado.

[34] Michel de Certeau, *A Invenção do Cotidiano: 1. Artes de fazer*, 9. ed., Rio de Janeiro, Vozes, 1990.

[35] Carlo Ginzburg, *O Queijo e os Vermes: o cotidiano e as idéias de um moleiro perseguido pela Inquisição*, São Paulo, Companhia das Letras, 1987, p. 27.

Espelhos Deformantes

isso não diminui as possibilidades da documentação em questão. A partir de casos que apresentaram reincidências, de indivíduos considerados contumazes em seus desvios, do acompanhamento das trajetórias de muitos desses personagens, acredito que tais processos me permitiram desvelar esse conjunto de experiências singulares.

A taverna e o sapateiro: devassa, metodologia e história social da comunicação

*Tarcísio de Souza Gaspar**

Todo o imbróglio começou da maneira mais insólita que se possa imaginar. Corria o ano de 1789 e, no arraial de Matosinhos, distrito da Vila de São João del-Rei, Comarca do Rio das Mortes, Capitania de Minas Gerais, realizava-se a famosa romaria do Senhor Bom Jesus de Matosinhos. Através do relato deixado pelo bispo mineiro frei Crispiano de São José, sabemos das extraordinárias levas de devotos que concorriam a essa romaria. Segundo ele, "tal era a confusão e tão descomposto o tumulto, que a capela de Matosinhos mais parecia praça de touros que Igreja de fieis".[1] A opinião pouco lisonjeira do bispo a respeito do encontro religioso devia-se, possivelmente, à percepção de que o rebanho imenso de fiéis afastava-se da contrição da fé, para se aproximar dos prazeres mundanos. Pois naquela praça de touros terá início a triste sina do sapateiro que, desejando apenas tragar um pouco de aguardente, acabaria envolvendo-se no pior pesadelo de sua vida.

---

* Mestrando em História pela Universidade Federal Fluminense, sob a orientação do professor Guilherme Pereira das Neves. Agradeço à Capes e à Faperj pelas bolsas que me foram concedidas a partir de março de 2006.

[1] Apud Laura de Mello e Souza, *Desclassificados do Ouro: a pobreza mineira no século XVIII*, Rio de Janeiro, Graal, 1986, p. 21.

Seu nome era Manuel da Costa Capanema. No dia 22 de setembro de 1789, pouco antes de ser preso, disse em seu depoimento que era "pardo forro, casado, natural da Vila do Príncipe, Comarca do Serro do Frio, e assistente nesta Vila [de São João del-Rei], de idade de trinta e três anos, que vive do ofício de sapateiro". Perguntado a respeito da conjuração, Manuel da Costa falou que "não soube coisa alguma" sobre ela antes das prisões realizadas em Minas, na última dezena do mês de maio. Porém, afirmou que, depois destas, "pública e geralmente tem ouvido falar que nesta capitania pretendia fazer-se uma sublevação e levante". Em todo caso, mesmo tendo ouvido o burburinho, Manuel negou saber quem seriam os "cabeças" da conjuração e também "nem [sabia] os que na mesma eram entrados". O sapateiro admitiria, contudo, que fora ele um dos homens que se haviam dirigido para Juruoca, a fim de transportar as ordens de prisão dos padres José Lopes de Oliveira e José da Silva e Oliveira Rolim e também do sargento-mor Luis Vaz de Toledo, pessoas sobre as quais "se dizia com a mesma publicidade que também eram entrados na mesma sublevação e motim".[2]

Manuel havia sido denunciado na devassa que investigava as desordens ligadas à Conjuração Mineira. A delação contra ele fora dada pelo tenente do Regimento de Cavalaria paga de Minas Gerais, Antônio José Dias Coelho, em depoimento de 5 de agosto de 1789. O tenente, que já havia sido incumbido pelo governador de realizar as prisões do padre Carlos Correia de Toledo e do coronel Alvarenga Peixoto – tratando-se, portanto, de pessoa de confiança do visconde de Barbacena na repressão aos inconfidentes – disse na devassa que, depois de voltar para a Vila de São João, após deixar os respectivos

---

[2] ADIM (*Autos de Devassa da Inconfidência Mineira*), Brasília/Belo Horizonte, Imprensa Oficial, 1976-2001, vol. 4, pp. 234-5.

Espelhos Deformantes

presos no Rio de Janeiro, recebera ali uma delação contra Manuel da Costa Capanema. Por seu turno, a denúncia contra o sapateiro lhe fora confiada pelo capitão Bernardo José Gomes da Silva. Segundo o tenente Antônio José, esse capitão lhe contara que,

> [...] achando-se [o dito capitão Bernardo José] na romaria de Matosinhos que se fez no distrito da dita vila, ficara seu vizinho um taverneiro da dita vila, de cujo nome se não lembra, e chegando já tarde à porta da taverna um rancho de pessoas a bater, para que a abrisse e lhe vendesse o que queriam comprar, ele a princípio não queria abrir a porta por estar já recolhido; e depois sempre veio abri-la uma mulher que tinha em casa, e dizendo os que vieram bater à porta algumas razões pesadas, se enfadou o dito taverneiro que estava deitado, e às razões que de dentro disse, respondeu de fora um mulato assistente na Vila de São João del-Rei, chamado Manuel da Costa Capanema: – "Estes branquinhos do Reino, que nos querem tomar a nossa terra, cedo os havemos de deitar fora dela".[3]

A sorte de Manuel estava lançada. No clima inquisitorial grassado entre as povoações mineiras após a última quadra do mês de maio de 1789, quando, então, estouraram as primeiras prisões dos inconfidentes, a pequena frase imputada à personagem possuía conteúdo suficiente para fazer complicar a vida do sapateiro. "Estes branquinhos do Reino, que nos querem tomar a nossa terra, cedo os havemos de deitar fora dela": a passagem continha, de uma só vez, características agressivas tanto em relação ao elemento português ("do reino", "nos querem tomar") quanto do ponto de vista racial ("estes branquinhos") – aqui, é preciso advertir que Capanema era nascido em Minas

---

[3] Idem, pp. 130-1.

e "pardo forro", enquanto o taverneiro viera do reino e não possuía vestígios de sangue africano. Além disso, a frase correlacionava de maneira perigosa um sentimento abstrato de identidade ("nossa terra") a uma profecia política coletiva de expulsão dos portugueses ("cedo os havemos de deitar fora"). Quando contraposta à situação política do momento, as palavras atribuídas a Capanema ainda se coadunavam perigosamente a alguns boatos então circulantes. Nos burburinhos públicos que se veicularam depois das prisões dos inconfidentes, propagara-se, por exemplo, a notícia de que uns "pasquins" teriam sido afixados na cidade de Mariana, trazendo os dizeres de "que tudo que fosse homem do reino havia de morrer, e que só ficaria algum velho e clérigos; e que isto fora posto em nome dos quilombolas".[4] A frase imputada ao sapateiro também poderia ser relacionada a outro boato, cujo conteúdo anunciava que os conspiradores "intentavam que morresse todo o filho da Europa que tivesse menos de sessenta anos, e outras extravagâncias dessa natureza".[5]

Nos burburinhos públicos que circularam, depois das prisões dos inconfidentes, propagara-se, por exemplo, a notícia de que uns "pasquins" teriam sido afixados na cidade de Mariana, associando-a por fim a uma frase banal em que o suposto "levantamento" da terra (e aqui o verbo "levantar" parece significar, antes, desordem que revolta) seria atribuído aos portugueses residentes e não aos naturais do Brasil. Entretanto, o conteúdo racial do discurso ainda se mantinha, reafirmando-se a pejoração dos "branquinhos do reino". Embutida também ficava a vaga idéia de identidade territorial ("nossa terra").

Os juízes da devassa, então, passaram a averiguar o caso. A denúncia do tenente Antônio José Dias Coelho citava ainda, enquanto

---

[4] Idem, vol. 1, pp. 153-4.
[5] Idem, p. 219.

Espelhos Deformantes

121

sabedor do ocorrido, o escrivão da Vila de São João, Antônio da Costa Braga. Foi esta a primeira testemunha a depor. Com o depoimento, prestado no dia 14 de setembro, teria início, contudo, um interessantíssimo jogo de palavras que ajudaria a confundir momentaneamente os investigadores e atrapalhar o andamento da devassa.

Quando perguntado pelo referimento que dele fizera o tenente Antônio José Dias sobre o caso da taverna, o escrivão Antônio da Costa Braga "disse ser [o referimento] verdadeiro em parte". Explicou que realmente ouvira bem toda a discussão entre o sapateiro e o dono da taverna "por estar em um rancho vizinho", distante apenas "uma divisão de capim" do local onde a contenda ocorrera. Disse o escrivão que o nome do taverneiro era Manuel, "cujo sobrenome ignora e só sabe que, atualmente assiste com taverna na rua da Cachaça, desta vila [de São João], com o qual foi a contenda". Porém, Braga discordava do teor da fala atribuída ao sapateiro em função do depoimento do tenente Antônio José Dias. O escrivão esclareceu que a frase ouvida por ele, na verdade, apenas dizia – "estes branquinhos do Reino, que quando vem para a nossa terra *logo se querem levantar com ela*" – e que não se lembrava de escutar o trecho restante ("cedo os havemos de deitar fora"). No entanto, também não seria capaz de afirmar com certeza "que isto mesmo deixasse de se dizer". A testemunha ainda mencionou que, na hora da discussão, "não conheceu [...] a voz de quem disse o referido dito, e só ao depois o soube, por lhe dizer o Cap. [Bernardo] José [...] que quem dissera o referido fora um sapateiro assistente nesta vila, cujo nome ignora, por alcunha o Capanema".[6]

A dessemelhança entre as duas falas era grande. Se a primeira delas, em vista das circunstâncias do tempo, se mostrava bastante comprometedora, a segunda já abrandava significativamente o tom

---

[6] Idem, p. 212 (grifos meus).

sedicioso de Manuel Capanema. Isto se devia à supressão, feita na frase, da carga ofensiva aos portugueses, retirando a passagem crítica aos reinóis, presente na denúncia original – ("que nos querem tomar a nossa terra"). Em verdade, o depoimento do escrivão Braga acabava por inverter a ordem das coisas, livrando totalmente a carga política do vitupério do sapateiro, associando-a por fim a uma frase banal em que o suposto "levantamento" da terra (e aqui o verbo "levantar" parece significar antes desordem que revolta) seria atribuído aos portugueses residentes e não aos naturais do Brasil. Entretanto, o conteúdo racial do discurso ainda se mantinha, reafirmando-se a pejoração dos "branquinhos do reino". Embutida também ficava a vaga idéia de identidade territorial ("nossa terra").

No mesmo dia do escrivão, outra testemunha seria chamada a depor. Dessa vez, tratava-se do capitão Bernardo José Gomes da Silva Flores, pessoa que contara o caso da taverna ao capitão Antônio José Dias Coelho. Seu depoimento complicaria ainda mais a novela discursiva em torno da fala do sapateiro. Bernardo também concordaria apenas parcialmente com o relato do denunciante. Segundo o capitão, havia "equivocação" quanto ao teor da fala atribuída a Manuel Capanema, sendo que, em sua opinião, a frase verdadeiramente proferida pelo sapateiro fora: "ora veja estes *novatinhos* que vêm de Portugal tomar posse do nosso reino, que cedo os havemos de *botar fora*". Bernardo ainda faria a ressalva de que, assim como o escrivão Braga, na verdade, também ele não possuía "toda a certeza se usou o dito Manuel da Costa Capanema do termo de – 'botar fora' –: mas se não fez uso dele, serviu-se de outro, que vinha a dizer o mesmo".[7]

Esse novo depoimento, imputando também uma nova frase ao sapateiro, alterava alguns aspectos do caso. Em primeiro lugar, ao trocar

---

[7] Idem, p. 213. (grifos meus).

Espelhos Deformantes

o termo "branquinhos" pela palavra "novatinhos", o capitão Bernardo retirava da frase seu conteúdo racialmente ofensivo. No entanto, por outro lado, dava crédito ao teor político contrário aos portugueses, na medida em que reafirmava, concordando, nesse sentido, com a denúncia original, o ataque àqueles que desejavam "tomar posse do nosso reino". A palavra "terra" ("nossa terra"), constante da denúncia original, transformara-se, nesse caso, em "reino" ("nosso reino"), coisa que possivelmente esvaziava um pouco da suposta identidade territorial, expressa na delação do tenente Antônio José Dias Coelho. Outro ponto interessante é a dúvida, lançada novamente sobre o último trecho da frase. Assim como o escrivão Braga, o capitão Bernardo também não pôde dar certeza (porém, também não negava) que o sapateiro tivesse feito uso da expressão "botar fora", referindo-se, no caso, aos lusitanos. Mesmo insistindo na idéia de que o sapateiro dissera algo com sentido idêntico ao da oração, Bernardo esfacelava a certeza sobre a exatidão dos termos constantes da denúncia original, fator que, no interior de uma devassa judicial, sempre suscitava enfraquecimento da prova.

O caso ficara sob suspeição, havendo agora alguns elementos favoráveis à inocência de Capanema. Em todo caso, no que interessava aos juízes da devassa, ainda havia indícios perigosos nas diferentes falas atribuídas ao sapateiro. Tais indícios seriam testados nos subseqüentes depoimentos de Manuel Moreira, o taverneiro; de Josefa Teixeira, mulher que habitava com o mesmo na taverna e que estava presente na ocasião da contenda; e, finalmente, do próprio Manuel da Costa Capanema.

Manuel Moreira, prestando depoimento um dia depois das duas primeiras testemunhas, reconheceu ser o "próprio taverneiro que se achava com a sua taverna do Senhor do Matosinhos". Disse que era "solteiro, natural da freguesia de Santa Maria de Sardoal, do Conselho de Paiva, Comarca da cidade de Lamego assistente nesta Vila de

São João del-Rei". Tinha 25 anos de idade e vivia das rendas de seu estabelecimento. Perguntado pela discussão que tivera com Capanema, o taverneiro quase repetiria a versão dada pela última testemunha, o capitão Bernardo, indicando que o sapateiro dissera a seguinte frase: "estes novatinhos que vêm de Portugal, que logo que chegam querem tomar posse do nosso reino". Mais uma vez, o termo "novatinhos" aparecia no lugar da alusão racial aos "branquinhos". Agora, aliás, era possível explicar o uso daquela expressão: o taverneiro declarara ter 25 anos de vida, sendo, portanto, mais "novatinho" que o sapateiro, este com a idade de Cristo, 33 anos. Também a seqüência "nossa terra" era trocada por "nosso reino". Igualmente, a comprometedora passagem final foi colocada em dúvida de novo, com o taverneiro reconhecendo que "não ouviu dizer o que mais se acrescenta, de que –'havemos de deitar fora'". Porém, Moreira também não seria capaz de certificar que o sapateiro deixasse de mencionar o trecho ("nem também duvida de que ele [Capanema] o dissesse sem que ele, testemunha, ouvisse"). O taverneiro explicaria sua dúvida, recorrendo ao fato de estar já recolhido para dormir, no momento em que o sapateiro proferira a frase, sendo que o barulho feito pelo "rancho de pessoas" do lado de fora da taverna também atrapalhara sua audição: "porque estava na cama e se estava fazendo bastante bulha". Por fim, Moreira afirmaria ter certeza de que, não obstante a algazarra feita na taverna, fora realmente o sapateiro Capanema o autor do vitupério, pois o reconhecera "tanto pela voz que lhe é bem conhecida, como porque ele [Capanema], depois de dizer o sobredito e se lhe abrir a porta da taverna foi ter com ele, testemunha, à cama".[8]

No mesmo dia também prestaria depoimento a companheira do taverneiro, Josefa Teixeira. Ela declarou ser "parda forra, solteira [...]

---

[8] Idem, p. 216.

Espelhos Deformantes

de idade de quarenta anos pouco mais ou menos, que vive de sua venda". Josefa diria na devassa que estivera presente na romaria do Senhor do Matosinhos e que, depois, se dirigira para a taverna de Manuel Moreira. Estando lá, presenciara o caso a respeito do qual tinham tratado as testemunhas antecedentes. Explicou ela que o sapateiro Manuel Capanema batera à porta da taverna, porém, "não se lhe abrindo logo, houve entre este e o dito Manuel Moreira algumas razões". Seria então em meio a estas que o sapateiro teria dito: "estes novatinhos que vêm de Portugal tomar conta do nosso reino; porém nós é que havemos de tomar fora". E Josefa também não tinha dúvidas de que realmente fora Capanema o autor da desordem, identificando-o "tanto pela voz, como ao depois pelo ver, pois que foi quem lhe abriu a porta da taverna".[9]

No depoimento de Josefa, a frase do sapateiro era novamente esvaziada de seu conteúdo racial, trocando-se "branquinhos" por "novatinhos". Conquanto, continuava a ofensividade em relação aos portugueses habitantes na colônia, embora os termos da crítica tenham mudado: ao invés de "tomar posse", dessa vez os reinóis eram acusados de querer "tomar conta" da América portuguesa. Esta, por sua vez, era descrita de novo como o "nosso reino". A passagem final, contudo, possuía um sentido ambíguo e indecifrável. "Porém nós é que havemos de tomar fora": ao mesmo tempo que fazia referência ao "deitar fora" da denúncia original, o trecho diminuía, contudo, a força do sentido de expulsão ("tomar fora") dos portugueses, detalhe que, nas circunstâncias do momento, abrandava a situação de Capanema.

Nesse passo, enfim, veio Manuel da Costa Capanema apresentar-se aos juízes da devassa. Como já mencionado, em seu depoimento,

---

[9] Idem, p. 217.

prestado a 22 de setembro de 1789, o sapateiro seria perguntado a respeito da sedição que, àquela altura, todos em Minas sabiam ter sido conspirada. O depoente, então, admitindo apenas conhecer os boatos que haviam rodado, negaria saber qualquer coisa substancial a respeito do episódio. Questionado, em seguida, acerca do caso da taverna no arraial de Matosinhos, Capanema eximir-se-ia de qualquer envolvimento. Contou que, "chegando ele ao dito arraial à noite, bateu na porta da taverna de Manuel Moreira para que lhe vendesse aguardente". Porém, acrescentou: "nem com ele [taverneiro] nem com a parda Josefa Teixeira [...] teve razões algumas que pudessem ter relação com o premeditado motim e levante".[10]

O sapateiro estava dizendo a verdade, porém os juízes não acreditaram. Não se sabe ao certo a data de sua prisão, contudo, em 14 de janeiro de 1790, o desembargador José Pedro Machado Coelho Torres escrevia ao visconde de Barbacena, comunicando o encarceramento de Manuel. Informou o magistrado que, tal como havia sido acordado com o próprio governador, "achando-se verificado ter o mulato Manuel da Costa Capanema dito que – 'os branquinhos do Reino vinham cá tomar posse deste, mas que cedo os haviam deitar fora' – ficaria preso, assim o executei". Coelho Torres chegara à conclusão de que, "em substância", o sapateiro poderia ser "sabedor do que oculta", devendo, assim, "averiguar melhor" o caso.

Entretanto, embora ainda incerta, a situação do sapateiro seria abandonada, sob o mais absoluto silêncio, no interior da devassa. Capanema foi mantido no cárcere por mais de um ano, ainda em Minas, sem que, durante esse período, nenhuma testemunha fosse ouvida sobre o episódio. A 22 de janeiro de 1791, o sapateiro seria finalmente enviado ao Rio de Janeiro, como réu acusado de participar da conjuração, para

---

[10] Idem, p. 235.

Espelhos Deformantes

ser julgado pelo Tribunal da Alçada. De forma irônica, a escolta que o conduziu sob custódia até o litoral, comandada pelo tenente Simão da Silva Pereira, foi dividida em dois grupos de presos: o primeiro, formado exclusivamente por brancos (tendo os réus Antônio Lopes de Oliveira, Salvador Carvalho do Amaral Gurgel, João da Costa Rodrigues e João Francisco Chagas); e o segundo, integrado somente por mulatos (José Martins Borges, Vitoriano Gonçalves Veloso e o próprio Manuel C. Capanema).[11] No Rio, o sapateiro ficaria retido na Fortaleza de São José da Ilha das Cobras.[12] Ao ser deixado no cárcere, Manuel guardava consigo a humilde quantia de quatro mil quinhentos e noventa e dois réis (4$592), segundo confisco lavrado em 26 de fevereiro de 1791.[13]

A triste sina do sapateiro estender-se-ia até o ano seguinte, quando chegaria ao fim também o próprio processo de devassa da Inconfidência Mineira. O advogado dos réus, José de Oliveira Fagundes, em seus embargos de defesa, tentaria explorar exatamente a fluidez das provas existentes contra Capanema, fator que havia ficado patente nas diferentes versões dadas pelas testemunhas. Segundo Fagundes, "de todos estes juramentos não se pode conjeturar malícia e dolo no réu que respeite ao delito de que se trata neste processo". O advogado lembrou também que os diversos termos atribuídos ao sapateiro "inculcam somente leviandade no réu, pois que não concorrem outros adminículos que façam criminosas as ditas expressões, e muito menos a respeito do crime de que se trata". O defensor concluía pedindo a absolvição de Manuel, "que dessa leviandade está bem punido com o tempo da prisão, e o rigoroso segredo em que tem sido conservado". Rogava, por fim, que o mandassem "ir em paz".[14]

---

[11] Idem, vol. 2, p. 169.
[12] Idem, vol. 7, p. 136.
[13] Idem, vol. 6, p. 280.
[14] Idem, vol. 7, p. 190.

128   Rodrigo Bentes Monteiro (org.)

A terrível sentença publicada pela Alçada, em 18 de abril de 1792, que condenava à pena capital 11 réus do processo, foi, contudo, generosa a respeito do sapateiro. Ouvindo as súplicas do advogado, o texto condenatório absolveu Manuel Capanema, juntamente com Faustino Soares de Araújo, baseando-se no tempo que tiveram de encarceramento, "purgados de qualquer presunção que contra eles pudesse resultar das devassas".[15]

Com tal desfecho feliz, Manuel da Costa Capanema encerrava seus longos dois anos e meio de cárcere, cumpridos entre fins de 1789 e abril de 1792. Triste e banal em todos os sentidos, a história do sapateiro é ilustrativa da maneira pela qual a justiça régia poderia ser rigorosa e cruel em relação aos réus acusados de traição.

Devassa e metodologia

Entre os historiadores, já foi bastante destacado o caráter vicioso das fontes de origem judicial. Tendenciosas, parciais, distorcidas, verdadeiras porta-vozes dos grupos dominantes, elas imporiam a normatização dos valores e dos padrões sociais através do medo e da coação. Os diversos processos investigatórios, leigos e eclesiásticos, forneceram "verdades" e "provas" muitas vezes forjadas sob o véu de um objetivo ideológico subterrâneo. Assim, a cosmogonia singular do moleiro Menocchio pôde ser associada pelos inquisidores italiano ao movimento reformista do século XVI.[16] Da mesma forma, as práticas de feitiçaria ocorridas na América portuguesa sofreram o lento, porém eficaz, processo de "demonização" por parte das elites religiosas

---

[15] Idem, p. 19.

[16] Carlo Ginzburg, *O Queijo e os Vermes: o cotidiano e as idéias de um moleiro perseguido pela Inquisição*, São Paulo, Companhia das Letras, 1987.

Espelhos Deformantes

portuguesas, interessadas em expurgar os vícios atribuídos àquela sociedade colonial.[17] Quanto aos processos civis, também as devassas das chamadas inconfidências, ocorridas no Brasil a partir da segunda metade do século XVIII, forjaram "verdades" e acusações fictícias, no intuito de comprometer (ou livrar) judicialmente algum envolvido, ou aumentar as proporções políticas dos movimentos.[18] Tal imagem parece ter sido revelada, em negativo, no caso de Capanema.

Paradoxalmente, porém, as mesmas devassas que fizeram publicar distorções ideológicas emanadas das camadas superiores foram também aquelas que, via de regra, permitiram aos historiadores o melhor conhecimento acerca da vida dos setores pobres e menos favorecidos da sociedade. Crenças religiosas, práticas mágicas, sexualidade, vida cotidiana, crimes comuns, críticas políticas, entre outros: foram todos eles temas importantes na escrita da história das classes populares.[19] Ligados à antiga corrente de história das mentalidades, esses assuntos historiográficos, embasados em fontes judiciais, foram também complementados por estudos diversos, não necessariamente direcionados à história popular, tais como: investigações sobre as práticas de leitura e níveis de instrução, sobre comunicação social, além, é claro, de estudos de história política.[20]

---

[17] Laura de Mello e Souza, *O Diabo e a Terra de Santa Cruz: feitiçaria e religiosidade no Brasil Colonial*, São Paulo, Companhia das Letras, 1986.

[18] Ver Guilherme Pereira das Neves, "A suposta conspiração de 1801 em Pernambuco: idéias ilustradas ou conflitos tradicionais?", *Revista Portuguesa de História*, Coimbra, vol. 33, 1999, pp. 439-81.

[19] Ver Ronaldo Vainfas, "A Problemática das Mentalidades e a Inquisição no Brasil Colonial". Artigo disponível em <http://www.historia.uff.br/artigos.php>. Acessado em 21/10/2005; Laura de Mello e Souza, "As devassas eclesiásticas da Arquidiocese de Mariana: fonte primária para a história das mentalidades", em *Norma e Conflito: aspectos da história mineira no século XVIII*, Belo Horizonte, Editora UFMG, 2006, pp. 19-27.

[20] Luiz Carlos Villalta, "O que se fala e o que se lê: língua, instrução e leitura", em Laura de Mello e Souza (org.), Fernando Novais (dir.), *História da Vida Privada no Brasil. Cotidiano e*

130   Rodrigo Bentes Monteiro (org.)

Segundo opinião pessoal da historiadora Laura de Mello e Souza, no que pode ser tomado como um balanço acerca das vantagens e das desvantagens desse tipo de documentação, "muito do que ficou dito nas Devassas não deve ter acontecido exatamente daquela forma [...] mas isso não me parece grave; fantasia ou realidade, [...] seu valor é inestimável".[21]

O caso do sapateiro Capanema é, nesse sentido, paradigmático. Ele condensa em si todos os paradoxos de uma documentação tipicamente judicial. Ao mesmo tempo que espelha um discurso oficial – bastando, para isso, notar o aspecto "criminal" e culposo atribuído à fala da personagem – o caso do sapateiro também permite ao historiador, por outro lado, sair pelas janelas da cadeia e adentrar o ambiente de uma obscura taverna do arraial de Matosinhos, freqüentada por "rancho de pessoas", local onde discussões insólitas (possivelmente cotidianas e comuns) aconteciam. Mistura meio confusa entre o cárcere e a rua, o tipo de informação colhida no processo de Capanema é absolutamente fragmentário: não se pode coligir nenhuma série documental. Não obstante, contudo, quando visto atentamente, o caso permite revelar historicamente ações cotidianas, noções de espaço e de tempo, sociabilidades, conflitos sociais, dentre outras coisas do universo refletido pelo documento.

Eis o resumo do caso. Um grupo de pessoas (um "rancho"), vindo de uma romaria religiosa, chegou-se à frente de uma taverna e começou a bater à porta para que o dono do estabelecimento

---

vida privada na América portuguesa, São Paulo, Companhia das Letras, vol. 1, 1997, pp. 331-86. Do mesmo autor, *Reformismo ilustrado, censura e práticas de leitura: usos do livro na América Portuguesa*, São Paulo, tese de doutorado em História, USP, 1999; Florisvaldo Mattos, *A Comunicação Social na Revolução dos Alfaiates*, Salvador, Núcleo de Publicações da UFBA, 1974.

[21] Laura de Mello e Souza, "As devassas eclesiásticas...", op. cit., p. 27.

Espelhos Deformantes

(que morava no próprio local) lhes concedesse entrada. O grupo desejava adentrar a taverna para que o taverneiro "lhe vendesse o que queriam comprar". Não se sabe o que exatamente comprariam os integrantes do rancho, com exceção, é claro, de Manuel da Costa Capanema, que declarou ter batido "na porta da taverna de Manuel Moreira para que [este] lhe vendesse aguardente". Note-se, de antemão, que tal movimento de pessoas já havia sido notado pelos "vizinhos" da taverna, os quais observavam o que acontecia. O taverneiro, escutando as batidas, não quis inicialmente satisfazer o desejo daqueles clientes que, "já tarde" (da noite?), inconvenientemente, lhe perturbavam o repouso, estando já "recolhido". Ao que tudo indica, Manuel Moreira se teria "feito de morto", permanecendo em silêncio dentro da taverna para que os de fora, pensando não haver ninguém, fossem embora. Contudo, a tática deu em erro e, "fazendo bastante bulha", os barulhentos conseguiram que Josefa Teixeira – mulher que habitava junto com Manuel o interior da taverna, mas que, na devassa, não seria declarada sua esposa ou cônjuge – lhes abrisse a porta do estabelecimento. Nesse entremeio é que o sapateiro teria proferido a polêmica frase. Uma vez no interior da casa, Capanema dirigiu-se até a cama de Manuel Moreira, onde o mesmo estava deitado, continuando as discussões. Tudo isso foi visto e ouvido pelos vizinhos da taverna. Um deles, o escrivão Braga, justificaria que, "por estar em um rancho vizinho", distante "uma divisão de capim", não se pudera furtar à observação e à escuta.

No pequeno enredo, estão presentes elementos históricos e historiográficos muito significativos. Pode-se enxergar, por exemplo, a recorrência de práticas cotidianas de divertimento (tal como o alcoolismo de Capanema sugere); interpenetrações entre a vida privada e o ambiente público da sociedade (patentes no papel dos vizinhos) e até mesmo conhecer a fluidez do ambiente doméstico do taverneiro, que recebe um dos clientes em seu "quarto" de dormir.

Todavia, o detalhe mais interessante da história ficaria por conta do próprio envolvimento do sapateiro na devassa. Sua misteriosa frase e, mais do que isso, as diferentes frases misteriosas que lhe são imputadas pelos ouvintes, formam um rico manancial de percepção acerca daquela realidade prenhe de conflitos sociais profundos. Estes, por sua vez, não obstante seus aspectos estruturais, não poderiam deixar de transparecer na vida cotidiana e nas situações mais banais do dia-a-dia. Assim é que, em meio às diversas versões da frase de Capanema, dois temas nelas tratados ganham imediatamente atenção especial: o conteúdo racial ofensivo aos brancos e o teor político ofensivo aos portugueses. Todas as testemunhas vacilam, exatamente na confirmação de pelo menos um desses dois tópicos da fala de Capanema.

O processo não permite, infelizmente, conhecer qual teria sido a verdadeira frase pronunciada pelo sapateiro. Entretanto, a própria fluidez dos depoimentos ganha valor, na medida em que, através dela, ao invés da busca pela frase realmente pronunciada, se atentar para os motivos subjacentes às várias versões. Entender por que uma frase e não outra é relatada pelas testemunhas ajuda a atribuir sentido histórico e social ao que, de outra maneira, pareceria uma sucessão de versões incompreensível. Assim, de uma situação insólita e aparentemente desprovida de interesse, poderá surgir um entendimento singular acerca daquela realidade passada.

Oralidade e história social da comunicação

O episódio da taverna também suscita questões sobre o papel histórico da oralidade no interior do universo político da Capitania de Mi-

Espelhos Deformantes

nas Gerais durante o século XVIII. A se aceitar, por exemplo, a idéia, defendida pela historiadora Laura de Mello e Souza, segundo a qual os conflitos políticos de Minas Gerais, a partir da segunda metade do Setecentos, teriam deixado de se manifestar aberta e publicamente através de revoltas ou motins, para se reservarem ao âmbito privado do cotidiano, o vitupério de Capanema engendrava conteúdo politicamente característico daquela sociedade. Segundo termos da autora, "a partir de meados do século [...] as revoltas tornaram-se surdas, constantes, disseminadas, cotidianas".[22] Como voz e murmúrio destituídos da repercussão violenta das rebeliões, a frase do sapateiro, embora tímida, guardava, contudo, marcas de tensões sociais, cujos significados não deixavam de manifestar as contradições latentes do momento. Sua forma histórica desnudava as mudanças sociais, ocorridas durante a centúria. Enquanto, naquele período, de um lado, as elites mineiras tenderam a se apropriar dos proventos emanados pelo Estado português – resguardando, assim, um interessado respeito pela ordem – de outro, os grupos inferiores repousaram suas críticas sob o véu surdo e abafado do cotidiano[23].

Nesse universo cotidiano e restrito, os conflitos políticos estiveram, então, fortemente atrelados à linguagem oral, como se evidencia no caso de Capanema. Relacionando-se à pífia difusão do ensino e da alfabetização no interior da América portuguesa, a cultura ali formulada limitou-se à oralidade como forma universal e absoluta de convívio so-

---

[22] Laura de Mello e Souza, "Tensões sociais em Minas na segunda metade do século XVIII", em Adauto Novaes (org.), *Tempo e História*, São Paulo, Companhia das Letras, 1992, p. 347-66; pp. 352.

[23] Laura de Mello e Souza, "Os ricos, os pobres e a revolta nas Minas do século XVIII (1707-1789)", *Análise & Conjuntura. Inconfidência Mineira/Revolução Francesa/Bicentenário 1789/1989*, vol. 4, n. 2 e 3, Belo Horizonte, mai.-dez. de 1989, pp. 31-6.

cial, intelectual e político.[24] Compondo, no século XVIII, parte considerável do mundo vivenciado pelos colonos, a oralidade proporcionava às pessoas mais do que apenas um método (embora único, na maior parte dos casos) de comunicação; ela atendia, em âmbito maior, a um sistema geral de ordenamento da sociedade: criando culturas, sociabilidades, linguagens políticas e práticas diárias de vida muito distintas das experimentadas em lugares e tempos históricos onde a cultura escrita tenha sido amplamente difundida no tecido social.[25]

Entender, assim, a participação política dos súditos no interior dos conflitos sociais enfrentados na América portuguesa requer a atenção do estudioso para perceber a existência dos boatos, dos murmúrios e das vozes orais propalados pelos habitantes. O que, então, se formula é um interessante jogo de forças entre o "ouvir dizer" das ruas e as medidas administrativas tomadas pela cúpula política daquela sociedade hierárquica de Antigo Regime. O domínio da política é, dessa forma, estabelecido sob uma nova (ou antiga) racionalidade.[26] Através da linguagem oral, o mundo des-

---

[24] Luiz Carlos Villalta, "O que se fala e o que se lê...", op. cit.

[25] Ver Jack Goody, *Domesticação do Pensamento Selvagem*, Lisboa, Presença, 1988; François Furet & Jacques Ozouf, "Trois siécles de métissage culturel", *Lire et Écrire*, Paris, Minuit, 1977, vol. 1, pp. 349-69. Jack Godoy & Ian Watt, "The consequences of Literacy", em Jack Goody (org.), *Literacy in Tradicional Societies*, Cambridge, Cambridge University Press, 1981, pp. 27-68.

[26] Segundo François Furet e Jacques Ozouf: "o que nós hoje chamamos de 'a política' – quer dizer, o domínio das relações entre indivíduos e Estado e das lutas pelo poder implementadas enquanto tal – supõe, na realidade, a existência de uma civilização escrita amplamente dominante. Nas sociedades orais, ou então naquelas de alfabetização restrita, ela não chega jamais a constituir suas próprias organizações: as lutas pelo poder existem, mas conduzidas pelas comunidades tradicionais, tais como elas se pensam a si mesmas a partir do consenso oral e, por conseguinte, envolvidas pelo religioso, ou então fixadas por uma tradição imutável". François Furet & Jacques Ozouf, "Trois siécles de métissage culturel", *Lire et Écrire...*, op. cit., p. 361.

Espelhos Deformantes

venda-se para os ouvintes. Longe das obras escritas, as histórias da vida prática não são lidas, mas *contadas*. O livro da política vai sendo folheado, no desenrolar sempre inusitado dos acontecimentos, por meio de relatos orais que permitem à população o desenvolvimento de formas de se apropriar do domínio fechado da legislação oficial ou de nela intervir. De alguma maneira, o ambiente de murmúrios parece representar um manifesto público, contra ou a favor do qual o Estado tem de negociar, porque "a cultura oral é pública, coletiva" e nisso residem sua função e sua eficácia.[27] No século XVIII, expressões "públicas" da opinião conferem às comunidades seu âmbito interno de julgamento e, por conseguinte, sua representatividade exterior. São palavras e declarações, a princípio ignoradas, mas que forçam a atenção dos agentes régios, de modo que o relacionamento estabelecido entre as ações da monarquia e a voz ativa das ruas "é um lugar de história onde se lê de um modo claro a interação entre uma negação e um fascínio vindos do alto que acabam por suscitar uma palavra popular".[28]

Entretanto, se a linguagem oral encerrava um lugar especial de crítica, também possuía limites políticos e culturais bem definidos. Nas sociedades onde a cultura escrita é inexistente ou pouco difundida, todas as ocasiões vivenciadas adquirem seu ambiente no contato direto da pessoa com os padrões mentais do grupo, no qual as escolhas individuais tendem a vacilar entre as opções da tradição cultural ou da solidão.[29] Essa "prisão" verbal engendra os limites formais do que é encarado como possível ou impensável. A linguagem, aqui, direciona os caminhos realizáveis da história e de seus horizontes. Ela

---

[27] Idem, p. 356.

[28] Arlette Farge, "Da opinião Pública", em *Lugares para a História*, Telma Costa (trad.), Lisboa, Teorema, 1999, p. 112.

[29] Ver Jack Goody & Ian Watt, "The consequences...", op. cit.

recorta os projetos sociais, a fim de adequá-los à sua própria norma, ao seu repertório de signos, sempre limitados, que disponibiliza para a fala e para a vida dos homens.[30]

O vitupério do sapateiro retrata, assim, atitude ao mesmo tempo *crítica* e *conservadora.* Podendo ser encarada como um desabafo político significativo, porém socialmente limitado, a frase de Capanema guardava as características de uma cultura tradicional bastante conservadora, do ponto de vista político. Contudo, esse mesmo desabafo refletia os conflitos de um meio social também profundamente desigual e opressor, que estimulava críticas relacionadas aos pontos de tensão existentes na sociedade local. Hierárquica do ponto de vista político, excludente do ponto de vista "racial" e completamente desigual na distribuição dos recursos econômicos, a sociedade que se criou nas Minas dava largas margens aos murmúrios e às vozes críticas da situação. Não será fortuito, portanto, que os temas de conflito, manifestados pela blasfêmia do sapateiro, se tenham relacionado diretamente à ironia racial e à posição dos reinóis no interior da América portuguesa.

Por fim, se o conteúdo *moral* do discurso de Capanema indicava sua escala de valores, ele também remontava à experiência comum de costumes e identidades, pela qual um conjunto social se auto-reconhecia a si próprio e exteriorizava suas convicções. A linguagem oral permitia às camadas baixas da população o meio específico de manifestar sua publicidade, seu modo de vida particular, em um contexto no qual a recorrência dos murmúrios significava o costume público de emitir julgamentos morais, em contraste com um ambiente de cerceamentos e hierarquias culturais, políticas e econômicas, no qual a

---

[30] Ver Quentin Skinner, *As Fundações do Pensamento Político Moderno*, São Paulo, Companhia das Letras, 1996.

Espelhos Deformantes

palavra popular só adquiriria persuasão se fosse realizada ao nível da convicção moral generalizada. A publicidade, nesse caso, faz parte do repositório em que a memória social, por um lado, resguarda suas peculiaridades e suas formas de resistência e, por outro, demonstra os limites políticos, materiais e culturais de seu protesto.

Parte III

Fontes cartorárias e alfandegárias: diferentes perspectivas

As fontes cartorárias do período escravista do Brasil nos trazem um panorama detalhado dos aspectos cotidianos e estruturais de um mundo há muito desaparecido. Foi a partir dos variados documentos cartorários – escrituras inscritas em livros de notas dos mais variados teores, testamentos, inventários, processos judiciais, entre outros –, que análises inovadoras sobre o período colonial foram elaboradas. Nelas, aparecem todos os segmentos daquela sociedade: escravos, forros, senhores, negociantes, administradores, clérigos, com seus bens, suas rixas, seus emblemas, seus objetos de negócio e suas famílias. As abordagens são infinitas e, metodologicamente, podem ser qualitativa ou quantitativamente analisadas. Acrescidas dos registros alfandegários, podemos ter uma estimativa aproximada dos que aqui desembarcaram, em especial dos milhões de africanos tornados escravos, inclusive sobre de que partes da África foram originados. Esses mesmos homens e mulheres aparecem nos registros cartorários sendo negociados, alforriando-se, acusando ou sendo réus ou testemunhas de litígios, escrevendo testamentos ou tendo seus bens inventariados. As fontes eclesiásticas – os registros de batizado, casamento e óbito e os processos matrimoniais – são mais um conjunto de fontes seriadas, pois possibilitam entrever a dinâmica familiar de livres, forros e escravos e, algumas vezes, de onde vieram e por onde passaram. Pena que, tanto no que toca às fontes cartorárias, quanto às alfandegárias e eclesiásticas, houve falha nos registros e, o que é mais triste, muito se perdeu. Essas fontes, preciosas, que demandam um extenso e paciente trabalho de coleta e análise de dados, constituem a base dos textos apresentados nesta parte.

Sheila de Castro Faria

Do reino à colônia:
os agentes mercantis atuantes
na São Paulo setecentista

Maria Aparecida de Menezes Borrego[*]

O objeto da minha pesquisa de doutoramento foi estudar a atuação dos agentes mercantis na cidade de São Paulo, no período compreendido entre os anos de 1711 e 1765. Figuras centrais para o abastecimento da população, para a articulação da cidade com outras regiões coloniais e com a metrópole e para a concorrência com a elite agrária nas posições de mando, são eles uma chave para o entendimento da dinâmica socioeconômica da Piratininga setecentista.

Várias obras historiográficas têm mostrado que, na primeira metade do século XVIII, ao contrário do que se afirmava sobre o despovoamento da capitania, em virtude das descobertas mineratórias, houve um aumento demográfico contínuo, em especial nos espaços urbanos dedicados às transações comerciais.[1] Além disso, em contra-

---

[*] Doutoranda em História Social pela Universidade de São Paulo, sob a orientação da professora Laura de Mello e Souza.

[1] Mafalda Zemella, *O Abastecimento da Capitania de Minas Gerais no século XVIII*, São Paulo, Hucitec/Edusp, 1990; Sérgio Buarque de Holanda, "Movimentos da população de São Paulo no século XVIII", *Revista do Instituto de Estudos Brasileiros*, n. 1, 1966, pp. 55-111; Maria Luiza Marcílio, *Crescimento Demográfico e Evolução Agrária Paulista: 1700-1836*, São Paulo, Hucitec/Edusp, 2000.

posição às teses de estagnação econômica, os trabalhos atestam que a cidade de São Paulo teria vivenciado um período de dinamização do processo de mercantilização, que já se vinha desenvolvendo desde as últimas décadas do século anterior.[2]

Entretanto, embora as pesquisas tenham trazido renovados olhares sobre a economia e a sociedade paulistas daquele momento histórico, a temática do comércio e dos comerciantes não foi o alvo privilegiado das análises empreendidas.

Estimulada pela lacuna aberta pelos estudiosos, passei, então, a perseguir os rastros deixados pelos homens que se dedicaram ao comércio na Piratininga do século XVIII, desde a elevação da vila à condição de cidade (1711) até o retorno de São Paulo à posição de capital, quando a capitania foi restaurada (1765).

Neste artigo, minha proposta é analisar as procedências e as trajetórias dos agentes mercantis ativos na cidade de São Paulo que, simultaneamente à realização de negócios, participaram dos órgãos de poder local – Câmara Municipal, Santa Casa de Misericórdia, Irmandades, Juizado de Órfãos e Companhia de Ordenanças – no período enfocado.

Por meio da elaboração de um banco de dados, alimentado com informações de múltiplas fontes, pude compor o universo de pesquisa com 100 sujeitos, identificados nos documentos como mercadores, homens de negócio, vendeiros, taverneiros, os que "vivem de seus negócios" e os que "vivem de suas agências".

---

[2] John Manuel Monteiro, *Negros da Terra: índios e bandeirantes nas origens de São Paulo*, São Paulo, Companhia das Letras, 1994; Muriel Nazzari, *O Desaparecimento do Dote: mulheres, famílias e mudança social em São Paulo, Brasil, 1600-1900*, São Paulo, Companhia das Letras, 2001; Ilana Blaj, *Trama das Tensões: o processo de mercantilização de São Paulo colonial (1681-1721)*, São Paulo, Humanitas, 2002.

Espelhos Deformantes

Desse conjunto, foi possível descobrir as origens de 92 comerciantes e verificar que mais de 90% eram provenientes da metrópole, do arquipélago dos Açores e da Ilha da Madeira. Os altos índices relativos à imigração indicam, por um lado, que a reprodução do grupo mercantil na praça de São Paulo se fazia pela entrada de elementos novos e não pela sucessão direta ou pelo recrutamento interno. Por outro lado, o ingresso maciço e contínuo de portugueses também sugere que a capital era palco de transações mercantis promissoras, na primeira metade do século XVIII, que convidava estrangeiros a tentar a sorte nos negócios.[3]

Quando se focaliza o grupo de reinóis, percebe-se que mais de 60% dos imigrantes eram originários do Minho. Tal fato não era exclusividade do caso paulistano, tanto que padrão similar foi verificado para outras regiões da América portuguesa.[4] A explicação para a

---

[3] De acordo com Jorge Pedreira, "não é excepcional que uma parte da elite dos negócios nas grandes cidades venha do exterior, essa é uma condição necessária à sua reprodução e constitui ao mesmo tempo sinal de vitalidade, da capacidade de atração da própria cidade", Jorge M. Pedreira, "Os negociantes de Lisboa na segunda metade do século XVIII: padrões de recrutamento e percursos sociais", *Análise Social*, v. XXVII (116-117), Lisboa, 1992 (2º e 3º), p. 428.

[4] Sobre a supremacia numérica dos comerciantes originários do Minho na Bahia, em Pernambuco, no Rio de Janeiro, em Campos dos Goytacazes, Minas Gerais e no Rio Grande de São Pedro, durante o século XVIII, ver, respectivamente, os trabalhos de Rae Flory e David Grant Smith, "Bahian merchants and planters in the seventeenth and early eighteenth centuries", *Hispanic American Historical Review*, 58 (4), Durham, Duke University Press, 1978, p. 575; Evaldo Cabral de Mello, *A Fronda dos Mazombos: nobres contra mascates Pernambuco 1666-1715*, São Paulo, Companhia das Letras, 1995, p. 125; Nireu Cavalcanti, *O Rio de Janeiro Setecentista: a vida e a construção da cidade da invasão francesa até a chegada da corte*, Rio de Janeiro, Jorge Zahar, 2004, p. 76; Sheila de Castro Faria, *A Colônia em Movimento: fortuna e família no cotidiano colonial*, Rio de Janeiro, Nova Fronteira, 1998, p. 175; Júnia Ferreira Furtado, *Homens de Negócio: a interiorização da metrópole nas Minas Setecentistas*, São Paulo, Hucitec, 1999, p. 219; Helen Osório, *Estancieiros, lavradores e comerciantes na constituição da estremadura da América: Rio Grande de São Pedro, 1737-1822*, Niterói, tese de doutorado em História, UFF, 1999, p. 252.

144   Rodrigo Bentes Monteiro (org.)

emigração da região norte de Portugal, entretanto, não se sustenta apenas na pressão demográfica como fator de repulsão. As análises de Jorge Pedreira apontam como razões para o fenômeno tanto os regimes sucessórios não igualitários – descendentes privados da posse da terra eram impelidos a buscar novos meios de sobrevivência – como os dispositivos de recepção e integração dos minhotos em outras terras – acolhimento por parentes e conhecidos.[5]

A emigração, portanto, não significava uma interrupção dos laços parentais, tanto que, ao investigar os itinerários sociais dos homens de negócio da praça de Lisboa, na segunda metade do século XVIII, o historiador constatou que muitos recém-chegados, na grande maioria adolescentes, se dirigiam às casas de familiares e/ou eram levados às lojas de mercadores, onde iniciavam suas atividades comerciais como caixeiros.

Para o contexto paulistano, também pude verificar semelhante comportamento. Quando chegara a São Paulo, Alexandre Monteiro de Sampaio, natural da vila de Marialva, bispado de Lamego, se hospedou na casa de um tio. Uma vez residindo na sua própria "morada de casas", mandou vir de Portugal seu irmão mais novo, Manuel José de Sampaio, para com ele morar.[6] Manuel Francisco Vaz, originário da freguesia de Santa Eulália de Barrosas, termo de Guimarães, arcebispado de Braga, também pôde contar com o apoio de seus tios

---

[5] "A preferência entre herdeiros, ao afastar da herança vários elementos em cada geração, conferia um âmbito intergeracional às redes sociais e familiares que permitiam a colocação, em Lisboa ou no Brasil, dos minhotos que procuravam na viagem um caminho para a prosperidade", Jorge Pedreira, "Brasil, fronteira de Portugal. Negócio, emigração e mobilidade social (séculos XVII e XVIII)", *Do Brasil à Metrópole: efeitos sociais (séculos XVII-XVIII)*, Évora, Universidade de Évora, jul. 2001, p. 58 (separata da revista *Anais da Universidade de Évora*, n. 8 e 9, dez. 1998/99).

[6] Arquivo da Cúria Metropolitana de São Paulo (ACMSP) – Dispensas e processos matrimoniais – 4-5-20 (Alexandre Monteiro de Sampaio) e fichas – São Paulo – dispensas – século XVIII – 1748 (Manuel José de Sampaio).

mercadores, João Francisco Lustosa e Domingos João Vilarinhos, que aqui já estavam estabelecidos.[7]

No entanto, não eram unicamente os tios que recepcionavam os sobrinhos. Muitos primos se encarregavam de dar suporte uns aos outros e preservar os laços familiares no além-mar. Vários mercadores minhotos eram unidos por tais relações de parentesco, como Francisco Pinto do Araújo e Pascoal Alvares de Araújo (provenientes de Guimarães), Antonio da Silva Brito e José da Silva Brito (provenientes de Barcelos), José Rodrigues Pereira e Tomé Rabelo Pinto (provenientes de Braga).[8]

Quando não eram os parentes que acolhiam os adventícios, muitas vezes, tal tarefa cabia aos comerciantes que já atuavam em solo piratiningano. José Francisco Guimarães e Francisco Pinto de Araújo, naturais do Minho, iniciaram suas vidas como caixeiros do trasmontano Gaspar de Matos. Originário da Estremadura, José da Silva Ferrão introduziu, ao mesmo tempo, o conterrâneo Antônio de Freitas Branco e o minhoto Jerônimo de Castro Guimarães no mundo dos negócios. Este último, quando estabelecido, empregou o caixeiro Manuel José Gomes. Semelhante trajetória foi percorrida por Antônio Fernandes Nunes, proveniente da Ilha da Madeira, que aprendera o ofício de mercador com José Borges da Silva e Francisco Rodrigues Ferreira, para depois abrir sua própria loja e dispor de caixeiros.[9]

---

[7] Arquivo do Estado de São Paulo (Aesp) – Inventários e testamentos não publicados – ord. 544 – lata 67 (Domingos João Vilarinhos).

[8] ACMSP – Processos gerais antigos – Testamentos – 3-4-8 (Francisco Pinto de Araújo); ACMSP – Dispensas e processos matrimoniais – 4-65-442 (Pascoal Alvares de Araújo); Idem – 4-51-21 (Antonio da Silva Brito); idem – 4-5-21 (José da Silva Brito); idem – 4-29-174 (José Rodrigues Pereira); idem – 4-4-18 (Tomé Rabelo Pinto).

[9] Idem – 4-11-73 (José Francisco Guimarães); idem – 4-6-22 (José da Silva Ferrão); Luis Gonzaga da Silva Leme, *Genealogia Paulistana* (CD-ROM), São Paulo, Macromedia, 2002, vol. 8, p. 324 (Gaspar de Matos); ACMSP – Dispensas e processos matrimoniais – 4-16-101 (Antônio de Freitas Branco); idem – 5-6-730 (Jerônimo de Castro Guimarães); idem – 4-16-103 (Antônio Fernandes Nunes).

146 Rodrigo Bentes Monteiro (org.)

A maioria dos dados relativos às origens geográficas dos comerciantes, às relações parentais entre eles e ao início da vida em São Paulo, como empregados de outros mercadores, foi retirada de um tipo documental que se revelou extremamente rico para a construção de percursos sociais: os processos matrimoniais. A partir da descrição dessa fonte, guardada no Arquivo da Cúria Metropolitana de São Paulo, pretendo encaminhar a caracterização dos agentes mercantis reinóis do universo de pesquisa, acompanhando suas trajetórias desde a partida dos locais de nascimento até o momento do matrimônio na capital paulista.

De acordo com as normas do Concílio Tridentino, qualquer sujeito que desejasse casar-se deveria entrar com um requerimento na câmara episcopal, disposto a se submeter a determinadas condições básicas que o habilitassem para o matrimônio, a saber: a certidão de batismo; a comprovação do estado de solteiro, livre e desimpedido, sem votos de castidade ou de religião e sem ter feito promessa de casamento a outrem que não a pretendida contraente; a apresentação de banhos ou proclamas, realizados em todas as freguesias, onde o justificante tivesse residido por mais de seis meses, para o atestado da inexistência de impedimentos. Caso um dos pretendentes fosse viúvo, deveria apresentar o atestado de óbito do cônjuge falecido.[10]

Dada a entrada da solicitação de casamento, iniciava-se o processo de matrimônio com o depoimento dos contraentes e a audição de testemunhas. As perguntas feitas aos nubentes eram as seguintes: Como se chamava? De quem era filho? Donde era natural? Fora batizado? Desde quando saíra de sua pátria?[11] Em que terras tinha

---

[10] Sheila de Castro Faria, *A Colônia em Movimento...*, op. cit., p. 58; Maria Beatriz Nizza da Silva, *Sistema de Casamento no Brasil Colonial*, São Paulo, T. A. Queiroz/Edusp, 1984, pp. 115-6.

[11] Pátria correspondia à vila, à cidade ou à freguesia de onde o contraente era natural.

Espelhos Deformantes

assistido e por quanto tempo? Era solteiro, livre e desimpedido ou fizera promessas de casamento a alguma mulher, exceto a com quem estava contratado? Tinha feito voto de religião ou castidade? Que qualidade era a de seus pais? Quanto tivera ou esperava ter de legítima? Quanto possuía de cabedal?

Os depoimentos dos justificantes mostram como tais processos fornecem verdadeiras radiografias de suas vidas pregressas. As respostas deveriam ser confirmadas, em geral, por três testemunhas, contudo, mais pessoas poderiam ser chamadas, caso o vigário da vara não se satisfizesse com os depoimentos. Primeiramente, a elas era solicitado que se identificassem pela idade, atividade profissional, local de moradia, estado civil e naturalidade. Em seguida, era-lhes perguntado se o suplicante saíra de sua pátria solteiro, livre e desimpedido; se o conheceram na sua pátria, se partiram desta ficando lá o suplicante, ou se este passou adiante delas para esta América; se prometeu casamento a alguma mulher ou lhe passou escrito dele como tal; se prometeu voto de castidade ou religião; se assistiu em outras terras por tempo de seis meses ou se tem outro gênero de impedimento.

Diante dos relatos, o representante da Igreja poderia requerer a apresentação de banhos do estado de livre, solteiro e desimpedido, em Portugal e nos locais onde assistira na colônia por mais de seis meses, da naturalidade do contraente e/ou da menoridade com que saíra da terra natal.

Convencido da inexistência de impedimento de ambas as partes, o vigário da vara concedia a provisão para as núpcias, ou seja, o casal podia contrair matrimônio e, já vivendo maritalmente, aguardava a vinda dos papéis. Para as bodas, celebradas por um sacerdote – via de regra na igreja em que os nubentes eram fregueses – era necessária a assistência de dois homens adultos como testemunhas.

148 Rodrigo Bentes Monteiro (org.)

Uma vez apresentadas a estrutura e as potencialidades da documentação, passemos à narração de algumas histórias individuais, privilegiando dados relativos à naturalidade dos comerciantes, às idades com que partiram da metrópole, aos caminhos percorridos na América portuguesa antes da chegada à cidade de São Paulo e às viagens de negócios, realizadas após a fixação na capital.

Em 23 de janeiro de 1763, Antonio José Pinto e Maria Fernandes da Conceição casaram-se na Sé, tendo por testemunhas Bernardo Guedes de Toledo e Francisco Pinto de Araújo.[12] Algum tempo antes da celebração, entretanto, tivera início o processo de casamento, que contou com a inquirição dos justificantes e a audição de testemunhas, com vistas a se comprovar a inexistência de impedimentos por parte dos contraentes.

Pelo depoimento do mercador, filho legítimo de Domingos Pinto e Maria da Silva, descobrimos que

> [...] com doze anos mais ou menos, saíra da dita sua freguesia [Santa Eulália de Barrosas, termo de Guimarães, arcebispado de Braga] em direitura para a cidade do Porto, onde se demorou seis meses, [...] se embarcou em direitura para a cidade do Rio de Janeiro, onde demorando-se coisa de vinte dias, se embarcou para a vila de Santos, de onde tinha demora só de oito dias, veio para esta cidade, onde assiste há catorze anos, em cujo decurso de tempo tinha feito quatro viagens à cidade do Rio de Janeiro a buscar seu negócio, porém que, nem nesta dita cidade do Rio de Janeiro, nem em outra alguma freguesia, fora esta cidade e sua pátria, tinha assistido por tempo de seis meses, e que o seu estado é de solteiro, livre e desimpedido.[13]

---

[12] ACMSP – Registros de casamentos da catedral da Sé, livro 2, fls. 206.
[13] Idem – Dispensas e processos matrimoniais – 4-79-595.

Espelhos Deformantes

Querendo casar-se com Escolástica de Godói Ferraz, filha legítima de Tomé Pimenta de Abreu e de Josefa de Araújo Ferraz, Manuel Carvalho Pinto foi inquirido pelo vigário em 1741. Segundo o registro do escrivão, depôs que nascera e fora batizado na freguesia de São Tomé de Covelas, concelho de Baião, bispado do Porto, filho legítimo de Manuel Magalhães Pinto e Tereza de Seixas Carvalho,

> [...] e que da dita sua pátria se ausentara para esta América ainda rapaz, que teria de idade onze para doze anos, e que se embarcara na cidade do Porto, aonde sem demora se embarcara para a cidade de Lisboa, aonde se demorou cerca de seis dias, e desembarcara na cidade do Rio de Janeiro, donde sem demora fizera viagem para as Minas Gerais do Ouro Preto, onde se dilatara dois anos sem que fizesse domicílio certo, sempre girando por caminhos com ocupação de carregações em seus cavalos, donde se retirara para esta cidade de São Paulo, onde é morador há dezesseis anos, e que sendo morador nesta dita cidade fizera suas viagens ao Cuiabá e a Goiás, porém sem demora considerável, e que sempre se conservou no estado de solteiro, livre e desimpedido.[14]

As transcrições desses fragmentos revelam, com impressionante riqueza de detalhes, as trajetórias e as ocupações dos dois mercadores, desde a saída de suas pátrias até o momento em que se preparavam para tomar o estado de casados. Por meio de seus depoimentos, é possível conhecer suas origens – as comarcas minhotas de Guimarães e do Porto; os portos de embarque no reino – Porto e Lisboa – e de desembarque na colônia – Rio de Janeiro; os lugares por onde passaram ou viveram antes da chegada a São Paulo – Santos e Minas Gerais

---

[14] Idem – 4-14-91.

– e, por fim, outras áreas coloniais com as quais mantiveram negócios durante a permanência na capital – Rio de Janeiro, Cuiabá e Goiás.

Embora disponha de dados dos processos de casamento de 57 sujeitos,[15] figuram nesta documentação nomes de cerca de 90% dos agentes mercantis do universo de pesquisa, já que muitos aparecem como testemunhas ou como pais e avós das noivas. Daí, a possibilidade de se conhecerem os percursos de tantos outros comerciantes, que não apenas os nubentes.

Não foram todos os contraentes que declararam a idade aproximada com que haviam deixado o reino, como fizeram Antonio José Pinto e Manuel Carvalho Pinto. Para os processos em que não havia registro, quando possível, procurei contabilizá-las a partir das certidões de batismo e de casamento, de certas informações que forneciam dados para cálculo, como os anos em que estavam na colônia e por meio do cotejamento com outros corpos documentais. Tal como Jorge Pedreira, verifiquei que a maioria saía de sua terra natal com idade entre 10 e 19 anos e, ainda, que alguns haviam morado em outras cidades, que não a própria pátria, antes de embarcarem.

As testemunhas de Antonio Xavier Garrido, natural de Barcelos, arcebispado de Braga, declararam tê-lo conhecido na cidade de Lisboa, onde vivera durante oito anos na freguesia de Nossa Senhora da Encarnação. Manuel de Araújo Costa disse, inclusive, que ambos vieram embarcados juntos para o Rio de Janeiro.[16]

Manuel José da Cunha parece ter realizado o mesmo trajeto, saindo da freguesia de São Cipriano, arcebispado de Braga, e residindo em Lisboa, durante os anos de 1716 e 1717, na freguesia de São José. Foi de lá que ele e as testemunhas Antonio Tavares de

---

[15] Dos 57 processos de casamentos dos agentes mercantis do universo de pesquisa, 54 referem-se a reinóis.

[16] ACMSP – Fichas – São Paulo – dispensa – século XVIII – 1731.

Almeida e João Batista de Carvalho partiram na nau *Santa Rosa* em direção à colônia.[17]

Já José Francisco Guimarães declarou que saíra com oito anos da freguesia de Santo Estevão de Urgezes, termo da vila de Guimarães, para a cidade do Porto, onde assistira por tempo de aproximadamente dois anos. Cristóvão da Rocha Rodrigues confirmou o depoimento do justificante, relatando que "o conhecimento que dele tem foi na cidade do Porto e na do Rio de Janeiro, por morarem ambos em uma cidade como na outra em umas mesmas casas ambos".[18]

A cidade do Porto também foi o destino de João da Silva Machado, quando deixou a freguesia de São Salvador de Lordelo, no mesmo bispado, com idade de 11 para 12 anos. Embora não conste de seu depoimento, as testemunhas José Duarte Pinto e Manuel Antonio dos Santos afirmaram que, durante os dois anos em que lá permaneceu, Machado estivera aprendendo o ofício de candeeiro. Semelhante informação também foi dada por Mateus Colheiro [ilegível] e Luis Rodrigues Pereira, só que para as bandas coloniais, já que disseram conhecê-lo da cidade do Rio de Janeiro, onde residira na rua dos Pescadores, freguesia de Santa Rita.[19]

Foi raro encontrar menção aos ofícios desempenhados pelos jovens agentes mercantis. Além do caso narrado, pela fala de Francisco Xavier Passos, tomei conhecimento de que Manuel Francisco de Melo aprendera o ofício de ourives em sua terra natal, na Ilha Terceira,[20] e

---

[17] Idem – Dispensas e processos matrimoniais – 4-4-18.

[18] Idem – 4-11-73.

[19] Idem – 4-61-410. Em 18.12.53, ele apresentou fiador à Camara Municipal para abrir loja de fazenda seca. *Registo Geral da Camara Municipal de S. Paulo 1750-1763*, São Paulo, Typographia Piratininga, 1919, vol. X, p. 243.

[20] Idem – 4-4-16. Em 17.01.1739, ele foi mencionado como um dos cabos dos mercadores responsáveis pela decoração da cidade para a recepção do governador. *Actas da Camara Municipal de São Paulo 1737-1743*, São Paulo, Typographia Piratininga, 1916, vol. XI, pp. 183-5.

que Matias da Silva fora aprendiz de alfaiate na Bahia, onde desembarcou com 15 ou 16 anos.[21]

Havia rapazes, entretanto, que não pretendiam morar nas cidades portuárias, porém algumas vezes eram obrigados a se demorar em tais localidades à espera da próxima frota para o Brasil. Foi o caso de Paulo Filgueira de Carvalho, natural da freguesia de São Pedro da Torre, termo de Valença do Minho, que, com 12 para 13 anos, assistira quatro meses em Lisboa, enquanto a nau não partia.[22] Manuel Francisco Vaz e Manuel de Faria Couto, com idades de 15 e 19 anos, respectivamente, fregueses de Santa Eulália de Barrosas, também tiveram que permanecer quinze dias na cidade do Porto, até que pudessem embarcar.[23]

Em todos os relatos, Lisboa e Porto aparecem como as cidades derradeiras onde os jovens moraram antes do embarque para a colônia. Somente o caso de Domingos Fernandes Lima parece diferir dos demais, pois, segundo a fala de João Rodrigues Portela,

> [...] vindo ele testemunha da sua freguesia e do justificante (freguesia de Santa Maria da Cabração, concelho de Ponte de Lima, arcebispado de Braga), o achou na companhia de seu pai morando na cidade de Lisboa, a tempo que poderia ter o justificante oito anos, e ouviu dizer aos patrícios do justificante que este ainda rapaz de menor idade voltara para a sua terra onde estivera alguns anos, passados os quais veio para este Brasil.[24]

---

[21] Idem – Fichas – São Paulo – dispensa – século XVIII – 1721. Em 17.07.1737, ele apresentou fiador à Câmara Municipal, como mercador de loja aberta. *Registo Geral da Camara Municipal de São Paulo 1710-1734*, São Paulo, Typographia Piratininga, 1917, vol. IV, p. 572.

[22] Idem – Dispensas e processos matrimoniais – 4-38-233.

[23] Idem – 4-46-280.

[24] Idem – 4-67-453.

Espelhos Deformantes

Se, para Portugal, é difícil verificar outros deslocamentos, realizados pelos agentes mercantis, que não fosse a saída da pátria em direção ao porto de embarque, rumo à colônia, a realidade era bastante diversa. Às vezes, demoravam meses ou, até mesmo anos para chegar à cidade de São Paulo e ali se estabelecerem, morando em outras localidades ou passando de uma para outra, sem residência fixa.

Já foi mencionado anteriormente que Alexandre Monteiro de Sampaio viera para a casa de um tio em São Paulo, mas é preciso dizer que, antes de chegar ali, assistira algum tempo nas minas de Ouro Preto e residira, perto de um ano, em Goiás, no arraial de Santa Ana.[25] Minas Gerais e Goiás também foram os destinos de outros mercadores. Segundo o depoimento de Antonio da Silva Brito, ele sempre andara no caminho das minas, sendo freguês de Santo Antonio do Ouro Branco.[26] E Agostinho Duarte do Rego morara, durante seis meses, na freguesia de Nossa Senhora da Conceição, nas minas do Tocantins.[27]

Outrossim, foi em Goiás que José Gonçalves Coelho conhecera Manuel Gonçalves da Silva, quando ambos andavam pela região com seus negócios. Entretanto, essas minas não foram os únicos lugares pelos quais passaram. Segundo as testemunhas do processo de casamento de Manuel, era público e notório que havia morado cerca de seis meses na freguesia da Candelária, no Rio de Janeiro. Além disso, Manuel Soares de Carvalho, em seu depoimento, relatou que, quando estava nas minas do Cuiabá, em 1743, o justificante chegara "com seus moleques, os quais logo dispusera e se retirara na monção que voltava para este povoado".[28]

---

[25] Idem – 4-5-20.
[26] Idem – 4-51-21.
[27] Idem – 4-10-62.
[28] Idem – 4-82-623.

154   Rodrigo Bentes Monteiro (org.)

José da Silva Coelho, por sua vez, em seu próprio processo, depôs que, após o desembarque, permanecera dois meses no Rio de Janeiro, de onde partira para as "Minas Gerais, Goiás e sertões, por onde sempre andou viandante com suas cargas em carregações de cavalos". As testemunhas José de Oliveira e Antonio Corrêa nos esclarecem que os sertões se referiam aos currais da Bahia, onde eles toparam com o justificante.[29] Foi também na Bahia que Sebastião Fernandes do Rego se criou, na companhia de seus irmãos, desde a idade de 12 para 13 anos, até fazer-se homem, quando, então, se dirigiu para Santos.[30]

Se esses casos fogem um pouco do padrão, pela inserção da Bahia como um dos locais percorridos pelos agentes mercantis, o processo de casamento de Manuel Antonio de Araújo traz uma nova região colonial para o cenário dos caminhos trilhados por aqueles homens – o "continente de São Pedro".

De acordo com o padre José de Silva,

> [...] a primeira vez que o vira foi em cima da serra do Viamão, vindo do Rio Grande, e que nesse tempo poderia ter catorze ou quinze anos, e que vindo conduzindo uma tropa de seu irmão se passara para as Minas Gerais com a mesma tropa, aonde ele reverendo se foi encontrar com ele, andando o mesmo justificante em cobrança sem residência certa e permanente em terra alguma.[31]

---

[29] Idem – 4-20-125.

[30] Idem – Fichas – São Paulo – dispensa – século XVIII – 1720. Foi raro encontrar agentes mercantis que tivessem desembarcado em outros portos que não o do Rio de Janeiro. Além de Sebastião Fernandes do Rego, Matias da Silva aportara em Salvador. Para o desembarque em Pernambuco, só há menção a Manuel Luis da Costa, que aí "estivera 15 ou 20 dias e depois se partira para o sertão (...) e depois seguira sua viagem donde gastou 2 anos na dita viagem por ser sertão distante até chegar a esta cidade", ACMSP – Dispensas e processos matrimoniais – 4-26-156.

[31] Idem – 4-86-658.

Embora o contraente tivesse dito que só assistira no Rio Grande de São Pedro durante um ano e meio, a testemunha Jerônimo Pereira de Castro afirmou que o dito também residira no registro de Curitiba por tempo de dois anos e sete meses. Esse depoimento obrigou o padre da vara episcopal de São Paulo a solicitar os banhos de naturalidade da freguesia de São Vitor, arcebispado de Braga, e que os proclamas corressem no Rio Grande e em Curitiba.

Foi também comerciando e conduzindo tropas que Antonio Francisco de Andrade permaneceu durante anos, antes de se fixar em São Paulo. Residindo na freguesia de Santo Antônio do Ouro Branco, em Minas Gerais, realizou sucessivas viagens ao Rio de Janeiro e a São Paulo, ao longo de quatro ou cinco anos. Passado esse período, estabeleceu-se nos Campos do Rio Grande, de onde partira, com tropas, em direção às minas de Goiás e às Gerais, e para onde regressava, assim procedendo por mais de duas décadas.[32]

Muitos desembarcavam no Rio de Janeiro e por lá ficavam algum tempo. José Francisco Guimarães, por exemplo, residiu na freguesia da Candelária durante oito meses, antes de vir trabalhar como caixeiro e morar na casa de Gaspar de Matos,[33] como já mencionado. Manuel Francisco de Melo igualmente assistira naquele sítio por um ano.[34] E, embora Matias da Silva tivesse chegado a Salvador, as testemunhas de seu processo afirmaram conhecê-lo do Rio Janeiro.[35]

José Rodrigues Pereira, por sua vez, viveu na cidade fluminense durante três ou quatro anos, de onde partira para a vila de Nossa Senhora de Santa Ana, nas minas de Goiás, e para ela regressara após catorze anos. Na verdade, ele só veio para São Paulo em 1745, para

---

[32] Idem – 4-63-425.

[33] Idem – 4-11-73.

[34] Idem – 4-4-16.

[35] Idem – Fichas – São Paulo – dispensa – século XVIII – 1721.

se casar com Ana de Oliveira Montes, enteada de seu primo Tomé Rabelo Pinto, e por aqui se estabeleceu.[36]

Enfim, os dados disponíveis mostram que cerca de 60% dos comerciantes reinóis,[37] antes de se fixarem em solo paulistano, percorreram as regiões do Rio de Janeiro, de Pernambuco, da Bahia, de Minas Gerais, de Goiás, de Cuiabá, do Rio Grande, em geral comerciando com cavalos e carregações. Porém, uma vez estabelecidos na cidade de São Paulo com as lojas de fazenda seca, os sujeitos continuaram a realizar viagens de negócios, curtas, mas constantes, preferencialmente para a cidade fluminense e para as minas de Goiás.

Pascoal Alvares de Araújo, que sempre residiu em São Paulo, desde que chegara à América, se deslocou algumas vezes ao Rio de Janeiro a fim de "buscar fazenda para seu negócio, em cujas viagens não se demorava tempo que chegasse a três meses".[38] Também eram viagens de "ida pela vinda", como se dizia na época, as que Jerônimo de Castro Guimarães e Manuel de Faria Couto realizavam para aquela cidade.[39] Entretanto, alguns prolongavam sua estada, haja vista que Domingos Francisco de Andrade, ao depor no processo matrimonial de Manuel Gonçalves da Silva, afirmou que o contraente, em algumas ocasiões, se demorava mais do que seis meses no Rio, fazendo seus negócios.[40]

---

[36] Idem – Dispensas e processos matrimoniais – 4-29-174.

[37] Do total de 54 processos de casamento envolvendo reinóis, em 47 há menção aos trajetos percorridos pelos imigrantes desde o porto de desembarque até a cidade de São Paulo. Entre eles, a passagem por outras localidades antes da fixação em solo paulistano figura em 27 processos, ou seja, 57,44%.

[38] ACMSP – Dispensas e processos matrimoniais – 4-65-442.

[39] Idem – 5-6-730 (Jerônimo de Castro Guimarães); Idem – 4-46-280 (Manuel de Faria Couto).

[40] Idem – 4-82-623.

Espelhos Deformantes   157

As carregações trazidas do Rio Janeiro para o abastecimento das lojas em São Paulo, por vezes, eram bastante diversificadas e valiosas, como prova a encomendada pelo homem de negócio e licenciado Manuel José da Cunha, em 1746:

> [...] baetas, cameloas, lenços de tabaco grosso, meias de seda preta, mantos de peso, maços de linha de Guimarães, pentes de marfim, pentes de cabeleira, canivetes com cabos dourados, canivetes de molas, libras de chá preto, peles de camurça, peças de bretanha de Hamburgo, chapéus de Braga, resmas de papel, peça de fita de ouro larga, brincos de ouro de laço, côvados de tafetá, Arte Latina, libras de café, varas de linhagem de Holanda, balança de libra, chávenas da Alemanha, fechos de espingarda, vidros de água da rainha [...], chapéus, fechaduras mourisca, pregos, quintais de chumbo, tesourinhas azuladas, sabonetes, [...], facas com cabo de osso, chapéus de sol, sabão de pedra, pólvora.[41]

Os produtos, entretanto, nem sempre tinham como destino apenas o mercado consumidor paulistano. Muitas vezes, parte das carregações era enviada para as áreas auríferas, com vistas ao abastecimento das populações interioranas. Nos documentos matrimoniais de vários reinóis residentes em São Paulo, as minas de Goiás figuram como palco de suas transações mercantis.

Em seu processo de casamento, datado de 1742, o proprietário de loja de fazenda seca Manuel Gonçalves Sete depôs que, com idade de 14 para 15 anos, saíra da freguesia de São Tiago de Labruge, bispado do Porto, em direção à colônia. Depois de um mês de permanência no Rio de Janeiro, viera diretamente para São Paulo, onde morava

---

[41] Aesp - Inventários 1º ofício – ord. 651 – cx. 39.

havia 13 anos, sempre andando no caminho das minas de Goiás, sem gastar mais que dois meses em cada jornada.[42]

Trajetória semelhante foi narrada por Domingos Francisco do Monte, natural da freguesia de Santa Marinha de Alheira, arcebispado de Braga, em seu depoimento para se casar com Cláudia Brígida de Jesus, em 1754. O contraente declarou que saíra de sua pátria com 16 anos e, desembarcando no Rio de Janeirzo, logo viera para a capital paulista, onde residia havia 14 anos. Durante esse tempo, afirmou que "fizera uma viagem ao Goiás com uma carregação de fazenda que logo vendera e, por conta de cobrar o seu produto, andara por várias terras daquelas minas em cobrança, nas quais gastara um ano, pouco mais ou menos".[43]

O depoimento de Antônio Fernandes Nunes também evidencia bem o percurso realizado por ele, desde sua saída da Ilha da Madeira até o momento de se casar com Luzia Lopes de Camargo, em 1742. Segundo ele,

> [...] viera da dita terra criança para esta cidade direto sem fazer mais [morada] em cidade alguma, que teria de idade treze anos, pouco mais ou menos, do que não estava muito certo por vir bastantemente rapaz, e que sempre se conservou até o presente nesta cidade por caixeiro alguns anos até pôr sua loja [...] e que nunca fizera viagem que chegasse a estar tempo considerável, porque indo a Goiás foi só dispor de uma carregação, fazendo logo volta para sua loja nesta dita cidade.[44]

Como assinalado anteriormente, o minhoto José Francisco Guimarães, assim como Nunes, iniciou a carreira mercantil na cidade de

---

[42] ACMSP – Dispensas e processos matrimoniais – 4-18-114.
[43] Idem – 5-14-819.
[44] Idem – 4-16-103.

Espelhos Deformantes

São Paulo como caixeiro, mas antes morara durante um ano e meio no Rio de Janeiro e, por cerca de um ano, no arraial de Meia Ponte. Embora declarasse, em seu processo de casamento, que, depois de estabelecido em São Paulo, só se deslocara duas vezes a Goiás para vender fazenda sem demora de seis meses, a testemunha Paulo Filgueira de Carvalho depôs que sua assistência nas ditas minas durara cerca de dois anos.[45]

Se, sobre esse caso pairam dúvidas quanto à permanência de Guimarães em outras paragens, o mesmo não se pode dizer sobre Manuel Luis Costa, proveniente da cidade do Porto. Antes de chegar a São Paulo, havia transitado, sem domicílio certo, pelo Rio de Janeiro e por Minas Gerais, com suas agências, mas, uma vez aqui estabelecido, continuou a percorrer os caminhos de Goiás com mercadorias e cavalos, sem fazer assistência em parte alguma.[46]

Manuel Rodrigues Ferreira, natural da freguesia de Santiago da Guarda, bispado da cidade de Coimbra, também percorreu longas distâncias, durante dois anos, até chegar a São Paulo em 1730, já que seu desembarque ocorrera em Pernambuco. Porém, desde que morava em Piratininga, "donde assiste havera [*sic*] catorze para quinze anos, fizera duas viagens para as minas de Goiás com sua cavalaria levando seus negócios e em cada uma delas não chegou a gastar seis meses, ida e volta, e o mais do tempo sempre assistiu nesta cidade de São Paulo".[47]

A descrição da carregação enviada da cidade de São Paulo às minas de Goiás pelo doutor José Nunes Garces e por João Moreira Guerreiros e conduzida pelo vendeiro Manuel de Pinho, em 1745,

---

[45] Idem – 4-11-73.

[46] Idem – 4-7-29.

[47] Idem – 4-26-156.

160   Rodrigo Bentes Monteiro (org.)

tem valor inestimável para que se conheçam as mercadorias que compunham as cargas: 38 barris de aguardente, 20 cargas de farinha, 11 cargas de açúcar, 20 frasqueiras, 36 cargas de fumo, 17 barris de vinho, 62 bruacas de sal, 8 cargas de ferro, 2 cargas de aço, 3 cargas de foice, 2 cargas de enxadas, 2 cargas de almocafres, 1 carga de ferradura, 1 carga de cravo, 1 carga de sabão, 8 cargas de vinagre, 8 cargas de azeite, 58 mulas, 2 cavalos.[48]

Além da diversidade de produtos comercializados em outras localidades, o documento revela que João Moreira Guerreiros – natural do bispado de Coimbra, na época com 36 anos, residente na cidade de São Paulo com sua loja de mercador[49] – não se dirigiu pessoalmente às minas para a realização de negócios, como haviam feito os outros agentes mercantis citados. Antes, para lá enviara outro comerciante, arcando com as despesas da carregação, talvez adquirida, em parte, no Rio de Janeiro.

É possível, portanto, que a essa altura da vida já tivesse amealhado fortuna, o que lhe facultava a permanência em São Paulo, enquanto seus negócios eram realizados nas minas. Tal como ele, outros homens de negócio bem-sucedidos puderam delegar a condução das tropas a caixeiros, correspondentes ou pequenos comerciantes, acompanhados por escravos, encarregando-os do abastecimento de outras paragens.

---

[48] Aesp – 2º Cartório de Notas da Capital (1742-1935) – livro 2 – E13419 – fls. 129-130v. Ao constatar uma série de pequenos e eventuais mercadores envolvidos com negócios sortidos e de pequeno porte, Cláudia Maria Chaves conclui que "o empreendimento de grandes viagens, com a possibilidade de visitar diversos mercados, certamente contribuía para que o comerciante se munisse de uma grande e variada carga. [...] Temos, portanto, em regra uma multiplicidade de mercadores carregando gêneros diversos. Uma baixa freqüência associada a uma baixa especialização", Cláudia Maria das Graças Chaves, *Perfeitos Negociantes: mercadores das minas setecentistas*, São Paulo, Annablume, 1999, p. 165.
[49] ACMSP – Dispensas e processos matrimoniais – 4-26-156.

Espelhos Deformantes   161

Mais do que as localidades percorridas e as mercadorias comercializadas pelos agentes mercantis, os casos consultados revelam a característica da mobilidade espacial comum a uma grande quantidade de pessoas, além das envolvidas na pesquisa. Ademais, o que salta aos olhos, a todo o instante, é o movimento e não a solidão, a integração da cidade de São Paulo com outras áreas coloniais e não seu isolamento.

Notável é pensar que os retalhos de vida começaram a ser tecidos porque cabia às testemunhas atestarem que os contraentes eram solteiros, livres e desimpedidos e, para tanto, deveriam relatar como sabiam das informações que estavam prestando.

Integrantes de uma sociedade que baseava sua verdade no "ouvi dizer" ou no que era "público e notório",[50] os homens inquiridos nos processos matrimoniais deixam transparecer, por meio de suas falas, o conhecimento geral que se tinha sobre as histórias individuais. Mas não só isso. Os fragmentos expostos mostram que as histórias se construíam em conjunto, com a participação de uns nas trajetórias de outros, em redes espirais de convívio e parentesco.

Portanto, não era só ao chegar a Piratininga que os reinóis encontravam parentes a acolhê-los ou mercadores a empregá-los como caixeiros. Antes disso, muitos já se haviam deparado com conterrâneos em várias paragens, onde travaram contato, fosse nas terras de origem, nos portos de embarque em Portugal, nas naus em que realizaram a travessia do Atlântico ou em distantes regiões da América portuguesa.

Se muitos iniciaram a carreira comercial em outros espaços coloniais, uma vez com residência fixa na capital paulista, os agentes continuaram a trazer mercadorias do Rio de Janeiro e a abastecer as

---

[50] Sheila de Castro Faria, *A Colônia em Movimento...*, op. cit., p. 35.

minas com gêneros alimentícios, produtos da terra e do reino, animais e escravos, articulando a cidade de São Paulo não só às áreas do centro-sul, mas também à própria metrópole, por meio das práticas mercantis.

Libertos no Rio Grande de São Pedro do Sul: considerações sobre os padrões de alforria em Porto Alegre, Aldeia dos Anjos e Viamão
1800-1835

Gabriel Aladrén[*]

A existência da escravidão no Rio Grande de São Pedro já não é mais um fato questionado na historiografia sul-rio-grandense. Sua importância foi demonstrada por uma série de trabalhos, notadamente a partir da década de 1960, tendo como marco a publicação de *Capitalismo e Escravidão no Brasil Meridional*, de Fernando Henrique Cardoso.[1] Na década de 1990, algumas pesquisas constataram a disseminação da propriedade escrava entre diversos grupos sociais no Rio Grande de São Pedro e a utilização da mão-de-obra cativa nas mais variadas atividades produtivas.[2]

---

[*] Mestrando em História pela Universidade Federal Fluminense, sob a orientação da professora Hebe Maria da Costa Mattos Gomes de Castro.

[1] Fernando Henrique Cardoso, *Capitalismo e Escravidão no Brasil Meridional: o negro na sociedade escravocrata do Rio Grande do Sul*, São Paulo, Difusão Européia do Livro, 1962. Para obras posteriores, que investigam outros aspectos da escravidão sul-rio-grandense, ver Mario José Maestri Filho, *O Escravo no Rio Grande do Sul: a charqueada e a gênese do escravismo gaúcho*, Porto Alegre, EST, 1984; Berenice Corsetti, *Estudo da charqueada escravista gaúcha no século XIX*, Niterói, dissertação de mestrado em História, UFF, 1983.

[2] Helen Osório, *Estancieiros, lavradores e comerciantes na constituição da estremadura portuguesa na América: Rio Grande de São Pedro, 1737-1822*, Niterói, tese de doutorado em História, UFF, 1999; Paulo Afonso Zarth, *Do Arcaico ao Moderno: o Rio Grande do Sul agrário do século XIX*, Ijuí, Unijuí, 2002. Livro baseado na tese de doutorado do autor, defendida no PPGH/UFF em 1994.

No entanto, alguns temas relacionados à escravidão no Rio Grande do Sul ainda não foram pesquisados. A prática da alforria e a inserção social dos libertos são objetos que receberam pouca atenção dos pesquisadores. Notável exceção é o livro de Paulo Moreira, *Os Cativos e os Homens de Bem*, que trata dos escravos e dos libertos porto-alegrenses na segunda metade do século XIX.[3]

No trabalho que ora se apresenta, pretendemos tecer algumas considerações sobre os padrões de alforria nas localidades de Porto Alegre, Aldeia dos Anjos e Viamão, entre os anos de 1800 e 1835. Dedicamos especial atenção à crítica da fonte utilizada, bem como à metodologia que aplicamos em sua análise.

A vila de Porto Alegre e seu entorno: notas sobre a população e a economia

Na região pesquisada, o núcleo urbano mais significativo, ainda que incipiente, era a vila de Porto Alegre. Limitava-se a um pequeno território ao redor do antigo Porto dos Casais, às margens do Guaíba, onde foram instalados os açorianos que chegaram ao Rio Grande de São Pedro entre 1751 e 1754. No entorno desse núcleo urbanizado, existia uma extensa zona rural, com fazendas, chácaras e campos. Nossa Senhora dos Anjos e Viamão eram localidades contíguas à vila de Porto Alegre, regiões de produção agrícola e pecuária, cujos centros urbanos eram pouco desenvolvidos.

A partir de fins do século XVIII, o Rio Grande de São Pedro foi integrado plenamente aos circuitos comerciais da região Sudeste-

---

[3] Paulo R. S. Moreira, *Os Cativos e os Homens de Bem: experiências negras no espaço urbano, Porto Alegre, 1858-1888*, Porto Alegre, EST, 2003. Livro baseado na tese de doutorado do autor, defendida no PPGH/UFRGS em 2001.

Espelhos Deformantes

Sul, por meio de uma forte ligação com a praça mercantil do Rio de Janeiro. Sua produção voltava-se predominantemente para o abastecimento do mercado interno, através das exportações de charque e trigo.[4] O charque era produzido, em grande parte, na região de Pelotas, mas o trigo procedia das localidades de Porto Alegre, Viamão e Aldeia dos Anjos.

O início do século XIX foi marcado por uma aceleração do tráfico atlântico e o Rio Grande de São Pedro era um dos principais destinos da redistribuição de escravos desembarcados no Rio de Janeiro.[5] Com efeito, nota-se um crescimento na quantidade de cativos importados pela capitania sulina a partir dos primeiros anos do século XIX, tendo como origem, principalmente, o porto fluminense.[6]

A população total das três localidades pesquisadas, em 1807, chegava a 9.886 pessoas, sendo 3.415 escravos (34,5%) e 887 libertos (8,9%).[7] Percebe-se, a partir desses dados, que a proporção de escravos no conjunto da população era bastante significativa e semelhante à encontrada nas regiões de ocupação mais antiga, como o Rio de Janeiro. Em

---

[4] João L. Fragoso, *Homens de Grossa Aventura: acumulação e hierarquia na praça mercantil do Rio de Janeiro (1790-1830)*, Rio de Janeiro, Civilização Brasileira, 1998, pp. 141-4; ver também a análise sobre a produção pecuária e a comercialização de charque e do couro em Caio Prado Júnior, *História Econômica do Brasil*, 22. ed., São Paulo, Brasiliense, 1979 [1945], pp. 94-100.

[5] Ver Manolo Florentino, *Em Costas Negras: uma história do tráfico de escravos entre a África e o Rio de Janeiro (séculos XVIII e XIX)*, São Paulo, Companhia das Letras, 1997.

[6] Gabriel Santos Berute, *Dos escravos que partem para os portos do sul: características do tráfico negreiro do Rio Grande de São Pedro do Sul, c.1790-c.1825*, Porto Alegre, dissertação de mestrado em História, UFRGS, 2006.

[7] Arquivo Nacional, COAT6, códice 808, vol. 3, fl. 147, *Mappa geral de toda a População existente na Capitania do Rio Grande de São Pedro do Sul no anno de 1807*. Os mapas de população não são as fontes mais confiáveis para análises demográficas, mas servem para indicar aproximações, já que inexistem censos detalhados e estudos demográficos sobre o Rio Grande do Sul no período abordado.

166 Rodrigo Bentes Monteiro (org.)

1799, essa cidade contava com uma população total de 43.376 pessoas, sendo 14.986 escravos (34,6%) e 8.812 libertos (20%).[8]

As cartas de alforria: crítica da fonte e metodologia de estudo

As fontes que utilizamos nessa pesquisa foram as cartas de alforria do livro de registros diversos do 1º tabelionato de Porto Alegre.[9] Coletamos e analisamos um conjunto de 399 cartas, nas quais foram libertados 436 escravos. Essas cartas perfazem, em nossa estimativa, uma amostra de aproximadamente 50% do total das cartas de alforria do período abordado.

A carta de alforria ou de liberdade era um instrumento através do qual o senhor concedia a manumissão a seus escravos. Nas Ordenações Filipinas, a alforria era considerada uma doação – uma transferência de propriedade – mas não havia regulamentação sobre a forma como deveria ser concedida e registrada.[10]

Comumente, era assinada pelo senhor ou por alguém a seu rogo e, eventualmente, por uma ou mais testemunhas. Muitas vezes, o li-

---

[8] Dados extraídos da Tabela 3.2, *População total da cidade do Rio de Janeiro, 1799.* Mary C. Karasch, *A Vida dos Escravos no Rio de Janeiro (1808-1850)*, São Paulo, Companhia das Letras, 2000, p. 109.

[9] As fontes encontram-se no Arquivo Público do Estado do Rio Grande do Sul (APERS). Todas as cartas de alforria analisadas ao longo do texto estão no livro de registros diversos do 1º Tabelionato de Porto Alegre. Portanto, as referências apenas indicarão o número do livro, folha e data de concessão da carta.

[10] As Ordenações Filipinas apenas regulamentavam as possibilidades de revogação da alforria e não as maneiras de sua concessão. Para uma análise da legislação sobre a alforria no Brasil e considerações metodológicas sobre o uso dessa fonte, ver Sheila de Castro Faria, *Sinhás pretas, damas mercadoras. As pretas minas nas cidades do Rio de Janeiro e de São João Del Rey (1700-1850)*. Niterói, Tese de Professor Titular em História do Brasil, UFF, 2004. Em especial o capítulo 3, "A alforria", pp. 75-106.

Espelhos Deformantes

berto ou a outra pessoa interessada, de posse dessa carta particular, a registrava em cartório, em livro de notas. Por esse motivo, há, freqüentemente, uma diferença entre a data da concessão da alforria e a data de seu registro em cartório.

Nesses casos, a alforria era lançada no livro de notas, como no exemplo que segue: "Registo de huma carta de liberdade pasada pelo reverendo Felisberto de Faria Santos a huma sua escrava de nome Anna Mina como abaixo se declara".[11] Depois desse cabeçalho, era transcrito o conteúdo da carta, incluindo o local, a data e a assinatura do senhor. Logo abaixo, o tabelião asseverava a validade do documento e das assinaturas e anotava o local e a data em que foi feito o registro. Finalmente, o tabelião assinava, junto com a pessoa que levara a carta para ser registrada. Quando isso ocorria, a assinatura era quase sempre do próprio alforriado. Mas não era necessário que o fosse. No caso supracitado, quem assinou – com uma cruz, pois não sabia ler nem escrever – foi João Cardozo, preto forro, marido de Anna Mina.

Nem todas as alforrias eram registradas em cartório, na forma de cartas de liberdade. Podiam ser concedidas oralmente, ou através de papéis sem nenhum tipo de registro. Além disso, os escravos poderiam ser alforriados em verba testamentária ou na pia batismal e não era obrigatório que essas libertações fossem registradas em livro de notas. Portanto, as fontes de que dispomos informam apenas sobre uma parcela dos libertos de Porto Alegre. Como não existem pesquisas sobre as outras formas de libertação na região, não podemos avaliar precisamente qual a representatividade da documentação pesquisada. Não obstante, acreditamos que a maior parte das cartas de alforria, concedidas em âmbito privado, foi registrada,

---

[11] Livro de Notas n. 8, fls. 9-9 v, 1/1/1822.

168   Rodrigo Bentes Monteiro (org.)

uma vez que a confirmação pública da liberdade era uma garantia para os forros, diante de situações em que poderia ser questionada sua condição.[12]

As informações que constavam nas cartas eram, geralmente, as seguintes: identificação do senhor, identificação do escravo, sua naturalidade, cor e, mais raramente, sua idade e sua ocupação. Ainda eram relatadas as razões da concessão da alforria (pagamento, bons serviços prestados, amor, afeto) e, quando existiam, as condições impostas (servir até a morte do senhor, servir por mais um determinado período de tempo, entre outras).

Quais seriam as possibilidades de utilização de cartas de alforria? Os historiadores que as utilizam, normalmente aplicam uma metodologia quantitativa e seriada no tratamento dessa fonte. Desse modo, procuram estabelecer os padrões de alforria de determinadas localidades, observando especialmente as formas de libertação (gratuita, paga, condicional) e o perfil dos escravos alforriados (sexo, naturalidade, cor, idade). Este será o tipo de metodologia que aplicaremos ao longo deste trabalho.

Porém, é possível extrair outras informações dessa fonte. A carta de alforria é um documento privilegiado para a análise da ideologia senhorial. É o documento por excelência em que se registra um momento crucial da política de domínio paternalista: a idéia da pro-

---

[12] Sobre os forros pairava, em determinadas situações, o temor da re-escravização, ou da não confirmação da liberdade, especialmente quando da partilha de bens entre herdeiros de seus ex-senhores. Alguns deles conseguiram entrar com ações de liberdade para, assim, confirmar sua condição de libertos. Ver Hebe Maria Mattos, *Das Cores do Silêncio: os significados da liberdade no sudeste escravista. Brasil, século XIX*, Rio de Janeiro, Arquivo Nacional, 1995, pp. 191-227; Keila Grinberg, *Liberata, a Lei da Ambigüidade: as ações de liberdade da Corte de Apelação do Rio de Janeiro, século XIX*, Rio de Janeiro, Relume-Dumará, 1994.

Espelhos Deformantes

169

dução de dependentes.[13] Pensada sempre como uma concessão na lógica senhorial, a alforria era dada em retribuição à obediência e aos bons serviços prestados pelo escravo.

Francisco de Vargas Correia recebeu de seu escravo Francisco, nação benguela, a quantia de 153$600 réis por sua liberdade, mas justificou a alforria da seguinte forma: "[...] em virtude da dita quantia que recebi e dos bons serviços que sempre me fez e tratandome com obediencia de umilde escravo e amor de filho [...]".[14] Portanto, mesmo tendo recebido dinheiro pela alforria, o senhor fez questão de afirmar que deu a carta de liberdade também em razão do comportamento do escravo. Comportamento que era esperado, na óptica senhorial, inclusive após a liberdade. O senhor, benevolente, esperava do liberto a gratidão e o reconhecimento pela graça concedida. Uma pesquisa das cartas de alforria que confira especial atenção ao discurso senhorial permite uma análise do conteúdo e das formas por meio das quais se manifestava a ideologia paternalista.

Outra possibilidade de uso das cartas de alforria seria na tentativa de perceber os processos de negociação e os conflitos inerentes às relações entre senhores e escravos. Evidentemente, essa é uma tarefa mais complicada, pois exige do historiador um olhar mais atento para a fonte, de modo a ultrapassar os significados do discurso senhorial e, assim, perceber as ações dos cativos nos processos de alforria.

Nas alforrias pagas, é evidente a agência dos escravos nas tarefas de acumular pecúlio ou acionar suas redes de solidariedade para reu-

---

[13] Sidney Chalhoub demonstrou como a política de domínio tradicional da classe senhorial no século XIX no Brasil fundava-se na ideologia do paternalismo que, por sua vez, era centrada principalmente na noção da alforria como uma concessão exclusiva da vontade senhorial. Ver Sidney Chalhoub, *Visões da Liberdade: uma história das últimas décadas da escravidão na corte*, São Paulo, Companhia das Letras, 1990.

[14] Livro de Notas n. 3, fls. 46 v.-47, 23/9/1804.

nir a quantia necessária à sua libertação. Mas existem alguns outros casos que são ainda mais interessantes. O coronel Manoel da Silva Freire libertou sua escrava crioula Pascoa, de cor parda, gratuitamente, com uma condição:

> [...] se de hoje em diante quizer persistir em minha caza com o mesmo procedimento com que athé aqui se tem conduzido, terá alimento vistuario, e curativo, e quando se proponha a sahir della, ou me não convenha conservala em caza, será obrigada no prazo de trinta dias a mudar-se para fora da Província e ir viver em outra qualquer aonde lhe convenha [...].[15]

As condições estabelecidas nessa carta me parecem fruto de uma negociação entre o senhor e a escrava, mas uma negociação eivada por um conflito. O coronel está tentando manter a crioula Pascoa em seu domínio, servindo-o, como faria enquanto escrava. Caso ela não se conduzisse dessa forma, seria obrigada a sair do Rio Grande de São Pedro – e aí teria de se afastar de seus parentes e amigos – ou, então, voltaria ao cativeiro. O que Pascoa estaria fazendo, que acabou forçando seu senhor a lhe conceder essa carta? Há uma série de possibilidades. Ela poderia estar se comportando com desleixo no trabalho ou talvez fosse amante do coronel e estivesse barganhando sua liberdade. De qualquer modo, a liberdade conquistada por Pascoa foi limitada. O poder senhorial acabou prevalecendo.

Apenas com a carta de alforria não é possível desvelar os interstícios dessa história, restando-nos a imaginação e a comparação com casos semelhantes. Apesar disso, uma análise cuidadosa desse documento pode servir de suporte para revelar as tensões entre senhores e escravos nos momentos, sempre complicados, de negociação da liberdade.

---

[15] Idem, n. 8, fls. 62 v.-63, 28/2/1824.

Espelhos Deformantes

Agora, iniciaremos a análise dos padrões de alforria com uma metodologia quantitativa, na qual privilegiamos a construção de tabelas com séries de dados que constavam com regularidade nas cartas. Não nos furtamos de relatar alguns casos como forma de ilustrar padrões que nos pareceram freqüentes e significativos na documentação analisada, mas o cerne do trabalho é de fato a análise quantitativa da fonte.

Os padrões de alforria

Nas 399 cartas de liberdade que pesquisamos, as informações que constavam com regularidade eram o nome, o sexo e a naturalidade (crioulo ou africano) dos escravos alforriados, bem como o tipo de alforria. Portanto, nossa análise se restringirá a essas questões. Infelizmente, as idades e as ocupações dos libertos eram esclarecidas muito raramente, o que não nos permitiu analisar quantitativamente tais variáveis.

A tabela que segue apresenta as informações sobre a naturalidade e o sexo dos alforriados:

Tabela 1 – Naturalidade e sexo dos alforriados
Porto Alegre, Aldeia dos Anjos e Viamão
1800-1835

	Homens	Mulheres	Total
Africanos	53	81	134 (35,4%)
Crioulos	97	148	245 (64,6%)
Total	150 (39,6%)	229 (60,4%)	379

Fonte: Cartas de Alforria dos Livros de Registros Diversos do 1º Tabelionato de Porto Alegre, 1800-1835.

Na Tabela 1, duas informações são importantes. Dos 379 escravos de que conseguimos identificar a naturalidade, 64,6% eram crioulos e 35,4%, africanos. Além disso, 60,4% eram mulheres e 39,6%, homens. Essas informações corroboram pesquisas realizadas com cartas de alforria para outras regiões do país, as quais afirmam que os crioulos e as mulheres teriam maior facilidade para conquistar a liberdade.[16]

As mulheres constituíam a maior parte dos libertos.[17] Fossem africanas ou crioulas, sempre levavam vantagem em relação aos homens. Essa predominância na obtenção da alforria fica ainda mais clara quando a comparamos com sua participação na população cativa. Segundo dados levantados por Helen Osório,[18] a partir de inventários *post-mortem* dos anos de 1765 a 1825, as mulheres perfaziam 33,5% da população escrava sul-rio-grandense e, como vimos, mais de 60% dos alforriados.

Já os crioulos representavam 51% entre os cativos[19] e 64,6% entre os alforriados, em Porto Alegre. Um padrão diferente foi encontrado para outras regiões do Brasil. Kátia Mattoso, Sheila de Castro

---

[16] Stuart B. Schwartz, "Alforria na Bahia, 1684-1745", em *Escravos, Roceiros e Rebeldes*, Bauru, Edusc, 2001, pp. 171-218; Mary C. Karasch, *A Vida dos Escravos...*, op. cit., pp. 439-76.

[17] "Realmente, uma das poucas unanimidades entre os historiadores é a de ter sido a mulher privilegiada no acesso à manumissão, apesar de bem menos numerosa na população escrava." Sheila de Castro Faria, *Sinhás pretas, damas mercadoras...*, op. cit., p. 111.

[18] Helen Osório, "Esclavos en la frontera: padrones de la esclavitud africana en Río Grande del Sur, 1765-1825", em Arturo Betancur, Alex Borucki & Ana Frega (orgs.), *Estudios Sobre la Cultura Afro-Rioplatense, Historia y presente*, Montevidéu, Universidad de la República/ Departamento de Publicaciones Facultad de Humanidades y Ciencias de la Educación, 2004, pp. 7-15.

[19] Idem. Porém, os dados sobre a participação de crioulos e africanos referem-se aos anos de 1790 a 1825.

Espelhos Deformantes

Faria e Manolo Florentino constatam que, em alguns períodos do século XIX, em Salvador e no Rio de Janeiro, a maior parte dos escravos que recebia a carta de alforria era formada por africanos. Esses autores sugerem que a aceleração do tráfico atlântico no início do século XIX e o conseqüente crescimento demográfico de africanos nas duas cidades seriam alguns dos motivos da predominância das manumissões concedidas aos escravos nascidos na África.[20] Apesar de o Rio Grande de São Pedro ter também recebido uma quantidade maior de africanos nessa conjuntura de aceleração do tráfico, não existem pesquisas que demonstrem seu impacto no conjunto da população cativa da Província. A predominância de alforrias concedidas a crioulos pode sugerir, portanto, sua proporção elevada na escravaria sul-rio-grandense, mesmo em um período de entrada crescente de africanos.

Analisemos agora os tipos de alforria. Trabalhamos com a seguinte tipologia: autopagamento, em que o próprio escravo compra sua alforria; pagamento por terceiro, em que outra pessoa compra a alforria do escravo; gratuita, em que a alforria é concedida sem ônus ou condição; e prestação de serviço, em que o alforriado fica obrigado a prestar algum tipo de serviço ao senhor. Nesse último caso, o mais freqüente era o arranjo em que o alforriado serviria até a morte de seu senhor.

---

[20] Katia de Queirós Mattoso, *Ser Escravo no Brasil*, 3. ed., São Paulo, Brasiliense, 2003 [1982], p. 185; Sheila de Castro Faria, *Sinhás pretas, damas mercadoras...*, op. cit., pp. 113-6; Manolo Florentino, "Sobre minas, crioulos e a liberdade costumeira no Rio de Janeiro, 1789-1871", em *Tráfico, Cativeiro e Liberdade: Rio de Janeiro, séculos XVII-XIX*, Rio de Janeiro, Civilização Brasileira, 2005, pp. 346-50.

Tabela 2 – Naturalidade dos alforriados e tipos de alforria

Porto Alegre, Aldeia dos Anjos e Viamão – 1800-1835

	Crioulos	%	Africanos	%	Total(%)
Autopagamento	53	41	76	59	129 (34)
Pagamento por terceiro	30	97	1	3	31 (08)
Gratuita	98	78	28	22	126 (33)
Prestação de serviço	64	69	29	31	93 (25)
Total	245		134		379 (100)

Fonte: Cartas de Alforria dos Livros de Registros Diversos do 1º Tabelionato de Porto Alegre, 1800-1835.

Observando a Tabela 2, percebemos, em primeiro lugar, que os tipos de alforria mais freqüentes na região, entre 1800 a 1835, aconteciam por meio do autopagamento, com 34% do total, e através da gratuidade, com 33% do total.

Porém, se analisarmos mais atentamente a naturalidade dos alforriados, verificamos que os africanos obtiveram 59% das alforrias autopagas e os crioulos, apenas 41% delas. Estes, no entanto, foram hegemônicos nos outros três tipos de cartas de liberdade, obtendo, respectivamente, 97%, 78% e 69% das alforrias pagas por terceiro, das gratuitas e das obtidas mediante prestação de serviços.

Tabela 3 – Distribuição (%) dos tipos de alforria pela naturalidade dos alforriados

Porto Alegre, Aldeia dos Anjos e Viamão – 1800-1835

	Crioulos	Africanos
Autopagamento	21,6	56,7
Pagamento por terceiro	12,2	0,7
Gratuita	40	20,9
Prestação de serviço	26,1	21,6

Fonte: Cartas de Alforria dos Livros de Registros Diversos do 1º Tabelionato de Porto Alegre, 1800-1835.

A partir desses dados, podemos concluir que, para os africanos, a liberdade era possível na medida em que conseguissem acumular pecúlio e, com isto, obterem a quantia necessária para pagar por sua alforria. Entre eles, aproximadamente 57% (Tabela 3) compraram esse direito com suas próprias economias. É o caso de Maria, de nação benguela, que pagou 128$000 réis por sua liberdade, no ano de 1800.[21]

Os crioulos, por sua vez, tinham grande sucesso ao obter alforrias gratuitas: 40% deles recebiam a sua liberdade sem ônus ou condição. Muitos desses casos eram de crianças escravas, libertadas pelos senhores em razão dos bons serviços prestados pelos pais, mais freqüentemente, pela mãe. O crioulinho Antonio, de 4 anos, foi alforriado gratuitamente em 1825, por Caetano Joaquim da Silva. O senhor jus-

---

[21] Livro de Notas n. 1, fls. 163 v.-164, 23/4/1800.

176 Rodrigo Bentes Monteiro (org.)

tificou o ato, dizendo que a mãe de Antonio, a escrava Roza, o serviu com fidelidade e amor, por mais de 8 anos.[22]

As alforrias concedidas através da prestação de serviços também eram de domínio predominantemente crioulo. Considerando que esse tipo de libertação era uma expressão da negociação entre senhor e escravo, podemos concluir que os escravos nascidos no Brasil eram os mais aptos a realizar tais arranjos. Na maior parte das vezes, a condição imposta era a de servir ao senhor até sua morte. Mas, eventualmente, os arranjos incluíam outros serviços. O escravo pardo Reginaldo, por exemplo, recebeu sua alforria em 1821, na Aldeia dos Anjos, com a condição de trabalhar na fazenda de seus senhores pelo tempo de serviço equivalente à metade de seu valor.[23]

Outra forma de libertação praticamente exclusiva para os crioulos era o pagamento por terceiro. Verificamos que tal predominância (30 crioulos e apenas 1 africano) se deve ao fato de que a maior parte dessas libertações era de pais que pagavam pela alforria de seus filhos ou de padrinhos que beneficiavam afilhados.

A escrava Lucrecia, de nação mina, libertou seu filho Antonio, de 1 ano, pela quantia de 64$000 réis. Na mesma carta de alforria, dada pelo seu senhor, Paulo Milanes, ela compra a sua própria liberdade, por 238$400 réis.[24] Esse caso é interessante, pois ilustra um padrão recorrente entre os tipos de alforria: uma africana comprando sua própria liberdade e uma mãe comprando a liberdade de seu filho crioulo.

---

[22] Idem, n. 8, fl. 85, 1/1/1825.
[23] Idem, n. 7, fls. 93-93 v., 25/6/1821.
[24] Idem, n. 8, fls. 91 v.-92, 12/10/1824.

As nações africanas e os tipos de alforria

Agora acompanharemos os libertos africanos e analisaremos a relação entre seus grupos de procedência e os tipos de alforria. Antes de iniciarmos a análise, faremos breves reflexões sobre as nações e as identidades étnicas. É necessário problematizar essa relação, uma vez que as nações dos escravos não traduzem a mesma configuração dos grupos étnicos na África. O termo nação designava comumente portos de embarque e grandes regiões africanas e, eventualmente, reinos ou grupos étnicos específicos.

Portanto, a nação era um termo que fazia parte do sistema de classificação dos escravos, engendrado no tráfico, e não derivava, necessariamente, de componentes culturais próprios e específicos de grupos étnicos africanos. Apesar disso, a construção dessas classificações não pode ser pensada como uma via de mão única. As designações foram apropriadas pelos escravos e pelos libertos africanos no processo de reelaboração de suas identidades. Inicialmente, ocorria a adequação das formas de auto-identificação dos diferentes grupos africanos à classificação atribuída pelo sistema escravista. Posteriormente, as nações foram utilizadas na organização dos sistemas de diferenciação social e cultural dentro da comunidade africana, de modo que as nações se transformaram em formas de auto-identificação interna aos próprios africanos no Brasil.

Nesse sentido, Mariza Soares propõe a utilização da noção de grupos de procedência: "Esta noção, embora não elimine a importância da organização social e das culturas das populações escravizadas no ponto inicial do deslocamento, privilegia sua reorganização no ponto de chegada".[25]

---

[25] Mariza de Carvalho Soares, *Devotos da Cor: identidade étnica, religiosidade e escravidão no Rio de Janeiro, século XVIII*, Rio de Janeiro, Civilização Brasileira, 2000, p. 116.

Infelizmente, em nossa pesquisa nas cartas de alforria, não contamos com elementos para aprofundar a análise dos grupos de procedência de africanos. Não temos como saber se eles se organizavam enquanto grupo e se utilizavam elementos culturais próprios como signos de distinção. No entanto, acreditamos que as reflexões sobre as nações e suas relações com o conceito de grupo étnico são importantes para que não dimensionemos as informações fornecidas nas cartas de alforria sobre a naturalidade dos escravos como sendo equivalentes de grupos étnicos africanos.

De qualquer modo, o fato de que as nações eram atribuições engendradas no interior do sistema de classificação de escravos na sociedade colonial (e esse sistema, com modificações, sobreviveu ao longo do século XIX) demonstra sua funcionalidade. Com efeito, os próprios escravos, possivelmente, passaram a referenciar-se com base nesse sistema e podem ter, de algum modo, reorganizado suas identidades no confronto com essa nova situação.

Encontramos africanos de diversas procedências sendo alforriados: rebolos, minas, benguelas, cabindas, angolas, nagôs, quiçamãs, monjolos, congos, ganguelas, haussás e outros mais. Para facilitar a análise e permitir a comparação com outros trabalhos, nós os dividimos entre as três macrorregiões africanas que forneciam escravos ao Brasil: a de Congo e Angola (ou África Central Atlântica), a África Ocidental (Costa da Mina) e a África Oriental.[26]

---

[26] A classificação das nações no interior das três macrorregiões segue a classificação proposta por Mary C. Karasch, *A Vida dos Escravos...*, op. cit., pp. 50-66 e Apêndice 1, pp. 481-96.

Tabela 4 – Participação (%) dos congo-angolanos, afro-ocidentais e afro-orientais entre os africanos alforriados

Porto Alegre, Aldeia dos Anjos e Viamão (1800-1835) e entre os africanos escravizados do Rio Grande de São Pedro do Sul (1765-1825)

	Alforriados	Escravos
Congo-Angola	60,3	71
Afro-Ocidental	39,7	26
Afro-Oriental	0	3
Total	100	100

Fontes: Cartas de Alforria dos Livros de Registros Diversos do 1º Tabelionato de Porto Alegre, 1800-1835; Helen Osório, "Escravos da fronteira: trabalho e produção no Rio Grande do Sul, 1765-1825", Comunicação apresentada nas *XIX Jornadas de historia económica*. Asociación Argentina de Historia Económica/Universidad Nacional del Comahue, San Martín de los Andes, Neuquén, 13, 14 e 15 de outubro de 2004, pp. 8-10.

Analisando os dados da Tabela 4, percebemos que os congo-angolanos estavam sub-representados entre os alforriados, enquanto entre os africanos ocidentais ocorria o inverso. Não encontramos nenhum africano oriental entre os escravos libertados, o que se explica pela sua exígua participação na população sul-rio-grandense de então: apenas 3%.

Assim, fica claro que os africanos ocidentais eram os que obtinham o maior sucesso na busca pela liberdade, através da manumissão, na região de Porto Alegre. Esse padrão também foi verificado em outras regiões brasileiras, inclusive em proporções mais elevadas.

Segundo Manolo Florentino, no Rio de Janeiro, ao longo do século XIX, os africanos ocidentais eram alforriados em uma proporção duas a três vezes superior à sua participação entre os escravos africanos.[27]

O motivo comumente apontado pela historiografia para explicar o sucesso dos afro-ocidentais na obtenção da liberdade era a sua maior eficácia em formar pecúlio e, assim, comprar sua liberdade. Os escravos da Costa da Mina freqüentemente realizavam atividades mercantis e trabalhavam ao ganho, de modo que mais facilmente acumulavam dinheiro. Da mesma forma, possuíam maior capacidade organizativa, em irmandades e outros tipos de associações.[28]

Tabela 5 – Tipos de alforria por região de procedência dos africanos alforriados

Porto Alegre, Aldeia dos Anjos e Viamão – 1800-1835

	Congo-Angolanos	África Ocidental	Total
	36	30	66
Pagamento por terceiro	1	0	1
Gratuita	19	7	26
Prestação de serviço	14	9	23
Total	70	46	116

Fonte: Cartas de Alforria dos Livros de Registros Diversos do 1º Tabelionato de Porto Alegre, 1800-1835.

---

[27] Manolo Florentino, "Sobre minas, crioulos...", op. cit., p. 351.

[28] Sheila de Castro Faria, *Sinhás pretas, damas mercadoras...*, op. cit., pp. 128-9. A autora ainda enfatiza que, entre os minas, eram as mulheres as que mais possuíam qualidades e condições necessárias para acumular pecúlio.

Espelhos Deformantes 181

De fato, verificamos que, entre os alforriados provenientes da África Ocidental, 65% pagaram pela sua liberdade. Benedito, de nação mina, pagou 200$000 réis pela sua alforria, em Porto Alegre, no ano de 1817.[29] Era oficial de barbeiro e provavelmente trabalhava ao ganho, entregando uma quantia previamente estipulada para sua senhora, Patrícia Maria da Purificação. Fato curioso é que, além da quantia paga por Benedito, sua senhora exigiu que, enquanto ela estivesse ausente da Vila de Porto Alegre, ele vigiasse sua casa e cobrasse os aluguéis de outras casas das quais era proprietária. Isso indica, por um lado, uma relação de confiança entre senhora e escravo. Porém, essa suposta relação de confiança não foi suficiente para que Benedito ganhasse sua alforria gratuitamente. E, além disso, a senhora o manteve realizando serviços para si.

Já entre os manumissos provenientes da África Central-Atlântica, 51% foram alforriados mediante autopagamento. Considerando que, como vimos anteriormente, a maior parte dos africanos (57%) obtinha a manumissão pagando seu próprio valor, conclui-se que, somente se os congo-angolanos obtivessem maior sucesso na conquista desse tipo de alforria, teriam uma proporção correlata entre seu peso na população cativa e liberta.

Considerações finais

Podemos concluir que os padrões de alforria observados em Porto Alegre, Aldeia dos Anjos e Viamão aproximavam-se, em parte, dos de outras regiões do país. No entanto, algumas especificidades devem ter influenciado na determinação desses padrões. Para compreendê-

---

[29] Livro de Notas n. 6, fls. 78-78 v., 15/7/1817.

las, seria necessário uma pesquisa mais abrangente, que contasse com outras fontes e também com uma comparação mais efetiva entre os processos que geravam tais padrões nas distintas áreas.

Porém, podemos levantar uma hipótese. Considerando que o Rio Grande de São Pedro contava com uma economia voltada para o mercado interno e era pouco urbanizado, as possibilidades de alforria para os escravos eram distintas de regiões agroexportadoras ou de grandes cidades. A escassez de recursos por parte dos senhores sul-rio-grandenses para adquirirem escravos pode ser uma possível explicação para a alta ocorrência das alforrias pagas. Tendo dificuldades para substituir a mão-de-obra escrava, os senhores tenderiam a libertar seus escravos na medida em que estes pagassem por si um valor próximo ao de mercado, de modo que esses senhores poderiam, com o montante recebido, comprar um novo escravo para substituir o alforriado.

Essa é apenas uma hipótese, cuja explicação é de caráter econômico. Não creio que seja suficiente para explicar as especificidades dos padrões de alforria observados. Elementos políticos – como, por exemplo, a proximidade da fronteira e as conjunturas de guerra que afetavam a região –, bem como sociais e culturais – as formas de sociabilidade dos escravos, a possibilidade de constituírem família, organizarem-se em irmandades e outros tipos de associações –, seriam fatores importantes. No entanto, a escassez de pesquisas sobre esses aspectos da escravidão sul-rio-grandense ainda nos coloca limites, pois conhecemos muito pouco as diferentes facetas da vida dos escravos e dos libertos no Rio Grande de São Pedro.

Traficando números: uma estimativa da importação de escravos da Costa da Mina por Pernambuco, na primeira metade do século XVIII

Gustavo Acioli Lopes[*]

Os esforços para quantificar a exportação africana e a correspondente importação americana de escravos, ao longo dos cerca de quatro séculos de vigência do tráfico transatlântico, têm sua pedra fundamental no "censo" elaborado por Phillip D. Curtin.[1] Nele, Curtin empreendeu a tarefa hercúlea de sumarizar todos os cálculos efetuados e os dados até então publicados acerca das carreiras nacionais do tráfico atlântico e das importações regionais americanas, fazendo correções e adicionando seus próprios cálculos, quando julgou necessário.

Para calcular o volume do tráfico em suas várias vertentes, Curtin tanto procedeu da forma que outros autores já haviam estabelecido, como propôs ele mesmo formas de cálculo aproximativas. Devido à

---

[*] Doutorando em História Econômica pela Universidade de São Paulo, sob a orientação do professor Pedro Puntoni. Alguns pontos centrais deste artigo foram discutidos previamente com Daniel Domingues B. da Silva (doutorando pela Emory University) e com Maximiliano Mac Menz (doutor pela USP e pós-doutorando pelo Cebrap), cujas críticas e sugestões valiosas agradeço sinceramente.

[1] Phillip D. Curtin, *The Atlantic Slave Trade: a census*, Madison/Wisconsin, University of Wisconsin, 1969. Sobre a importância dessa obra para os estudos ulteriores, cf. Henry A. Gemery & Jan S. Hogendorn, "Introduction", em *The Uncommon Market. Essays in the economic history of Atlantic slave trade*, Nova York, Academic Press, 1979, p. 3.

184   Rodrigo Bentes Monteiro (org.)

ausência de séries estatísticas para alguns períodos, sobretudo anteriores a 1750, e dos elementos necessários para avaliar o tráfico entre a África e a América, o pesquisador do tema tem que lançar mão de recursos indiretos os quais possibilitem aproximar-se de resultados satisfatórios.

A melhor fonte de informação que se poderia desejar, obviamente, é a que trouxesse os números efetivos, oficiais pelo menos, de embarques na África e desembarques de escravos na América. Na falta desta, alguns procedimentos provêem cálculos aceitáveis do volume de escravos exportados e importados, de um lado e outro do Atlântico. A forma mais comum faz usos de dados de navegação, *considerada como a mais sólida fonte de evidência*,[2] isto é, o número das viagens de negreiros de um porto ou nação rumo à África. De posse dessa informação, multiplica-se o total de viagens/navios pela capacidade média de carga de escravos das embarcações. Esta é tomada de anos em que são conhecidos o número de viagens e o de escravos embarcados, ou calcula-se de acordo com a tonelagem de cada navio e o número de escravos por tonelada, também calculado a partir dos anos em que se têm ambas as informações.

Utilizando aquelas duas formas de cálculo, é possível preencher as lacunas referentes aos anos em que se têm apenas informações sobre o número de viagens negreiras. Essa forma tem sido adotada por quase todos os estudiosos que escreveram após Curtin.[3] Ao lado desta, outra, que rendeu frutos, consiste em calcular as exportações de es-

---

[2] David Richardson, "The eighteenth century slave trade: estimates of its volume and coastal distribution in Africa", *Research in Economic History*, vol. 12, London/Connecticut, Jai Press, 1989, p. 159.

[3] Cf. as sínteses em Paul Lovejoy, "The volume of the Atlantic slave trade: a synthesis", *The Journal of African History*, vol. 23, n. 4, Cambridge, Cambridge University Press, 1982, pp. 473-501.

cravos da África por meio das exportações de produtos carreados da Europa para aquele continente. Para tanto, é necessário que se saiba o "preço"[4] de um ou mais escravos, por *cabeça* ou *peça*, em moeda européia, isto é, o valor do conjunto de mercadorias trocadas por um cativo ou mais. Este "preço", denominado *prime cost* (preço f.o.b.),[5] permite que se calcule o montante de cativos que determinado valor em mercadorias poderia adquirir.

Os dois procedimentos resumidos acima possibilitam cálculos aproximados das exportações africanas de escravos com o concurso dos negreiros europeus.[6] Para chegarmos ao volume de importações de escravos pela América, contudo, devemos descontar desses resultados o montante referente à taxa média de mortalidade da carga humana nas diversas carreiras do tráfico.[7]

---

[4] Sobre a composição e a utilização do "preço" dos escravos em bens europeus, para calcular a sua flutuação na África, cf. David Richardson, "West African consumption patterns and their influence on the eighteenth-century English slave trade", em A. Gemery & Jan. S. Hogendorn (orgs.), *The Uncommon...*, op. cit., pp. 322-3; David Eltis, *The Rise of African Slavery in the Americas*, Cambridge, Cambridge University Press, 2000, pp. 115-6; sobre a composição de um *banzo* ou "preço", pago na África centro-ocidental, cf. Joseph C. Miller, *Way of Death, Merchant capitalism and the Angolan slave trade, 1780-1830*, Madison/Wisconsin, University of Wisconsin Press, 1988, pp. 71-88.

[5] David Richardson, "West African...", op. cit., pp. 322-4; Joseph C. Miller, "Slave prices in the Portuguese southern Atlantic, 1600-1830", em Paul E. Lovejoy (org.), *Africans in Bondage. Studies in slavery and the slave trade*, Madison/Wisconsin, Africans Studies Program/University of Wisconsin Press, 1986, p. 68; Patrick Manning, *Slavery and African Life. Occidental, Oriental and African slave trade*, n. 25, Cambridge, Cambridge University Press, 1995, p. 93.

[6] Joseph Inikory faz algumas objeções a ambos os procedimentos para se avaliar com maior precisão o volume do tráfico escravista inglês no século XVIII: cf. Joseph Inikory, "Measuring the Atlantic slave trade: an assessment of Curtin and Anstey", *The Journal of African History*, vol. 17, n. 2, Cambridge, Cambridge University Press, 1976, pp. 205-9.

[7] Sobre essas taxas, cf. Herbert S. Klein & Stanley L. Engerman, "Long term trend in African mortality in the transatlantic slave trade", *Slavery and Abolition*, vol. 18, n. 1, Oxford, abr. 1997, pp. 59-71, o qual, infelizmente, não dispõe de dados para o tráfico luso-brasileiro da primeira metade do Setecentos.

186 Rodrigo Bentes Monteiro (org.)

Há, ainda, outra forma de empreender uma estimativa, no que diz respeito à importação americana. Alguns autores calcularam-na para o Caribe inglês, estabelecendo uma relação entre o volume de produção açucareira e o volume necessário de escravos.[8] Essa fórmula, porém, tem sido pouco aplicada desde então.

A importação de africanos para o Brasil conta com seus próprios pesquisadores, entre eles, três, que se destacam pelo pioneirismo: Edmundo Correia Lopes, Luiz Viana Filho e Maurício Goulart.[9] Escrevendo na década de 1940, forneceram cômputos totais do tráfico luso-brasileiro até meados do século XIX. Lopes lançou mão de documentos oficiais, sobretudo para o tráfico de Angola, e de contratos de arrematação de direitos sobre os escravos importados.[10] Goulart, por sua vez, apesar de recorrer em certa medida aos números de Lopes, demonstra grande criatividade no uso de fontes alternativas: certidão de impostos sobre escravos, manifestos dos navios negreiros, mapas de embarque, índices de produção do ouro por escravo, taxa de cres-

---

[8] O principal trabalho é de Kenneth W. Stetson, *A Quantitative Approach of the Britain's American Slave Trade, 1700-1773*, apud Phillip. D. Curtin, *The Atlantic Slave Trade...*, op. cit., pp. 137-42.

[9] Roberto C. Simonsen (1936) e Affonso Taunay (1941) também fizeram estimativas originais — que contestavam os exageros das avaliações anteriores – da importação total de escravos pelo Brasil até a extinção do tráfico, mas o primeiro não chegou a trabalhar com documentos, utilizando medidas de produção *per capita*, enquanto Taunay se baseou em documentos para alguns períodos do século XVIII. Roberto C. Simonsen, *História Econômica do Brasil*, 4. ed., São Paulo, Companhia Editora Nacional, 1962, pp. 133-5; Affonso de E. Taunay, *Subsídios para a História do Tráfico Africano no Brasil*, São Paulo, Imprensa Oficial, 1941, pp. 244-6. Uma boa revisão da historiografia do tráfico para o Brasil antes e após Simonsen encontra-se em Jane Elizabeth Aita Fraquelli, "Métodos usados para avaliar o volume do tráfico de escravos africanos para o Brasil", *Revista do Instituto de Filosofia e Ciências Humanas da UFRS*, ano V, Porto Alegre, 1977, pp. 305-18.

[10] Edmundo Correia Lopes, *A Escravatura (Subsídios para sua história)*, [Lisboa], Agência Geral das Colônias, 1944, p. 108, 130, 134, 140, 150.

Espelhos Deformantes

cimento da população escrava, valor de contratos de arrematação de impostos sobre os escravos importados e depoimentos coevos.[11]

A importação de escravos "minas" pelo Brasil, no entanto, havia sido parcamente pesquisada, até os estudos de Luiz Viana Filho e Pierre Verger, que demonstraram a importância do volume de cativos da Costa da Mina desembarcados pela Bahia.[12] Fazendo uso de dados constantes de arquivos soteropolitanos, Viana Filho mostrou a predominância dos escravos da Costa da Mina no tráfico baiano setecentista.[13] Verger utilizou dados oficiais da saída de embarcações soteropolitanas com destino à Costa da Mina, de contratos de impostos sobre os escravos importados, além de elementos constantes de arquivos ingleses e holandeses.[14]

Seguindo as conclusões de Viana Filho e Pierre Verger, apontando a importância do tabaco baiano na aquisição de escravos na Costa da Mina,[15] outro pesquisador reiterou não só o predomínio de cativos "minas"[16] na importação de escravos pela capitania, como, lançando

---

[11] Maurício Goulart, *A Escravidão Africana no Brasil (Das origens à extinção do tráfico)*, 2. ed., São Paulo, Martins Fontes, 1950 [1949], pp. 148-71.

[12] Luiz Viana Filho, *O Negro na Bahia*, 3. ed., Rio de Janeiro, Nova Fronteira, 1988 [1946]; Pierre Verger, *Fluxo e Refluxo do Tráfico de Escravos entre o Golfo de Benin e a Bahia de Todos os Santos: dos séculos XVII a XIX*, Salvador, Corrupio, 1987 [1968].

[13] Luiz Viana Filho, *O Negro na Bahia*, op. cit., p. 38, 103-12, 120, 152-5.

[14] Pierre Verger, *Fluxo e Refluxo...*, op. cit., p. 47, 66: nota 30, pp. 692-707.

[15] Luiz Viana Filho, *O Negro...*, op. cit., pp. 104-10; Pierre Verger, *Fluxo e Refluxo...*, op. cit., pp. 38-42; importância há muito apontada pelo conhecimento, por vários autores, do texto de André João Antonil, *Cultura e Opulência do Brasil*, 3. ed., Belo Horizonte/São Paulo, Itatiaia/Edusp, 1982 [1711]; cf., por exemplo, Caio Prado Júnior, *Formação do Brasil Contemporâneo*, 23. ed., São Paulo, Brasiliense, 1994 [1942], p. 154.

[16] Sobre a composição étnica dos grupos africanos oriundos da Costa da Mina, cf. P. Manning, *Slavery, Colonialism and Economic Growth in Dahomey, 1640-1960*, Cambridge, Cambridge University Press, 1982, pp. 10-1, 24, 30-1; Gwendolyn Midle Hall, *Slavery and African Ethnicities in the Americas*, Chapell Hill, University of Carolina Press, 2005, p. 23, 36-7, 47 e, especialmente, 101-24.

188   Rodrigo Bentes Monteiro (org.)

mão dos manifestos de cargas dos negreiros soteropolitanos que zarpavam rumo àquela região da África, propôs uma reavaliação dos números de importação de escravos para os séculos XVII a XIX.[17] Nardi também supôs, como aqueles autores, que o tráfico de Pernambuco com a Costa da Mina foi irrelevante, devido ao predomínio baiano na produção de tabaco.[18]

As pesquisas de Guillermo Palacios, no entanto, revelaram o papel central da produção fumageira entre os pequenos lavradores de Pernambuco e capitanias anexas, na primeira metade do século XVIII.[19] O exame de fontes arquivísticas, que ora apresento, proporciona uma revisão da produção de tabaco e do tráfico luso-pernambucano, cuja avaliação do volume, na primeira metade do século XVIII, exporemos a seguir.

Faço uso de quatro conjuntos de informações, dos quais dois são dados de importações efetivas de escravos pelo porto do Recife e os outros dois são estimativas minhas, com base em dados de exportações de tabaco e quantidade de embarcações, fazendo a carreira da Costa da Mina a partir do Recife.

Os dois primeiros blocos de informações são oriundos de registros da alfândega real da Capitania de Pernambuco. O primeiro é

---

[17] Jean Baptiste Nardi, *O Fumo Brasileiro no Período Colonial: lavoura, comércio e administração*, São Paulo, Brasiliense, 1996, p. 224, 385-6, Apêndice 2. Os dados utilizados por Nardi são mais completos, no que toca aos anos compreendidos, que os de Verger, os quais foram utilizados por Patrick Manning, que propôs uma estimativa de importação de escravos da Costa da Mina, pela Bahia, superior à de Verger; cf. Patrick Manning, "The slave trade in the Bight of Benin, 1640-1890", em Henry A. Gemery & Jan S. Hogendorn, *The Uncommom...*, op. cit., pp. 137-8.

[18] Jean Baptiste Nardi, *O Fumo Brasileiro...*, op. cit., pp. 222-3; Pierre Verger, *Fluxo e Refluxo...*, op. cit., p. 38.

[19] Guillermo Palacios, *Cultivadores Libres: Estado y crisis de la esclavitud en la época de la Revolución Industrial*, México, Colegio de México/Fondo de Cultura, 1998, pp. 35-41, 122-4, 128-9, 133-4.

Espelhos Deformantes

uma lista das importações de "negros da Costa da Mina"[20] e a respectiva arrecadação dos direitos régios sobre os mesmos, compreendendo os anos de 1722-1731. Essa lista apresenta, ainda, o número de embarcações que deram entrada no porto do Recife, ano a ano, nas quais os escravos foram trazidos. O segundo consiste noutra relação da alfândega, incluindo os anos de 1742-1760,[21] menos detalhada que a primeira, cujo volume de escravos importados e de viagens foi tabulado por Daniel Domingues B. da Silva.[22]

De acordo com esses números, podemos estabelecer a carga média de escravos por embarcação para os dois períodos citados (Tabelas 1 e 2).

---

[20] Carta do Provedor da Fazenda Real da Capitania de Pernambuco, João do Rego Barros, ao rei [D. João V], remetendo certidão dos editais que foram postos para a arrematação do contrato da Alfândega dos negros que vêm da Costa da Mina e da relação dos seus rendimentos nos últimos dez anos. Recife, 16 de janeiro de 1732, Arquivo Histórico Ultramarino (AHU), Documentos Manuscritos Avulsos da Capitania de Pernambuco (DMACP), cx. 42, doc. 3786.

[21] A importação da Costa da Mina por Pernambuco nesse período encontra-se em: Ofício do [governador da Capitania de Pernambuco], José César de Menezes, ao [secretário de estado da Marinha e Ultramar], Martinho de Melo e Castro, sobre a Companhia Geral de Pernambuco [...]. Recife, 13 de julho de 1778, AHU, DMACP, cx. 130, doc. 9823, anexo 2.

[22] Daniel Domingues Barros da Silva, "O tráfico transatlântico de escravos de Pernambuco (1576-1851): notas de pesquisa", *Anais do VI Congresso da ABPHE*, Rio de Janeiro, Associação Brasileira de Pesquisadores em História Econômica, 2005, p. 25, anexo 8, incluindo dados do *Trans-Atlantic Slave Trade: A Dataset 2*.

Tabela 1 – Total de escravos e barcos vindos da Costa da Mina para o porto do Recife, 1722-1731

Ano	1 Embarcações	2 Escravos	3 2/1
1722	10	1.957	196
1723	13	3.693	284
1724	10	2.505	251
1725	6	1.650	275
1726	11	2.733	248
1727	10	2.684	268
1728	10	2.803	280
1729	6	1.426	238
1730	8	1.910	239
1731	5	859	172
Total (N=10)	89	22.220	250

Fonte: Ver notas 21, 22 e 23.

Tabela 2 – Total de escravos e barcos vindos da Costa da Mina para o porto do Recife, 1742-1760

(médias quinqüenais)

Ano	1 Embarcações	2 Escravos	3 2/1
1742-1745	2,1	550	262
1746-1750	4,2	1.080	257
1751-1755	3,3	840	255
1756-1760	3,6	940	261
Total (N=19)	64	16.500	258

Fonte: Silva, Daniel Domingues Barros da, "O tráfico transatlântico de escravos de Pernambuco (1576-1851): notas de pesquisa", op. cit.; Ofício do [governador da Capitania de Pernambuco], José César de Menezes, ao [Secretário de Estado da Marinha e Ultramar], Martinho de Melo e Castro, sobre a Companhia Geral de Pernambuco [...], doc. cit.

Espelhos Deformantes

191

Como se pode ver, a quantidade média de escravos que cada embarcação poderia transportar em cada um dos períodos não apresenta grandes alterações. Mesmo tendo em conta as variações ano a ano, podemos tomar essas médias como a capacidade de cada embarcação, para os anos em que desconhecemos o número de escravos importados, mas de que dispomos do número de embarcações naquela rota. De fato, fiz das duas médias uma só, devido à quase igualdade de ambas, isto é, 250 escravos por barco.[23]

Os outros dois conjuntos de dados não trazem informações acerca das importações de escravos no Recife, mas permitem que sejam estimadas indiretamente. Primeiro, lançando mão do volume de tabaco exportado para a Costa da Mina pelo porto do Recife, que aparece nos registros enviados a Lisboa, de forma intermitente, pela Superintendência do Tabaco de Pernambuco.[24] Para derivar dessa informação uma estimativa da importação de escravos, consideramos o peso dos rolos embarcados para aquele destino, que nem sempre coincidia com o verificado na Bahia,[25] o equivalente em rolos de tabaco de cada escravo importado (o "preço",[26] cálculo

---

[23] A média efetiva seria de 254, mas preferi o arredondamento para baixo, para não pecar por excesso.

[24] Por razões de espaço, não apresento uma tabulação dessas informações. As fontes são as cartas dos Superintendentes do Tabaco de Pernambuco, enviadas à Junta do Tabaco em Lisboa; cf. Instituto dos Arquivos Nacionais Torre do Tombo (IANTT), Junta do Tabaco, maços 96-98, 100-2.

[25] Calculei o peso médio por rolo, de acordo com manifestos de carga de embarcações saídas do Recife para a Costa da Mina. Os documentos são cartas dos Superintendentes da Administração do Tabaco de Pernambuco para a Junta do Tabaco em Lisboa, que incluem certidões dos escrivães: IANTT, Junta do Tabaco, maço 100-A, caixa 90; maço 101, caixa 91; maço 102-A, caixa 94; maço 102.

[26] Não se trata do preço, nem mesmo do *prime cost*, efetivamente, mas, como dito no texto, um equivalente entre a quantidade de rolos exportada e a de escravos importados, que serve como *Proxy* e, portanto, embora usemos, por comodidade, o termo "preço", não era apenas o tabaco que servia de moeda no tráfico luso-baiano e luso-pernambucano na Costa da Mina, mas também fazendas européias.

disponível para a Bahia),[27] o que nos dá o número bruto (potencial) de escravos a ser importados. Desse número, descontamos a taxa de mortalidade no tráfico transatlântico da costa ocidental da África, que era de 15% no período, o que resulta no número líquido de escravos importados.[28]

Uma observação é necessária quanto ao "preço" dos escravos em rolos de tabaco. Para chegarmos a esse preço como média, bastaria que tivéssemos o volume de tabaco exportado pelo porto do Recife e o número de escravos importados de um dado ano, como de fato temos. O que parece simples à primeira vista torna-se difícil, visto que não temos como garantir que todos os escravos importados pelo porto de Pernambuco vieram, efetivamente, em barcos da capitania. Isso porque há várias menções a barcos saídos de Salvador que vinham vender – pelo menos uma parte de – sua carga de escravos no Recife.[29] Portanto, os

---

[27] Jean Baptiste Nardi, *O Fumo Brasileiro...*, op. cit., p. 224, 276, 384-6 (Apêndice 2).

[28] Daniel D. B. da Silva, "O tráfico transatlântico...", op. cit., p. 19, 24, Anexo 7; Paul Lovejoy, "The volume of the Atlantic slave trade", op. cit., p. 491. Poderíamos, se tivéssemos fontes para tanto, usar diferentes taxas de mortalidade nos diversos períodos calculados, uma vez que a taxa de mortalidade do tráfico de escravos foi decrescente ao longo do século XVIII; cf. Herbert S. Klein, *The Middle Passage: comparative studies in the Atlantic slave trade*, Princeton, Princeton University Press, 1978, pp. 229-34.

[29] Pierre Verger, *Fluxo e Refluxo...*, op. cit., p. 124. É possível que os escravos fossem apenas desembarcados em Pernambuco e a maior parte seguisse pelo "sertão" ou por mar para as Minas, sendo esste comércio taxado por cabeça de escravo enviada, "em direitura" ou por terra, às minas; sobre o desembarque de escravos no Recife por traficantes baianos, cf. o desembarque de 452 escravos pelo navio *Nossa Sra. de Nazareth e Sto. Antonio*, listado na "Rellação dos Navios e mais embarcaçoens que vierão da Costa da Mina e Angolla com escravos a este porto da villa do Recife de Pernambuco no [ano] passado de sete sentos e vinte e coatro e dos direitos que pagarão a Sua Mag.de que Deos guarde" – anexo da Carta do provedor da Fazenda Real da Capitania de Pernambuco, João do Rego Barros, ao rei [D. João V], remetendo relação do rendimento do direito dos escravos vindos da Costa da Mina, assim como dos navios e embarcações. AHU, DMACP, cx. 31, doc. 2865; cf. também a Carta Régia ao governador de Pernambuco de 27 de fevereiro de 1711; e Carta do Vice-Rei ao Governador de Pernambuco de 17 de agosto de 1715, Informação Geral da

Espelhos Deformantes

anos em que o número de importações de escravos excede o volume potencial indicado pelas exportações de tabaco da capitania podem ser atribuídos ou à descarga de navios baianos ou ao uso, por nós, de um preço irreal em rolos. Usamos, então, os preços calculados por Jean Baptiste Nardi.[30]

O segundo dos procedimentos e o conjunto de informações adotado consistiram em verificar a quantidade de barcos que fazia aquela rota em determinados anos, informação respigada na documentação,[31] e, considerando-se a capacidade média de 250 escravos por barco, estabelecer o número bruto de escravos importados nos ditos anos. Desse total, todavia, não foi preciso subtrair o volume equivalente aos 15% de perdas na torna-viagem, para chegarmos aos números líquidos, uma vez que as cargas declaradas nos documentos que já referimos são de despacho dos escravos na alfândega de Pernambuco, logo, já tendo sido realizada a travessia do Atlântico com as perdas médias supostas.

Há uma exceção quanto a esse caminho: o ano de 1706. Sabemos que, àquela altura, havia três embarcações traficando entre o Recife e a Costa da Mina, das quais duas eram patachos e uma, sumaca.[32] Por esse ano estar bastante afastado daqueles dois períodos para os quais dispomos de dados efetivos de importação de escravos e número de barcos,

---

Capitania de Pernambuco, Rio de Janeiro, *Anais da Biblioteca Nacional*, vol. XXVIII, 1906, pp. 295-6; sobre o caminho para as minas, saindo de Salvador e passando por Cachoeira, cf. André João Antonil, *Cultura e Opulência...*, op. cit., 1982, pp. 186-7.

[30] Jean Baptiste Nardi, *O Fumo Brasileiro...*, op. cit., p. 276.

[31] Para 1732-1736: Pierre Verger, *Fluxo e Refluxo*, op. cit., p. 66, n. 30; 1737: O Superintendente do Tabaco de Pernambuco. Vila de Santo Antonio do Recife, 6 de fevereiro de 1738. IANTT, Junta do Tabaco, maço 101, caixa 91; 1739: O Superintendente do Tabaco de Pernambuco [Antonio Rebello Leite]. Pernambuco, 10 de dezembro de 1739. IANTT, Junta do Tabaco, maço 101, caixa 91.

[32] Supperintendente da Recadação do Tabaco da Bahia. Bahia, 20 de janeiro de 1706. IANTT, Junta do Tabaco, maço 96.

achamos prudente não aplicar para tais anos a capacidade média verificada nos períodos posteriores. Segundo a mesma fonte, a capacidade de carga de tabaco de cada um daqueles barcos era de 1.000 arrobas para o patacho e 850 para a sumaca, enquanto a capacidade em escravos era de 300 por navio. Ao invés de utilizarmos essa última, que nos parece muito alta para as embarcações de Pernambuco, preferimos considerar a capacidade de carga em tabaco daquelas embarcações, de acordo com essa fonte. Chegamos, assim, ao número bruto de escravos importados, do qual subtraímos, como de praxe, os 15% da taxa de mortalidade.[33]

Tendo efetuado esses cálculos, para determinados anos, distribuídos de 1698 a 1741, e de posse dos números referentes a 1722-1731 e 1742-1760, restam os anos para os quais nos falta qualquer informação, sejam os números relativos à exportação de tabaco e de barcos naquela rota, seja o da importação de escravos pelo Recife. Para preencher esses vazios, repetimos o número médio ou efetivo de escravos importados em um dado período ou ano para os demais anos antecedentes e posteriores sobre os quais carecemos de informação. Dispondo dos números para dois anos ou períodos não sucessivos, os anos não conhecidos que medeiam entre aqueles são preenchidos metade com os dados do(s) ano(s) anterior(es), e a outra metade, com os do ano ou período seguinte.[34]

---

[33] Arrobas de tabaco/peso do rolo/preço em rolo por escravo ou 2850@/2,8/6,2 = 382.

[34] Sobre esse procedimento, cf. Phillip. D. Curtin, *The Atlantic Slave Trade...*, op. cit., pp. 146-8; Roger Anstey, "The volume and profitability of British slave trade, 1761-1807", em Stanley L. Engerman & Eugene D. Genovese (orgs.), *Race and Slavery in the Western Hemisphere: quantitative studies*, New Jersey, Princeton University Press, 1975, pp. 4-5; Manolo Florentino, *Em Costas Negras: uma história do tráfico entre a África e o Rio de Janeiro*, São Paulo, Companhia das Letras, 1997, pp. 48-50. Nosso cálculo difere da forma proposta por Curtin, no que diz respeito à fonte da exportação anual utilizada; ele lança mão de estimativas contemporâneas, enquanto fazemos uso (assim como os demais autores citados) de importações efetivas ou calculadas com dados contemporâneos.

Espelhos Deformantes

Resta dizer em que nos baseamos para considerar o número de arrobas ou rolos de tabaco exportados como equivalente direto do volume de escravos importados, isto é, se é legítimo considerar que todo o tabaco embarcado no Recife e exportado para a África foi gasto unicamente na aquisição de escravos e se não seria necessário saber quais os outros produtos comercializados.

Do lado da oferta africana, os estudos sobre a região da Baía de Benin e da Costa dos Escravos indicam que, por seus portos, se exportavam quase exclusivamente escravos.[35] No que toca à demanda, os barcos que saíam do Recife traziam daquela região mão-de-obra cativa, adquirida dos africanos e, bem menos, dos outros traficantes europeus.[36] É bastante provável que os traficantes trouxessem alguns manufaturados (tecidos, europeus ou asiáticos, sobretudo) fornecidos por outros europeus.

Assim, não é de todo crível o que informava ao rei e ao Conselho Ultramarino o governador de Pernambuco, Duarte Sodré Pereira Tibão, negando que as embarcações que iam àquela costa trouxessem fazendas européias. Afirmava poder assegurar que "nas embarcações não vem nellas se não Negros", de acordo com o que se informara em particular e pela diligência que faziam o contratador da dízima e os oficiais da alfândega.[37] Obviamente, não nos podemos fiar com-

---

[35] Philip D. Curtin, *The Rise and Fall of the Plantation Complex: essays in the Atlantic History*, Cambridge, Cambridge University Press, 1990, p. 133; David Eltis, *The Rise of African Slavery...*, op. cit., p. 166, 181.

[36] Sobre os negócios dos luso-brasileiros com os holandeses, cf. Johanes Postma, *The Dutch in the Atlantic Slave Trade, 1600-1815*, Cambridge, Cambridge University Press, 1990, pp. 77-8, tabela 3.1.

[37] [Carta do Governador de Pernambuco Duarte Sodré Pereira Tibão ao rei D. João V], inserta em Carta dos oficiais da Câmara de Recife ao rei [D. João V], pedindo deferimento da conta que deu a dita Câmara e a proposta que fizeram os homens de negócio do Recife sobre a proibição do comércio [de escravos] com a Costa da Mina. Recife, 23 de abril de 1732. AHU, DMACP, cx. 43, doc. 3860.

pletamente na palavra de um governador que procura isentar-se da conivência com o contrabando, o qual certamente existia, mas que não nos parece de molde a alterar nossos cálculos.

Deve-se acrescentar que a carga de ida desses negreiros não se resumia ao tabaco, embora este fosse a principal mercadoria-moeda.[38] Nas embarcações, traficando na Costa da Mina, seguia um pouco de açúcar e, apesar de interdito, um outro tanto de ouro. Este era, todavia, de pouca monta, de acordo com o referido governador, que confessa:

> Não duvido eu q' algum ouro hira sem embargo de ser prohibido, o q' se não pode evitar, nem eu o avalio [a proibição] conveniente ao serv.o de V. Mag.de antes m.to prejudiçial o não hir [ouro], por q' os navios vão sobre carregados com tabacos, e sahem alguns in capazes de navegarem, levando a agoa no convés, mas esta tal carga não basta p.a os navios trazerem os Escravos da sua lotação; assim, as fazenda q' levão da Europa [...] a troco do mesmo ouro, ou dinhr.o q' levão, fica como servindo com sal em tempero de hua panela.[39]

A crer no governador, o recheio mesmo da *panela* era o tabaco, sendo o mais apenas o tempero, que garantia a satisfação do gosto dos oferentes de escravos no litoral africano. Note-se, ainda, que parte do tabaco era gasta na taxa de proteção cobrada pelos holandeses no forte da Mina (10%) e em outras taxas nos portos "a sotavento da

---

[38] No tráfico transatlântico de escravos, nenhuma mercadoria chegou a deter o "monopólio social" do papel de "equivalente universal", de acordo com a terminologia marxiana; cf. Karl Marx, *O Capital. Crítica da Economia Política*, 8. ed., São Paulo, Difel, 1982, livro I, vol. I, pp. 74-9.

[39] [Carta do Governador de Pernambuco Duarte Sodré Pereira Tibão ao rei D. João V], doc. cit.

Mina" e da Baía de Benin.[40] No entanto, como não sabemos o preço efetivo dos escravos nesses portos, consideramos uma relação direta entre quantidade de bens exportada na ida e quantidade de escravos retornada. Aqui se justifica plenamente a asserção de que "há uma conexão lógica entre o comércio de exportação [de produtos para o tráfico transatlântico] e o nível de importação [de escravos], sendo a diferença as perdas em trânsito".[41]

Outra observação é necessária para o ano de 1698, do qual derivei as médias dos dois anos subseqüentes e a dos dois antecedentes. O número de escravos calculado para esse ano baseia-se na exportação de tabaco do Recife e, usando apenas essa referência, é provável que resultasse num volume subestimado. Naquele ano, o ouvidor geral encarregou-se, pela primeira vez, da arrecadação do tabaco na Capitania de Pernambuco, pelos moldes das ordens emanadas da Corte e da Bahia.[42] Parece-me que, vista a evolução das exportações locais de tabaco, o ano de 1698 é excepcional quanto à repartição do gênero entre Portugal e África. Se aplicarmos o percentual médio verificado para as importações totais do Recife para a Costa da Mina *vis-à-vis* as remessas para Lisboa, os dados para 1698 alteram-se sensivelmente. Ao invés de 95, teríamos 401 escravos importados naquele ano, ou melhor, 369, observada a taxa de mortalidade do trânsito atlântico a partir da Costa da Mina.

---

[40] Uma relação pormenorizada, incluindo os valores estimados em réis, dos gastos com taxas pagas em rolos de tabaco pelos luso-brasileiros, não só no Castelo da Mina, mas nos próprios portos de tráfico da Costa da Mina, encontra-se em José Antonio Caldas, *Notícia Geral de toda esta Capitania da Bahia desde o seu descobrimento até o presente ano de 1759* [Salvador], Beneditina, 1951, pp. 504-15.

[41] Paul Lovejoy, "The volume of the Atlantic slave trade", op. cit., p. 495.

[42] "De Ignacio de Moraes Sarmento s.ᵉ arrecadação do tabaco", Recife, 22 de julho de 1698. IANTT, Junta do Tabaco, maço 96-A, caixa 83.

Essa elevação é plausível, visto que, segundo o mesmo tipo de cálculo (exportação de tabaco/importação de escravos), apenas seis anos depois o número de escravos importados foi de 460. Por outro lado, no ano 1698, a Bahia importava 942 escravos, enquanto a média do qüinqüênio (1696-1700) foi de 1.264, ao passo que os valores para 1704 e para o qüinqüênio 1701-1705 são 1.180 e 1.158, respectivamente.[43] Comparados aos números do Recife, indicados acima, mantém-se certa proporção entre as importações de ambas as praças, o que reforça nossa estimativa para mais das importações do ano 1698 e, conseqüentemente, do qüinqüênio. Nas duas primeiras décadas do Oitocentos, o Recife importava um número de escravos equivalente a cerca de um terço da praça soteropolitana, proporção que me parece válida para o qüinqüênio 1695-1700 (Tabela 3).

Os resultados obtidos para os anos em que uma ou outra das informações estão disponíveis são interpolados para os anos em que não dispomos de qualquer informação. O cômputo a que chegamos é apresentado na Tabela 3, comparado ao da Bahia, para que possamos ter uma dimensão da importância do tráfico de Pernambuco.

---

[43] Jean Baptiste Nardi, *O Fumo Brasileiro...*, op. cit., p. 224 e 383.

Tabela 3
Importação de escravos da Costa da Mina: Bahia e Pernambuco
(Médias qüinqüenais)

	Pernambuco		Bahia		
	1	2	3	4	5
Anos	Escravos	Variação	Escravos	Variação	1/-3
1696-1700	419	100	1.074	100	39,0
1701-1705	448	107	984	92	45,5
1706-1710	382	91	886	82	43,1
1711-1715	321	77	1.010	94	31,8
1716-1720	701	167	1.845	172	38,0
1721-1725	2.405	574	1.918	179	125,4
1726-1730	2.311	552	3.381	315	68,4
1731-1735	1.522	363	3.549	330	42,9
1736-1740	1.175	280	5.147	479	22,8
1741-1745	550	131	3.578	333	15,4
1746-1750	1.080	258	3.723	347	29,0
1751-1755	840	200	3.044	283	27,6
1756-1760	940	224	3.341	340	28,1
Total	65.470		167.400		39,1

Fontes: para a Bahia: Nardi, *O Fumo Brasileiro...*, op. cit., p. 224, 383-94, Tabela VII.1; Pernambuco, ver texto acima.

Segundo Nardi, entre 1696 e 1760, pelo porto da Bahia entraram 167.400 escravos oriundos da Costa da Mina.[44] De acordo com os nossos cálculos, no mesmo período, pelo porto do Recife entraram 65.470

---

[44] Uso os números de Nardi (*O Fumo Brasileiro...*, op. cit), descontada a taxa de mortalidade da travessia Costa da Mina-Bahia, uma vez que o autor, segundo me comunicou, calculou as importações de escravos da Bahia sem aquela taxa, o que faz com que seus números equivalham às exportações da Costa da Mina para a Bahia.

escravos da mesma procedência. Comparando-se os dois volumes de importação, podemos concluir que a Capitania de Pernambuco importou o equivalente a mais de um terço (para sermos específicos, 39,1%) do total da Bahia. Comparando esse volume às importações de escravos de Angola para o Brasil, calculadas em 516.880 mancípios,[45] no mesmo período, as importações de Pernambuco equivalem a cerca de 12,7%. No cômputo geral do Estado do Brasil (excluído, portanto, o Estado do Maranhão e do Grão-Pará), somados os cativos da Mina e de Angola, as importações da Costa da Mina por Pernambuco responderam por cerca de 8,7% das importações de mão-de-obra compulsória africana entre 1696-1760.

Parece-me que a relativa importância do tráfico escravista luso-pernambucano na Costa da Mina para o abastecimento de mão-de-obra africana para a economia colonial pode ser, assim, razoavelmente atestada. No entanto, os números acima apresentados não pretendem impor-se como absolutos, mas como indicativos da tendência do tráfico da Capitania de Pernambuco. Ainda assim, dado o caráter aproximativo dessa avaliação, convém estarmos atentos para dados qualitativos que – particularmente para os anos em que os números resultam de interpolações – possam corrigir ou ratificar as nossas estimativas.

No primeiro qüinqüênio dos anos 1710, por exemplo, as conseqüências da "guerra dos mascates" perturbam, primeiramente, as atividades mercantis na praça do Recife e, logo, com a vitória das posições pró-mascatagem, levam a atribulação às populações do *hinterland* de Recife e Olinda, sobretudo aos pequenos produtores, que

---

[45] David Richardson, "Slave exports...", op. cit., p. 10, tabela 4, que dá o total exportado da África, do qual subtraímos 9% da mortalidade. Infelizmente, por não ter tido acesso aos dados mais recentes do TSTD, esses números podem estar defasados.

Espelhos Deformantes

201

abandonam suas lavouras.[46] Esses anos devem ter representado uma queda na atividade negreira, seja pelo refluxo da produção açucareira, seja pelo da fumageira. Esse provável recuo na importação de africanos da Costa da Mina pela capitania, entre 1710 e 1715, está em consonância com as estimativas apresentadas na Tabela 3. Para outros períodos, todavia, poderá não ser o caso e tenhamos que rever os nossos cálculos.

Mantida a estimativa de 65.470 escravos importados por Pernambuco da Costa da Mina, no período 1696-1760, somada à importação dos anos 1760-1777 (por conta da Companhia Geral de Comércio de Pernambuco e Paraíba – CGCPEPB) de 7.955[47] e os cerca de 2.000 escravos "minas" para os anos restantes do século XVIII,[48] a importação total daquela região soma 75.425 escravos. Então podemos apresentar duas breves conclusões.

A primeira: Maurício Goulart atribuíra, hipoteticamente, 80 mil a 100 mil escravos à importação por Pernambuco e pelo Rio de Janeiro da Costa da Mina[49] para todo o século XVIII. Esse número havia sido posto em dúvida por Philipp Curtin, que o diminuíra em 10%.[50] Se apenas Pernambuco recebeu (mantendo-os ou reexportando-os) cerca de 75 mil escravos entre 1700-1785, é provável que a revisão da estimativa de Goulart seja, antes, para mais que para menos.

A segunda: o comércio de escravos monopolizado pela CGCPEPB (1760-1777) significou um estrangulamento do tráfico entre a Capita-

---

[46] Evaldo Cabral de Mello, *A Fronda dos Mazombos: nobres contra mascates*, Pernambuco, 1666-1715, 2. ed. rev., São Paulo, 34, 2003, pp. 369-70, 422-9, 445-6.

[47] Ofício do [Governador da Capitania de Pernambuco], José César de Meneses, ao [Secretário de Estado da Marinha e Ultramar], Martinho de Melo e Castro, sobre a Companhia Geral de Pernambuco e Paraíba [...], doc. cit., anexo 2.

[48] Daniel Domingues Barros da Silva, "O tráfico transatlântico...", op. cit., p. 25, anexo 8.

[49] Maurício Goulart, *A Escravidão Africana....*, op. cit., p. 217.

[50] Phillip. D. Curtin, *The Rise and Fall...*, op. cit., 1969, pp. 208-10.

nia de Pernambuco e a Costa da Mina. Se o cômputo global das importações de escravos por Pernambuco, oriundas da África, caíram cerca de 25% no período da Companhia, quando comparadas às efetuadas nos 18 anos anteriores, a média anual de importações exclusivamente da Costa da Mina, que fora de aproximadamente 853 nos 20 anos anteriores, caiu para 442 escravos, isto é, um decréscimo de quase 50%.[51] Essa baixa, porém, deve ser creditada, também, a razões pertinentes às condições da lavoura de tabaco da capitania[52] e, uma vez que as exportações de açúcar de Pernambuco e anexas aumentaram no período da Companhia,[53] é possível que o decréscimo das importações de mão-de-obra africana tenha origem, em parte, na diminuição (ou mesmo cessação) das remessas de Pernambuco para as minas.

Esperamos, enfim, ter demonstrado a relevância do comércio negreiro a partir do porto do Recife na primeira metade do século XVIII, deixando para outra oportunidade sua relação com o tráfico atlântico e com a economia colonial luso-brasileira – entre outros aspectos, a relação desse ramo do tráfico com o aumento na demanda de escravos, devido à mineração no centro-sul da colônia, com a formação de um setor fumageiro de pequena escala na região e o impacto da concorrência de outras carreiras escravistas sobre o tráfico luso-brasileiro, bem como o papel dos comerciantes da praça do Recife nesse tráfico. A inserção dessa mercancia de braços na conjuntura atlântica da primeira metade do século XVIII confere maior sentido

---

[51] Salvo tenha sido compensada pelo contrabando, o qual não nos é possível estimar.

[52] O decréscimo na produção de tabaco pode-se atribuir, igualmente, ao açambarcamento das exportações pela CGCPEPB; cf. as críticas, nesse sentido, do governador José Cezar de Meneses, no documento citado à nota 43, fls. 26, 30-2; também, Guillermo Palacios, *Cultivadores Libres...*, op. cit., pp. 112-3.

[53] José Ribeiro Júnior, *Colonização e Monopólio no Nordeste Brasileiro. A Companhia Geral de Comércio de Pernambuco e Paraíba*, São Paulo, Hucitec, 1976, pp. 134-9.

Espelhos Deformantes

aos esforços para estabelecer com melhor precisão os números desse tráfico, fazendo das estimativas sobre o seu volume mais que um "jogo de números",[54] pois a quantidade de escravos importados pelo Brasil colonial é, antes de tudo, função de sua demanda pela mão-de-obra de homens e mulheres africanos e esta, em última instância, compreende-se nos ritmos da economia-mundo ocidental.

Da mesma forma, detalhando os passos dados para chegar-se a uma estimativa aceitável desse modesto ramo do tráfico transatlântico, espero ter proporcionado mais que um *guesswork*[55] e que os números apresentados para a importação luso-pernambucana de escravos "minas" não pareçam, àquela altura da economia luso-brasileira e atlântica, um "esbanjamento de negros",[56] uma vez que à demanda agrícola por escravos veio juntar-se a poderosa sucção de angolas e minas, direta e indiretamente, pela mineração.

---

[54] Phillip. D. Curtin, *The Atlantic Slave Trade...*, op .cit., pp. 3-13, discutindo o *numbers game* ou as várias estimativas anteriores à sua, considerando-as pouco sólidas.

[55] Idem, p. 209 et passim.

[56] Como pareceu a Goulart, as estimativas contemporâneas da virada do Seiscentos sobre o número de escravos da Bahia e Pernambuco; Maurício Goulart, *A Escravidão Africana...*, op. cit., pp. 101-2.

Parte IV
Espaço e cultura em fontes administrativas

O conjunto de artigos presente nesta parte caracteriza-se pela busca de seus autores em deslindar estratégias e conflitos a partir dos documentos administrativos produzidos pelo poder. Nesse sentido, deve-se investigar – nas entrelinhas e no intenso cruzamento de informações – aspectos aparentemente de somenos importância, mas cruciais para o entendimento mais complexo da rede de relações de poder, das estratégias de agentes sociais diversos, rompendo com uma visão esquemática que opõe de um lado os dominados e, por outro, os dominantes. Deve-se prestar atenção, no entanto, à desigualdade expressa nessa complexa correlação de forças, entendendo-a além da bipolaridade simplificadora e empobrecedora do passado colonial. Sem dúvida, o diálogo com a mais recente produção acadêmica abre novas possibilidades de análise a partir de fontes comumente conhecidas como tradicionais. Assim e nesse sentido, as novas pesquisas expressas aqui são parte do movimento historiográfico que também rompe com certo preconceito na utilização de documentos oficiais, fruto de um paradigma de interpretação positivista. Mas, por outro lado, também se questiona na análise desses documentos o próprio estatuto da lei, e a força da escrita impressa no mundo do Antigo Regime, diferentes das acepções vigentes em nossa sociedade contemporânea. Pois através deles, situam-se muitas dinâmicas de poder. Em suma, nos textos apresentados será possível – por exemplo – encontrar os embates e os processos de interação entre grupos étnicos; bem como identificar o sentido da palavra *vadio* no contexto da abertura e construção de caminhos na colônia; e também perceber a maneira pela qual o documento de sesmaria foi alterado para fazer jus aos interesses da metrópole, em sua relação com o caráter conflitivo daquela concessão.

Márcia Maria Menendes Motta

Em busca de novos vassalos: as estratégias dos portugueses para a atração dos índios, durante as tentativas de demarcação do Tratado de Madri, na Região Sul

Elisa Frühauf Garcia[*]

Em janeiro de 1750, as Coroas ibéricas assinaram o Tratado de Madri, por meio do qual pretendiam resolver as seculares contendas relativas aos limites entre as suas possessões ultramarinas. Para a região Sul da América, ficou estabelecida a troca da Colônia de Sacramento, da parte de Portugal, pelo território dos Sete Povos das Missões, do lado espanhol.[1] De acordo com os termos do Tratado, os índios deveriam abandonar as reduções e cruzar o rio Uruguai, estabelecendo, então, novos povoados. Poderiam levar consigo na transmigração seus bens móveis e semoventes, porém deixariam para os lusitanos as suas terras

---

[*] Doutoranda em História pela Universidade Federal Fluminense, sob a orientação da professora Maria Regina Celestino de Almeida.

[1] As sete reduções cedidas aos portugueses eram: São Miguel, Santo Ângelo, São João Batista, São Borja, São Luís, São Lourenço e São Nicolau. As missões jesuíticas eram *pueblos de indios*, inseridas dentro de um sistema de agrupamento de populações nativas vigentes no Império espanhol. Neste artigo, porém, essas reduções são denominadas de povos, apesar de esta não ser necessariamente a tradução mais adequada à realidade designada por *pueblos*. No entanto, era de povo que os portugueses chamavam as reduções, quando a elas se referiam e tal denominação acabou por se impor, pois aqueles que passaram para o domínio português são hoje conhecidos como os Sete Povos das Missões.

208   Rodrigo Bentes Monteiro (org.)

e benfeitorias. Para a efetivação do Tratado, cada Coroa constituiu uma comissão demarcadora, sendo o chefe da espanhola dom Gaspar de Munive, marquês de Valdelirios. Do lado português, foi designado o general Gomes Freire de Andrada, capitão-general do Rio de Janeiro, de Minas Gerais e de São Paulo, considerado um dos mais hábeis oficiais portugueses do período.[2]

A execução do Tratado de Madri no Sul da América ficou célebre pela oposição à demarcação, movida por uma parte dos guaranis de algumas reduções, a qual ensejou uma série de confrontos entre as milícias indígenas e os exércitos ibéricos, conhecidos na historiografia como "guerra guaranítica" (1754-1756). Em decorrência desses confrontos, a maior parte das análises sobre a execução do Tratado ficou centrada na referida "guerra", deixando em segundo plano outros aspectos daquela conjuntura histórica, principalmente no que concerne aos relacionamentos construídos entre os missioneiros e os portugueses.

Nesse sentido, ainda permanece na historiografia uma visão esquemática da relação dos índios com os exércitos ibéricos, principalmente com os portugueses. Durante o século XVII, as reduções foram alvo de uma série de ataques dos "bandeirantes", quando, inclusive, alguns povos tiveram de ser abandonados e reconstruídos em regiões menos acessíveis aos paulistas.[3] Em decorrência desses ataques,

---

[2] Charles Boxer, *A Idade de Ouro do Brasil: dores de crescimento de uma sociedade colonial*, Rio de Janeiro, Nova Fronteira, 2000, p. 326. Sobre os técnicos enviados para a América meridional, veja-se Mário Olímpio Clemente Ferreira, *O Tratado de Madrid e o Brasil Meridional. Os trabalhos demarcadores das partidas do Sul e a sua produção cartográfica (1749-1761)*, Lisboa, Comissão Nacional para as Comemorações dos Descobrimentos Portugueses, 2001, p. 237 e ss.

[3] Sobre os ataques dos bandeirantes às missões, veja-se John Monteiro, *Negros da Terra: índios e bandeirantes nas origens de São Paulo*, São Paulo, Companhia das Letras, 1994, pp. 57-98; Magnus Mörner, *Actividades Políticas y Económicas de los Jesuitas en el Rio de la Plata: la era de los Habsburgos*, Buenos Aires, Paidós, 1968, pp. 48-59.

Espelhos Deformantes 209

os missioneiros receberam autorização para possuir armas de fogo, com as quais poderiam defender-se das investidas dos "mamelucos del Brasil", como eram conhecidos os paulistas. Assim, ao longo da experiência missioneira, a população aldeada vivenciou um processo de formação da sua identidade em oposição aos portugueses.[4] Essa identidade, apesar de estar fundamentada no processo histórico sumariamente descrito acima, também era constantemente recriada de várias maneiras no cotidiano das missões, entre as quais, as representações teatrais.[5]

Devido à controvérsia gerada pelo Tratado, uma grande quantidade de fontes foi produzida sobre o tema pelos agentes envolvidos, orientadas a defender os pontos de vista dos seus autores. Os relatos elaborados pelos inacianos sobre os conflitos são marcados por um tom nitidamente antiportuguês. Esse tom deve-se tanto à história pregressa dos ataques dos paulistas às reduções quanto à forte oposição que os portugueses passaram a sustentar contra a Companhia de Jesus. Nesses escritos, os portugueses chegam a ser qualificados de "ridículos" nas maneiras e no modo de agir. São identificados com características sempre vistas como depreciativas, entre as quais a sua maneira de usar os bigodes, "retorcidos para cima", e a sua voz, "compassiva e mimosa, à la portuguesa".[6]

Dessa forma, muitas vezes é complicado utilizar os relatos dos inacianos para compreender as relações construídas entre os missio-

---

[4] Eduardo Neumann, "Fronteira e identidade: confrontos luso-guarani na Banda Oriental 1680-1757", *Revista Complutense de História de América*, n. 26, Madri, Editorial Complutense, 2000, pp. 73-92.

[5] Máxime Haubert, *Índios e Jesuítas no Tempo das Missões*, São Paulo, Companhia das Letras, 1990, p. 281.

[6] Juan de Escandón, *História da Transmigração dos Sete Povos Orientais*, São Leopoldo, Instituto Anchietano de Pesquisas, 1983 [1760], respectivamente pp. 265-6 e 268.

neiros e os portugueses, na medida em que esse é um dos aspectos no qual os padres mais expõem os seus juízos de valor. Assim, quando os índios "enganavam" os portugueses, o faziam porque eram espertos. No entanto, quando entabulavam conversações e firmavam acordos com os lusitanos, eram qualificados como dotados de uma "cabeça simplória".[7]

Os portugueses, por sua vez, demonstraram nos seus relatos os seus avanços na demarcação do Tratado, enfatizando como, ao longo do processo, estavam seguindo as diretrizes da Corte, ou seja, aproximando-se dos índios e mantendo relações amistosas com eles. A fim de modificar a "má fama" dos lusitanos junto aos índios, alimentada pela memória dos ataques dos bandeirantes, e, por conseguinte, atraí-los para os domínios de Portugal, Gomes Freire, instruído por Sebastião José de Carvalho e Melo, desenvolveu uma política chamada genericamente de "bom tratamento". Por esta, não apenas o general, mas também os demais integrantes das tropas sob o seu comando deveriam tratar os missioneiros da maneira mais "amiga" possível, de modo a mostrar como estavam enganados sobre o caráter dos lusitanos.

No decurso das tentativas de demarcação do Tratado, os jesuítas e os portugueses disputaram entre si a aliança dos indígenas, aspecto evidente na documentação produzida por ambas as partes. Esta, porém, não é a questão proposta neste trabalho. O tema ao qual me dedico é a perspectiva indígena dessa situação histórica e, nesse sentido, utilizo as fontes produzidas pelas partes em disputa, para perceber como os missioneiros orientaram as suas ações naquele momento de inflexão, quando se encontravam na iminência de perder as reduções, construídas ao longo de décadas de trabalho. Assim, o ponto é perceber as suas ações em fontes escritas por

---

[7] Idem, p. 259.

Espelhos Deformantes

lados opostos, num conflito marcado pela acusação mútua entre os envolvidos, que teria sérias conseqüências futuras, principalmente para os jesuítas.

O interesse pela etno-história, ou história indígena, como é usualmente chamada no Brasil, é relativamente recente na nossa historiografia. Segundo John Monteiro, a temática acabou ficando circunscrita ao âmbito da antropologia, porque os historiadores não se consideravam preparados para lidar, tanto teórica quanto metodologicamente, com populações em sua maioria ágrafas,[8] ou seja, como grupos que raras vezes deixaram registros escritos, as informações sobre eles devem ser buscadas em documentos produzidos em sua maioria por europeus ou seus descendentes.[9] Para tal, no entanto, é necessário um embasamento conceitual apropriado, que possibilite perceber e compreender as ações dos índios em documentos que não foram produzidos pelos próprios.

Dessa forma, nas pesquisas acerca dos povos indígenas, os aportes teóricos da antropologia são fundamentais para auxiliar na leitura e na interpretação das fontes. A relação cada vez mais próxima entre a antropologia e a história embasou significativas transformações, ocorridas nas últimas décadas, nos estudos sobre as populações originárias, principalmente em relação à análise dos grupos étnicos. Em de-

---

[8] John Monteiro, *Tupis, tapuias e historiadores: estudos de história indígena e do indigenismo*, Campinas, Tese de Livre Docência em Antropologia, Unicamp, 2003, p. 4.

[9] Ao longo da experiência missioneira, muitos guaranis foram alfabetizados e, durante a "guerra guaranítica", alguns deles escreveram importantes documentos sobre o conflito. Esses documentos, porém, refletem o ponto de vista dos índios sublevados contra o Tratado e não daqueles que optaram por negociar com os portugueses. Para uma análise da apropriação da escrita pelos missioneiros e da sua utilização no contexto da execução do Tratado de Madri, veja-se Eduardo Neumann, *Práticas letradas guarani: produção e usos da escrita indígena (séculos XVII e XVIII)*, Rio de Janeiro, tese de doutorado em História, UFRJ, 2005.

trimento de tomá-los como entidades isoladas, passou-se a privilegiar o processo de sua formação e transformação, ao longo dos contatos com a sociedade colonial.[10]

Ao centrar os estudos nos processos de interação com os demais segmentos sociais, os grupos étnicos passaram, então, a ser percebidos não como blocos monolíticos e estáticos, mas como grupos em permanente transformação, no interior dos quais ocorriam disputas, em sua maioria desencadeadas pelos contatos com a sociedade envolvente.[11] Esse tipo de perspectiva permite perceber, nas fontes consultadas, as diferenças e as disputas internas entre os guaranis, que estavam caracterizados, principalmente em momentos de inflexão, pela presença de desavenças sobre quais os melhores rumos a seguir. As mesmas fontes, além de demonstrarem tal processo, apontam para as ações dos portugueses como motivadoras de muitas das suas dissensões.

Uma situação desse tipo pode ser encontrada num trecho do diário do jesuíta Tadeo Henis, em que afirma que muitos índios saíam durante a noite para procurar o "inimigo" e com este negociar, pois os lusitanos prometiam vantagens àqueles que fizessem tais negociações. Conforme o relato do padre: "Éstas y otras cosas fueron semilla de muchas discordias entre los ejércitos de los indios, de suerte que

---

[10] Para uma visão geral das populações indígenas da América do Sul no período colonial, sob tal perspectiva, veja-se Stuart Schwartz & Frank Salomon, "New peoples and new kind of people: adaptation, readjustment and ethnogenesis in South American indigenous societies (Colonial Era)", em Stuart Schwartz & Frank Salomon (orgs.), *The Cambridge History of the Native Peoples of the Americas*, Cambridge/New York, Cambridge University Press, 1999. Para uma percepção acerca das mudanças recentes na historiografia sobre os índios na América portuguesa, veja-se John Monteiro, *Tupis, tapuias e historiadores...*, op. cit.

[11] Gerald Sider, "Identity as history. Ethnohistory, ethnogenesis and ethnocide in the Southeastern United States", *Identities Global Studies in Culture and Power*, vol. 1, New Hampshire, 1994, p. 111.

Espelhos Deformantes

alguna vez hubieron de tener guerra civil o interna".[12] Nesse sentido, é necessário destacar que a maioria dos missioneiros, principalmente os sublevados contra o Tratado, manteve a sua oposição ao exército português. Os lusitanos, porém, por meio da sua política, conseguiram atrair uma parte dos índios, os quais ficaram interessados nas suas propostas. Como salientou Tadeo Henis na passagem citada, as propostas lusitanas intensificaram as divergências entre os índios, demonstrando que uma parcela destes estava considerando a possibilidade de, em vez de enfrentar belicamente os portugueses, negociar com eles.

Se as divergências entre os grupos indígenas eram comumente intensificadas pelos europeus, essa situação era mais recorrente em regiões de fronteira, onde estes últimos estimulavam as disputas entre os índios e, simultaneamente, buscavam consolidar alianças com eles. Tais alianças eram percebidas como viabilizadoras do estabelecimento da sociedade colonial e da manutenção dos limites territoriais. Essa característica foi comum em várias regiões da América, onde a disputa pela primazia nas alianças com os grupos indígenas influenciava diretamente o tipo de estratégia adotada pelos europeus.[13] A concorrência pela aliança com os grupos nativos é claramente evidenciada nas diretrizes de "bom tratamento" aos índios, enviadas a Gomes Freire por Sebastião José de Carvalho e Melo, cujo objetivo era aproximá-los dos portugueses. Seguindo essas diretrizes, durante a campanha Gomes Freire recebia pessoalmente os guaranis que se

---

[12] Tadeo Henis, *Diário Histórico de la Rebelión y Guerra de los Pueblos Guaranís, situados en la costa oriental del río Uruguay, del año de 1754*, Alicante, Biblioteca Virtual Miguel de Cervantes, 2002, p. 33.

[13] Veja-se, por exemplo, Nádia Farage, "As muralhas dos sertões: os povos indígenas no Rio Branco e a colonização", Rio de Janeiro, Paz e Terra, ANPOCS, 1991, p. 18 e ss., e Marcus Meuwese, *For the peace and well-being of the country: intercultural mediators and Dutch-Indian relations in New Netherland and Dutch Brazil, 1600-1664*, Notre Dame, Tese de PhD em História, Universidade de Notre Dame, 2003.

214   Rodrigo Bentes Monteiro (org.)

dirigiam ao seu acampamento, onde eram tratados com toda a cortesia. Um exemplo disso ocorreu quando o general foi procurado por
um índio, oriundo de São Miguel, conforme o narrado por Tadeo
Henis. Naquela ocasião, o tal índio de São Miguel "fue muy bien tratado por Gómez Freire, y habiendóle mandado sentar, lo regala con
cena y cama, y fue rogado a quedarse a dormir en tanto que escribía
al cura del pueblo. Escribió, y bien de mañana entregó al enviado las
cartas, y lo hizo volver en paz a los suyos".[14]

As tentativas de aproximar-se dos índios com o intuito de estabelecer alianças aparece ainda mais claramente nos relatos escritos
pelos lusitanos. Uma das características dessa aproximação foi o intenso comércio mantido entre ambos, quando os guaranis traziam
para vender mercadorias como erva-mate, sebo e charque.[15] Nessas situações, o "bom tratamento" dispensado aos índios por Gomes Freire
era tamanho que os próprios portugueses muitas vezes ficavam con-
fusos com as suas atitudes. Conforme o relato do sargento-mor Luiz
Manoel de Azevedo,

> É inexplicável a prudência que o nosso General teve com os índios
> sofrendo as suas importunas arengas, e incuriaes discursos tratando-os
> com muita caridade, mandando-lhes dar de vestir e comer, e assim os
> pos tão domésticos, que nos últimos dias dos que ocupamos aquele passo
> vindo os índios a fazer um pobríssimo negócio de bexigas de graxa de
> sabão, copos de chifre e outras bagatelas mais, obedeciam as ordens de

---

[14] Tadeo Henis, *Diário Histórico...*, op. cit., p. 34.

[15] José Custódio de Sá e Faria, "Diário da Expedição e Demarcação da América Meridional
e das Campanhas das Missões do Rio Uruguai (1750-1761)", em Tau Golin (org.), *A Guerra
Guaranítica: como os exércitos de Portugal e Espanha destruíram os Sete Povos dos jesuítas e índios
guaranis no Rio Grande do Sul*, Passo Fundo/Porto Alegre, Ed. da UPF/Ed. da UFRGS,
1999, p. 333.

Espelhos Deformantes

215

se retirarem quando se dilatavam muito porque vinham logo de manhã, e durava a feira até as 2 e 3 da tarde, e duraria até a noite se não fosse o impedir-se a dita feira por mais tempo.[16]

A se dar crédito aos relatos, uma parcela considerável dos índios estava procurando os portugueses e ouvindo as suas propostas. Esse interesse dos missioneiros, no entanto, também parece estar vinculado à mudança da sua percepção acerca dos jesuítas e dos espanhóis, que começou a se transformar depois da divulgação dos termos do Tratado na região.[17] A mudança também era intensificada por boatos, difundidos nos povos, provavelmente pelos próprios portugueses.[18] De acordo com certos boatos, os jesuítas haviam vendido as reduções aos lusitanos. Segundo outros rumores, os padres teriam negociado os missioneiros como escravos, e as informações variavam entre se tinha sido com os portugueses ou com os espanhóis. Os boatos, independentemente da sua veracidade ou de quem os difundiu, pareceram críveis, de acordo com os relatos, para uma boa parte da população missioneira.

---

[16] "Memória e resumo do sucedido desde o primeiro de março de 1752 que ao Rio Grande chegaram as ordens de S. Exa. para que o Governador Pascoal de Azevedo mandasse ao Rio Guaíba o Sargento mor Luiz Manoel de Azevedo Carneiro e Cunha para o efeito de escolher lugares para armazéns no sítio da forqueta, e onde mais parecesse conveniente, para entrada do exército até se recolher o mesmo para o dito Rio Grande", *Revista do Instituto Histórico e Geográfico do Rio Grande do Sul*, vol. 1, Porto Alegre, 1937, p. 91.

[17] Barbara Ganson, *The Guarani under Spanish Rule in Río de la Plata*, Stanford, Stanford University Press, 2003, p. 93 e ss.

[18] Bernardo Nusdorffer, "Relação de todo o ocorrido nestas doutrinas com respeito às mudanças dos Sete Povos do Uruguai desde São Borja até Santo Ângelo inclusive que pelo Tratado Real e a linha divisória dos limites entre as duas Coroas ou se haviam de entregar aos portugueses ou se haviam de mudar a outras paragens" [1750-1756], em Carlos Teschauer (org.), *História do Rio Grande do Sul dos dois primeiros séculos* [1: 1918, 2: 1921, 3: 1922], São Leopoldo, Ed. da Unisinos, 2002, vol. 3, pp. 342-3.

Na disputa pela primazia na aliança com os índios, os portugueses não apenas buscavam convencê-los da sua benignidade, mas também procuravam demonstrar o ardil e a inaptidão dos jesuítas. Estes não eram dignos de confiança, porque venderam os índios como escravos, rompendo a sua aliança com os mesmos. Por outro lado, mostraram-se incapazes de garantir os direitos dos missioneiros, ou seja, de defender as suas terras no contexto dos interesses do Império espanhol. Apesar dos relatos demonstrarem que muitos índios consideraram plausíveis os boatos acerca dos inacianos, acredito que as declarações dos guaranis sobre os jesuítas devem ser tomadas como parte de uma retórica, utilizada na construção de uma aliança. Aceitar uma suposta venda de suas pessoas e propriedades pelos jesuítas significava aproximar-se dos lusitanos e usufruir das benesses por eles oferecidas. Nesse sentido, cabe ressaltar que nem os portugueses estavam agindo de má-fé nas suas propostas aos índios, nem estes estavam sendo ingênuos ao considerá-las. Tratou-se de negociações, nas quais ambas as partes buscavam satisfazer os seus objetivos.

Além da mudança de concepção acerca dos jesuítas, também os espanhóis passaram a ser vistos como traidores dos índios, ao longo do processo de demarcação. Num primeiro momento, em encontros que tiveram com os demarcadores, os missioneiros assentiram em permitir apenas a entrada dos castelhanos nas suas terras, enquanto vassalos do mesmo rei, mas não aceitavam a passagem dos lusitanos. No entanto, pelo menos para uma parte dos índios, a visão que tinham dos espanhóis se alterou ao longo do conflito. Segundo os relatos dos portugueses, os missioneiros expuseram, em vários momentos, durante as suas conversas, que haviam auxiliado os espanhóis, quando estes lhes pediram ajuda, principalmente na defesa da Colônia de Sacramento contra os próprios portugueses. E agora, em troca, recebiam como pagamento a união dos castelhanos com os lusitanos

Espelhos Deformantes

para invadirem os seus povos. Segundo o capitão Jacinto Rodrigues da Cunha, alguns índios teriam dito aos portugueses:

> [...] eles [os índios] desejavam apanhar lá os castelhanos, para se vingarem deles pelas suas falsidades, com que os tratam porque bem se lembram ainda de os convidarem os espanhóis quando foram cinco mil índios, que levavam de seu socorro para darem um assalto na praça da Colônia [do Sacramento] há muitos anos em que perderam uma grande quantidade de índios ao pé das muralhas com artilharia que então eram os espanhóis contra nós [portugueses], e que agora nos buscaram para irmos contra eles e botá-los fora das suas casas, e das suas terras.[19]

Além dos primeiros problemas advindos com a notícia da assinatura do Tratado, a convivência dos índios com os castelhanos não era das melhores, acarretando o aumento dos conflitos entre estes. Os missioneiros se queixavam aos portugueses de que os espanhóis

> [...] os tratam muito mal, que bem mostram serem traidores, que nós não nos fiássemos neles, porque nos andavam enganando. Disseram mais ao senhor general: que nós [os portugueses] podíamos entrar nas Missões, se quiséssemos, sem eles nos impedirem, porém que querem ficar sempre nas suas mesmas terras, e que não querem lá os castelhanos.[20]

As informações fornecidas pelos portugueses sobre o aumento dos desentendimentos entre os missioneiros e os castelhanos, e

---

[19] Jacinto Rodrigues da Cunha, "Diário da expedição de Gomes Freire de Andrada às Missões do Uruguai", *Revista do Instituto Histórico e Geográfico Brasileiro*, vol. 16, Rio de Janeiro, 1853, p. 192.
[20] José Custódio de Sá e Faria, "Diário da expedição...", op. cit., p. 335.

218 Rodrigo Bentes Monteiro (org.)

a conseqüente proximidade dos primeiros com os lusos, poderiam sugerir certa parcialidade dos autores dos relatos, na medida em que estariam construindo uma imagem favorável da situação, tentando demonstrar a sua eficiência em seguir os ditames da Corte. No entanto, ao cruzar as suas informações com as produzidas pelos espanhóis, podem-se encontrar impressões semelhantes. Segundo o marquês de Valdelirios, as tentativas de demarcação do Tratado originaram uma mudança de percepção dos índios acerca dos portugueses, fazendo com que aqueles passassem a considerar os domínios do Rei Fidelíssimo como uma possibilidade a mais. Nas suas palavras:

> Y si no hubiesse conducido por todos medios la fiel voluntad de el Rey, mi Amo, en que se cumpliesse do que havia tractado con el Fidelissimo su Hermano, los índios no huvieran tenido motivo para levantar-se, pues juzgaban que la frontera, que se les ofrecia era de aquellos tiramnos, o inhumanos Paulistas, que desde el tiempo de el establecimiento de estas Misiones se declararon sus jurados enemigos, saliendo a caza de ellos para quitar-les sus vidaz, y libertades, y aunque há muchos años, que han cessado sus hostilidades, no han perdido la memoria de las ofensas, que recibieron, pero *ya han salido de este engaño*, pues en estos tiempos los fugitivos de los Pueblos han buscado el asylo, y si habitacion en los Dominios de Portugal.[21]

A convivência entre os índios e os portugueses tornou-se mais intensa após a entrada dos exércitos ibéricos nos povos e o acampamen-

---

[21] Ofício do [comissário principal espanhol da Demarcação dos Limites da América Meridional], marquês de Valdelirios [D. Gaspar de Munive León Garabito Tello y Espinosa] ao [1º comissário da Demarcação dos Limites da América Meridional], Gomes Freire de Andrade, sobre as provas que já foram dadas de que estavam tratando da execução do Tratado de Limites; que na conferência de Castillos fora reconhecido o quanto já se fizera para se por à obra os assuntos das instruções; que enviaram o comissário geral dos

Espelhos Deformantes

to das tropas nos mesmos.[22] Gomes Freire aproveitou o período no qual o exército sob seu comando permaneceu no território das missões para aprofundar a política de atração dos índios. Essa situação foi narrada com minúcia pelo jesuíta Juan de Escandón, no relato "História da transmigração dos Sete Povos Orientais", escrito entre 1758 e 1759, no qual fornece informações detalhadas sobre as diferenças no comportamento dos dois exércitos quanto ao tratamento dispensado aos índios e sobre o período em que os portugueses permaneceram em Santo Ângelo. Um dos maiores interesses de Escandón era demonstrar a perfídia portuguesa, pois, na sua interpretação, os lusos enganavam os índios, difundindo boatos e fazendo promessas que não pretendiam cumprir. O autor, porém, acaba fornecendo dados importantes sobre aquela política e, principalmente, acerca das reações dos índios. Conforme os dados de Escandón, as dessemelhanças entre portugueses e espanhóis começaram já no momento de divisão do butim de guerra, ou seja, na repartição entre os soldados dos bens das reduções. Enquanto os espanhóis agiram como de praxe, efetuando a divisão, Gomes Freire não permitiu que os seus subordinados fizessem o mesmo. No momento da divisão, o general

[...] protestou de público, em nome de seu Rei, no de seu próprio e no de todos os soldados lusos, que expressamente renunciava em favor

---

jesuítas padre Lopo Luís Altamirano a fim de tratar da transmigração dos índios dos Sete Povos das Missões. São João, 12 de abril de 1757. Arquivo Histórico Ultramarino, Brasil-Limites, cx. 2, doc. 127 (grifo meu).

[22] Em fevereiro de 1756, os índios rebelados foram derrotados pelos exércitos ibéricos coligados na batalha de Caiboaté, após a qual as tropas entraram nos povos. Num primeiro momento, ambas ficaram estabelecidas no povo de São Miguel. Posteriormente, os espanhóis acamparam na redução de São João e os portugueses, na de Santo Ângelo.

dos infelizes índios a todos os bens móveis que lhe poderiam caber dos despojos daquele Povo, dizendo que o exército luso por enquanto se dava por contente com a glória de haver vencido.[23]

De acordo com o relatado por Escandón, pode-se perceber que Gomes Freire não apenas não permitiu a divisão do butim entre os lusitanos, mas fez questão de dizê-lo em alto e bom tom, transformando a sua atitude numa arma política. Aproveitou aquela situação para demonstrar aos índios a pretensa superioridade dos portugueses em relação aos espanhóis, por meio de uma representação cuidadosamente planejada.[24] A sua estratégia parece ter dado resultados. A notícia dessa diferença de tratamento concedida aos índios se espalhou pelos povos:

> [...] elas correram célebres como notícias pelos povos, acompanhadas da compaixão, do carinho, agasalho e bons modos, com que os portugueses todos tratavam de maneira uniforme a todos os índios. Valia isso dos chefes, cabos e soldados, principalmente desde que, já aquartelados todos com o seu Gomes Freire em Santo Ângelo, os índios os viam não lhes fazendo nenhum vexame nem moléstia.[25]

Juntamente com as notícias do "bom tratamento" dispensado aos índios pelos portugueses, a atitude dos espanhóis parece ter sido inversa, pois, além de pilharem as suas partes, ainda ficavam com as de que os lusitanos haviam aberto mão.[26] Segundo Escandón, os

---

[23] Juan de Escandón, *História da Transmigração...*, op. cit., p. 349.

[24] Sobre a representação que os agentes fazem de si, durante as suas relações sociais, ver Peter Burke, *O Mundo como Teatro: estudos de antropologia histórica*, Lisboa, Difusão Européia do Livro, 1992, p. 149 e ss.

[25] Juan de Escandón, *História da Transmigração...*, op. cit., p. 350.

[26] Idem, p. 351.

Espelhos Deformantes

missioneiros passaram, então, a comparar os portugueses "antigos" com os "atuais": "embora os portugueses antigos de fato tinham sido péssimos e mortais inimigos de sua nação de guaranis e tapes, agora contudo os modernos e atuais já não eram senão pessoas muito boas e amantes dos índios".[27]

Os portugueses, seguindo as diretrizes de Sebastião José de Carvalho e Melo, presenteavam os guaranis, os soldados se ofereciam para casar com as índias, tratavam os missioneiros sem soberba, mas "de igual para igual", assim como pagavam pelos produtos de que necessitavam, em detrimento de simplesmente confiscá-los. Gomes Freire, por sua vez, também sempre tentava mostrar-se magnânimo, perdoando os missioneiros, principalmente quando os espanhóis pretendiam castigá-los.[28]

Quando os exércitos ibéricos estavam acampados nos povos, foi comemorado o aniversário do rei de Portugal, Dom José I. A ocasião foi celebrada com as devidas festividades, das quais participaram os oficiais de ambos os exércitos. Para animar a festa, foram chamados índios músicos, os quais

> [...] mandou o nosso general tratar com muita grandeza. Lhes deu mesa pública e vários mimos, com que se retiraram muito contentes, dizendo que não pode haver no mundo gente de tanto agrado, bom coração e liberdade como os portugueses. *E que agora era que nos conheciam bem, porque sempre andaram enganados. E que, à vista de nós, nada valem os castelhanos, porque são muito pobres e maus, e nós muito ricos e bons.*[29]

---

[27] Idem.

[28] José Custódio de Sá e Faria, "Diário da Expedição...", op. cit., p. 501.

[29] Idem, p. 509 (grifo meu).

Pela passagem narrada, pode-se perceber como a festa foi utilizada para impressionar esses índios, de modo que eles não apenas se mostrassem interessados pela Coroa portuguesa, mas passassem a desejar as ofertas de mudança de vassalagem.[30] A partir da "pompa e circunstância" demonstrada no cerimonial, o rei de Portugal disputava em grandeza com o monarca espanhol, competição que deveria reverter na atração de novos vassalos. O cerimonial servia como um instrumento nessa disputa e tinha a função de indicar aos índios que, se aceitassem as ofertas lusitanas, passariam a ser, também eles, vassalos de um monarca "tão generoso", sendo partícipes nessas comemorações.

Como perceberam os índios essas propostas e em que medida as utilizaram em seu favor? Conforme as suas respostas à política de "bom tratamento", nas suas comparações entre os portugueses antigos e os atuais e entre estes e os espanhóis, pode-se perceber como os guaranis estavam participando ativamente das propostas dos lusitanos. Assim, a questão não é se eles pensavam ou não dessa maneira, mas sim que dialogaram com as propostas de Gomes Freire. Afinal, estas eram sedutoras e vinham ao encontro de muitos dos seus anseios. Nesse sentido, tais respostas devem ser interpretadas como uma retórica dirigida aos lusitanos, considerando-se que os índios participaram das suas representações e se mostraram hábeis na construção de uma aliança que lhes garantiu determinadas vantagens. Por meio das declarações dos índios, percebe-se como, naquele contexto, no mais das vezes desfavorável, uma parte dos missioneiros repensou a

---

[30] Para uma análise das festas como instrumento de demonstração do poder monárquico no contexto da América portuguesa, veja-se Rodrigo Bentes Monteiro, "Entre festas e motins: afirmação do poder régio bragantino na América portuguesa (1690-1763)", em István Jancsó & Íris Kantor (orgs.), *Festa: cultura e sociabilidade na América Portuguesa*, São Paulo, Hucitec/Edusp, 2001, vol. 1, pp. 127-147.

Espelhos Deformantes 223

sua trajetória histórica de contato com os portugueses e os espanhóis, reformulando as concepções que orientavam a sua aliança tradicional com os segundos e a inimizade com os primeiros, ou seja, ao longo do seu contato com vários agentes da sociedade colonial, os guaranis deliberaram e modificaram muitas de suas concepções. A iminência da perda dos seus povos e o acampamento neles dos exércitos ibéricos foram percebidos não apenas como um momento difícil e de perda, mas também reformulado, no sentido de ganhos futuros, por meio da utilização das propostas lusitanas.[31]

Gerald Sider, ao considerar a representação da história de populações nativas produzida pelas próprias, alerta para a importância de se levar em conta que, para elas, tal formulação está muito longe de uma mera abstração. Ao contrário, a produção da sua história é elaborada no decorrer de situações concretas, quando estas se vêem forçadas por situações extremas a repensar as suas conexões com o passado, de modo a compreender a situação na qual se encontram e se instrumentalizar para obter melhores chances de futuro ou, até mesmo, a possibilidade de ter um futuro, ameaçado diante das situações enfrentadas.[32] Os missioneiros que negociaram com Gomes Freire e buscaram utilizar as propostas lusitanas em proveito próprio provavelmente passavam por um dos momentos mais difíceis de suas trajetórias, na iminência de entregarem os seus povos e absolutamente incertos quanto ao seu futuro. Nessa situação, repensaram o seu

---

[31] Joanne Rappaport, ao estudar a consciência história dos páez contemporâneos da Colômbia, demonstra como para aquele grupo a história era constantemente reformulada, a partir de questões colocadas pelo presente, quando os índios utilizavam o passado para repensar as suas condições atuais e planejar o futuro. Joanne Rappaport, "Introduction: interpreting the past", em *The Politics of Memory*, Cambridge, Cambridge University Press, 1990, pp. 1-25.

[32] Gerald Sider, "Identity as History...", op. cit., p. 114.

passado e fizeram, a partir da conexão entre este e o seu presente, uma reformulação das suas representações. As habituais representações dos portugueses, enquanto inimigos, e dos espanhóis e jesuítas, como aliados, não eram capazes de explicar a situação na qual se encontravam e, tampouco, de oferecer-lhes alguma segurança quanto ao seu devir. Assim, alguns disseram que foram enganados sobre o caráter dos lusitanos, outros argumentaram que estes haviam mudado e outros ainda acusaram os espanhóis de traidores, malvados e pobres. Num contexto em que essas antigas "certezas" não eram capazes de explicar a situação vivida, a reformulação dessas representações serviu para rearticular as suas alianças e, simultaneamente, lhes facultou a utilização das propostas portuguesas e a construção de uma possibilidade de futuro nos domínios do Rei Fidelíssimo.

Tanto durante quanto após os conflitos advindos das tentativas de demarcação do Tratado de Madri, os missioneiros não foram vítimas passivas de um contrato assinado pelas Cortes ibéricas. Ao contrário, encontraram maneiras de negociar e de tentar lidar com um novo contexto histórico, maneiras estas que não foram únicas, mas variaram de acordo com os grupos, com os diferentes momentos e com as oportunidades encontradas. Em 1757, Gomes Freire se retirou da região missioneira, acompanhado por cerca de 500 famílias de índios de Santo Ângelo. Além destes, vários grupos de outras reduções também se dirigiram para as terras portuguesas. Poucos anos depois, em 1761, o Tratado de Madri foi anulado pelo Tratado de El Pardo, que estipulava que os Sete Povos das Missões deveriam permanecer em território espanhol, enquanto Sacramento continuaria um estabelecimento português. Independentemente, porém, da anulação do Tratado, a grande maioria dos missioneiros que migraram para os domínios do Rei Fidelíssimo neles permaneceu. Ainda é recorrente na historiografia, contudo, a idéia segundo a qual os guaranis, que

Espelhos Deformantes

se aliaram aos portugueses e passaram a viver nos domínios do Rei Fidelíssimo, tiveram como único meio de sobrevivência se integrar de forma "marginal e inferior" à sociedade colonial, principalmente trabalhando como peões nas estâncias e como jornaleiros nos núcleos urbanos.[33] Outros autores são ainda mais severos, afirmando, sem nenhum embasamento documental, que os índios que optaram por acompanhar Gomes Freire foram escravizados.[34] Esse tipo de percepção necessita ser repensada, principalmente porque, na sociedade colonial do Continente de São Pedro, foram criadas aldeias indígenas para recebê-los. Nelas, os missioneiros se estabeleceram na sociedade colonial da América portuguesa não enquanto mestiços, mas na "qualidade"[35] de índios, sendo passíveis de sofrerem as restrições características dessa condição, mas também de usufruírem dos benefícios contidos na legislação pombalina, aplicada nas aldeias para onde se dirigiram.

Por outro lado, a política de atração da população missioneira não se encerrou com a anulação do Tratado de Madri. Ao contrá-

---

[33] Segundo Tau Golin: "Aos índios restaram as alternativas da integração subalterna, da miscigenação ou da volta ao modo de vida quase neolítico, levando para as aldeias no interior das florestas apenas alguns instrumentos materiais, herança dramática do contato com os ibero-americanos, a exemplo do ferro". Tau Golin, *A Guerra Guaranítica...*, op. cit., p. 559.

[34] Clovis Lugon, *A República "Comunista" Cristã dos Guaranis: 1610-1768*, Rio de Janeiro, Paz e Terra, 1977 [1949], p. 295.

[35] "Qualidade" era o termo utilizado no *Diretório* pombalino para definir a condição dos índios. "Diretório que se deve observar nas povoações dos índios do Pará e do Maranhão enquanto sua majestade não mandar o contrário", parágrafo 90; Rita Heloísa de Almeida, *O Diretório dos Índios: um projeto de civilização no Brasil do século XVIII*, Brasília, Ed. da UnB, 1997. Apesar de ter sido elaborado inicialmente para o Pará e para o Maranhão, conforme o nome indica, o *Diretório* foi posteriormente estendido para o conjunto da América portuguesa. Jorge Couto, "O Brasil pombalino", em João Medina (org.), *História de Portugal dos tempos pré-históricos até aos nossos dias*, Alfragide, Ediclube, s. d., vol. V, p. 117.

rio, continuou ao longo da segunda metade do século XVIII. Dessa forma, para atrair os índios que permaneceram nas missões, fazia-se necessário "tratar bem" os novos súditos, visando a que isto servisse de incentivo para aqueles se decidirem a seguir o exemplo destes e se mudarem para as terras do Rio Grande. Uma vez estabelecidos na sociedade colonial luso-brasileira, os missioneiros, agora na condição de novos vassalos de Portugal, se posicionaram como pessoas que tinham escolhido a mudança de soberania, "a convite" do general Gomes Freire de Andrada. A partir do seu aprendizado na sociedade colonial e do contato com os vários segmentos sociais, os guaranis souberam cobrar dos portugueses as promessas feitas por ocasião das tentativas de demarcação do Tratado de Madri e aprenderam a utilizar a seu favor, quando era possível, as contínuas disputas por súditos entre as monarquias ibéricas.

Caminhos e descaminhos do ouro nas Minas Gerais setecentistas: uma contribuição da documentação oficial

Luciane Cristina Scarato[*]

As estradas das Minas Gerais, no século XVIII, constituíram-se em vias de comunicação essenciais entre a região mineradora e as demais capitanias da América portuguesa. Por isso, partindo da relação existente entre História e espaço, este capítulo analisa os caminhos, as estradas e as trilhas que se espalharam pela capitania como um suporte físico para as relações de trocas não apenas econômicas, mas também culturais, políticas e sociais. Do Caminho Novo e de outras tantas "picadas" emergem os homens e as mulheres que por elas passavam ou nelas mantinham residência: viandantes, tropeiros, índios, militares, quilombolas, roceiros, ciganos, "vadios", estalajadeiros, bandidos, fazendeiros e contrabandistas. O objetivo proposto é identificar os vínculos entre os caminhos, a administração colonial e a estruturação da sociedade mineradora. Para tal, consideramos a forma como a Coroa portuguesa, os governadores das Minas e os colonos lidavam com as estradas, bem como os diferentes interesses envolvidos na sua abertura e conservação. Além disso, buscamos revelar aspectos do cotidiano dos caminhos e do contrabando.

---

[*] Mestranda em História pela Universidade Estadual de Campinas, sob a orientação da professora Leila Mezan Algranti.

Se determinismos geográficos são prejudiciais ao bom andamento do ofício do historiador, ignorar a relação entre os seres humanos e o meio onde viveram é relegar a segundo plano uma série de informações que nos podem ajudar a compreender uma realidade histórica distinta da nossa. Durante boa parte da Idade Moderna, ao contrário do que ocorre atualmente, os elementos da natureza impunham às pessoas incertezas e irregularidades com as quais elas precisavam desenvolver meios de lidar.[1] Em se tratando de um tempo no qual o desenvolvimento da burocracia conheceu níveis de complexidade bastante altos, uma tempestade ou um ataque de bandidos nas estradas poderia significar um atraso ainda maior do que o previsto nas correspondências administrativas. Assim, por ser uma região extremamente vigiada pela Coroa portuguesa, devido à ameaça de invasões estrangeiras e ao contrabando de metais preciosos, o estudo dos caminhos e das estradas nas Minas Gerais setecentistas traz esclarecimentos relevantes sobre a dinâmica da sociedade mineradora.

Na tentativa de reconstruir esse universo, o tipo de fonte utilizado neste trabalho é a chamada "documentação oficial", constituída basicamente por bandos, ordens, requerimentos, despachos, cartas e ofícios do governo da capitania, localizados na Seção Colonial do Arquivo Público Mineiro. A escolha de um *corpus* documental tradicional como esse pode parecer retrógrada, porque, desde a fundação dos *Annales*, em 1929 e, principalmente a partir da década de 1970, com a publicação dos três volumes de *Faire de l'histoire*, organizada por Jacques Le Goff e Pierre Nora, a História vem assistindo a renovações e amplas diversificações das fontes utilizadas nas pesquisas. Todavia, acreditamos que, tão importante quanto o tipo de documen-

---

[1] Fernand Braudel, *O Mediterrâneo e o Mundo Mediterrânico na Época de Filipe II*, Lisboa, Martins Fontes, 1983, vol. 1, p. 407.

Espelhos Deformantes 229

to consultado, é o modo como este é trabalhado pelo historiador. Portanto, é possível descobrir na documentação oficial informações surpreendentes não apenas sobre a administração, mas ainda sobre o cotidiano e os modos de pensar de um determinado período, levando em consideração, por exemplo, além dos dados que são apresentados diretamente, isto é, os fatos e os acontecimentos em si, também a forma, o remetente, o destinatário e a linguagem utilizada no texto. Desse modo, durante a pesquisa, diante de todos os manuscritos lidos, existiu a preocupação de saber quem escreveu para quem, em que momento, sob qual forma, além de, sempre que possível, buscar a identificação de uma série, entendida aqui como um conjunto de documentos versando sobre um mesmo caso.

Seguindo esses passos, chegamos à história de Antônio Gonçalves e de Constantino da Silva, lavradores denunciados por João Carvalho de Vasconcelos, morador do Caminho Novo das Minas para o Rio de Janeiro, através de carta enviada ao governador José Antônio Freire de Andrade, em 19 de outubro de 1754, por terem aberto picadas na região entre Borda do Campo, atual Barbacena, e Simão Pereira, na comarca do Rio das Mortes. Num tom indignado, Vasconcelos afirmava que as tais estradas logo seriam lugar para transgressores de ouro e diamantes, além de serem feitas com o objetivo de pedir as terras em seu entorno como sesmarias, prejudicando a Real Fazenda.[2]

Dois meses depois, em 20 de dezembro de 1754, o governador José Antônio Freire de Andrade reiterava a proibição de se abrirem caminhos e picadas sem autorização régia, conforme as leis de 1720 e de 1733. Essa data foi localizada por meio de um despacho, em respos-

---

[2] Arquivo Público Mineiro (APM), Seção Colonial (SC) 115, folhas (fl.) 130-130 v. A indicação deste códice devo à leitura de Cláudia Maria das Graças Chaves, *Perfeitos Negociantes: mercadores das Minas setecentistas*, São Paulo, Annablume, 1999.

ta a um requerimento feito pelos principais denunciados – Antônio Gonçalves e Constantino da Silva – suplicando que o governador não os entendesse mal, pois as picadas haviam sido abertas para melhorar a circulação dos mantimentos produzidos por eles e para facilitar a travessia dos viandantes e de suas tropas, deixando bem claro que eram pessoas honestas, que cultivavam a terra e possuíam criações.[3] Entre a denúncia de João Carvalho de Vasconcelos e a proibição de que os lavradores continuassem a utilizar as picadas por eles abertas, houve uma notificação, em 12 de novembro de 1754, impedindo que continuassem a utilizá-las.[4]

Entretanto, ao que indica a ordem de 28 de novembro de 1755, não só as picadas abertas continuavam a ser utilizadas, como também outras teriam sido feitas. O governador enviou os capitães de distrito Manoel Lopes de Oliveira e Manoel dos Santos Castro para que entrassem pelos "matos gerais" e descobrissem se as estradas tinham sido abertas após a notificação e a proibição. Em caso positivo, Antônio Gonçalves e Constantino da Silva, bem como todos os outros que estivessem utilizando dos tais caminhos, deveriam ser presos.[5] Uma semana depois, Manoel Lopes enviou uma carta ao governador, dando conta da diligência de que fora incumbido: prendera algumas pessoas que continuavam a transitar e cultivar roças nas picadas iniciadas por Constantino da Silva e Antônio Gonçalves, além de identificar a localização e os moradores de mais seis picadas na região.[6]

Esse caso parece ter sido um dos principais motores da proibição da ocupação das terras do Distrito da Mantiqueira – pelo bando de

---

[3] Idem, fl. 138.
[4] Idem, fls. 132-132 v.
[5] Idem, fl. 1.
[6] Idem, fl. 124-125 v.

Freire de Andrade, em 20 de setembro de 1755, confirmado pela provisão do Conselho Ultramarino em 2 de setembro de 1760[7] – como afirmou o governador Rodrigo José de Menezes, em 1781, quando da sua viagem à região. De acordo com Menezes, Manoel Lopes de Oliveira intentava ser o único possuidor de todas as terras que quisesse e conhecer os caminhos para que somente ele desfrutasse dos benefícios do Sertão da Mantiqueira. De fato, até o ano de 1756, encontramos cartas enviadas ao governador pelo capitão, denunciando a continuidade do uso das picadas abertas por Antônio Gonçalves e Constantino da Silva, bem como informando sobre a localização de outras, sempre chamando a atenção para o prejuízo que se seguiria nas arrecadações dos quintos e dos direitos de entrada, devido aos extravios.[8] A ordem só não foi cumprida pelo fato de que, segundo Dom Rodrigo José Menezes, o povo não se enganava facilmente e, caso a proibição de abrir novas estradas tivesse sido observada, a capitania estaria arruinada, uma vez que seria impossível fazer novas descobertas de ouro sem se abrirem outras vias. A solução, conseqüentemente, seria regularizar a situação dos moradores que já se encontravam na Mantiqueira e conhecer seus caminhos para melhor fiscalizá-los.[9]

A reconstrução da contenda acima foi totalmente realizada a partir de dados retirados de ordens, requerimentos e despachos pertencentes à documentação oficial das Minas coloniais. Aparentemente, tais papéis contêm apenas informações burocráticas a respeito da

---

[7] Carla Anastasia, *A Geografia do Crime: violência nas Minas setecentistas*. Belo Horizonte, Editora UFMG, 2005, p. 88.

[8] APM, op. cit., fls. 151-151 v; 153; 158.

[9] APM, op. cit., fls. 29-34. Devo a indicação deste códice à leitura de Laura de Mello e Souza, *Norma e Conflito: aspectos da História de Minas no século XVIII*, Belo Horizonte, Ed. UFMG, 1999.

abertura ilegal de picadas, das medidas para coibir a prática, da acusação dos opositores e da defesa dos acusados – informações que, por si só, já seriam interessantes, uma vez que revelam as relações de poder existentes na sociedade. Contudo, a partir do momento em que buscamos mais documentos sobre o mesmo caso e, é importante ressaltar, não apenas no período em que esse efetivamente ocorreu, mas também num tempo posterior, quando seus desdobramentos ainda podem ser sentidos, chegamos a conclusões mais abrangentes, que tangenciam a forma como a sociedade era estruturada.

Examinando o acervo documental relativo a esse caso, observamos a constatação a que chegou Maria Verônica Campos sobre os diversos conflitos ao longo da história mineira. Segundo ela, havia um protocolo e um modelo de encaminhamento de conflitos e de sua comunicação à Coroa.[10] Acreditamos ser possível transferir para contendas menos violentas do que motins algumas dessas condutas, como no caso da abertura ilegal de picadas: denúncia em função de pendências pessoais, acusações de ambos os lados, especialmente de lesar o patrimônio régio e da falta de probidade do acusado, cada parte colocando-se como fiel servidora do rei, defensora de seus interesses e mantenedora da paz. É impossível afirmar se Constantino da Silva, Antônio Gonçalves e as demais pessoas que os ajudaram a abrir as picadas e delas fizeram uso realmente não estavam interessadas em praticar contrabando, embora o argumento deles fosse sensato: facilitar o transporte de mercadorias e a viagem dos passantes. Num primeiro momento, contudo, a preocupação da Coroa em fiscalizar os caminhos ultrapassou os interesses desenvolvidos pelos "naturais

---

[10] Maria Verônica Campos, *Governo de mineiros: de como meter as Minas numa moenda e beber-lhe o caldo dourado (1693 a 1737)*, São Paulo, tese de doutorado em História Social, USP, 2002, pp. 128-9.

Espelhos Deformantes

da terra", apesar de sua coerência. Posteriormente, como se pode denotar do discurso de Dom Rodrigo José de Menezes, a questão não era mais proibir, mas fiscalizar. A abertura de novos caminhos possibilitava o descobrimento de novas datas, riqueza maior das Minas. Como observa Fernanda Borges de Moraes, podemos perceber uma mudança na política metropolitana, iniciada com a ascensão de D. José I ao poder e de seu primeiro-ministro, o marquês de Pombal. Se, durante o reinado de D. João V, o objetivo era "conhecer para garantir a posse e orientar o território", o princípio então passou a ser "conhecer para gerir".[11]

A forma como a Coroa portuguesa e os colonos lidaram com a abertura e a construção de caminhos nas Minas setecentistas traz à tona algumas características importantes para se entender a sociedade, a política, a economia e a cultura mineira, inseridas no contexto europeu e português. Vemos o florescimento de interesses diversos na colônia, surgidos das necessidades imediatas da vivência no alémmar, que escapavam ao controle régio, por mais intensas que fossem as tentativas de repressão. Como afirma Paulo Cavalcante, dialogando com os estudos de Laura de Mello e Souza, a imposição da ordem na América portuguesa conheceu um movimento pendular entre a sujeição extrema ao Estado e a autonomia.[12] Buscaremos demonstrar tal assertiva a partir de alguns aspectos do cotidiano dos caminhos e dos viandantes, recorrendo às informações contidas na correspondência entre os magistrados e os militares das Minas.

Vamos, então, às dificuldades que os passantes podiam enfrentar em seu caminho. Em Portugal, as primeiras leis de repressão à men-

---

[11] Fernanda Borges de Moraes, *A rede urbana das Minas coloniais: na urdidura do tempo e do espaço*, São Paulo, tese de doutorado em Arquitetura e Urbanismo, USP, 2005, vol. 1, p. 90.

[12] Paulo Cavalcante, *Negócios de Trapaça: caminhos e descaminhos na América portuguesa (1700-1750)*, São Paulo, Hucitec, 2006, p. 41.

dicância e à vagabundagem apareceram no século XIV. O termo "vagabundo" confundia-se com "vadio", caracterizando aquele que não possuía trabalho ou fazia somente serviços esporádicos, sem domicílio certo, vivendo a perambular pelas estradas.[13] Três séculos depois, e do outro lado do Atlântico, a questão da itinerância e da falta de trabalho ainda determinava o sentido da palavra "vadio", sendo objeto de preocupação e combate pelas autoridades metropolitanas nas Minas. Os colonos que vivessem em arraial ou sítio despovoado, não tendo neles roça ou rancho para receber os viandantes ou, ainda, que fossem nômades e errantes, vagando ociosamente pelas estradas e pelos sítios, seriam considerados vadios ou facinorosos. É isso o que consta do terceiro item das *Instruções pelas quais se devem regular os capitães-mores e comandantes dos distritos da Capitania das Minas Gerais nas prisões e procedimentos contra os vadios e facinorosos*, remetidas a todos os oficiais da capitania pelo governador, conde de Valadares, em 1769.[14]

De fato, a recomendação de mandar prender quem estivesse vagando, sem ocupação, pelas estradas ou sítios, marcava a estreita ligação entre o conceito de vagabundo e a ausência de trabalho, revelando um dos aspectos nos quais se inseriam as estradas e os caminhos na dinâmica social mineradora. Em primeiro lugar, pode-se deduzir que a existência de ranchos nos sítios era uma atividade tão comum e importante a ponto de livrar uma pessoa da qualidade de vadio e criminoso, tanto mais por isso estar contido num documento oficial, escrito para ordenar a conduta dos responsáveis pelo controle da população, a saber, os capitães e os comandantes da capitania. Os roceiros e as paróquias tiveram um papel importante na manutenção,

---

[13] Laura de Mello e Souza, *Desclassificados do Ouro: a pobreza mineira no século XVIII*, Rio de Janeiro, Graal, 1986.

[14] APM, SC 163, fl. 49.

Espelhos Deformantes

na sustentabilidade e na fiscalização dos caminhos, não obstante, contraditoriamente, também aumentassem as possibilidades de extravio, como veremos adiante.[15] Segundo, vagar pelas estradas podia ser perigoso não somente pela possibilidade de ser atacado por um bandido, mas também de ser preso, porque confundido com um deles.

Em adição ao perigo moral de ser julgado como um vadio, havia as ameaças à integridade física dos viandantes. O ano de 1783 foi de perseguição a bandidos que, de acordo com o ouvidor da comarca do Rio das Velhas, José Manitty, eram membros de "uma infame quadrilha" que há tempos infestava os caminhos vizinhos à Serra da Mantiqueira.[16] Em abril do mesmo ano, um assassinato cometido nas terras de José Aires Gomes, futuro envolvido na Inconfidência Mineira, rendeu um número considerável de cartas entre esse potentado e o governador, D. Rodrigo José de Menezes. Numa delas, Aires Gomes informava que mandara vasculhar vestígios de alguma entrada para o mato porque, segundo ele, era certo que tais delitos não se faziam nas beiradas das estradas. Logo, o perigo maior parecia estar não tanto nos caminhos principais, mas nas picadas, em locais ermos.[17]

O crime acontecido nas terras de José Aires Gomes – roubo seguido de assassinato – parece ter tido grande impacto sobre os tropeiros e os viandantes que, segundo o alferes Joaquim José da Silva Xavier, paravam na Borda do Campo, em Registro Velho, a fim de terem número suficiente de pessoas para seguir viagem em segurança.[18] Um documento, de junho de 1783, informa que, no princípio do mês de

---

[15] Paulo Cavalcante, *Negócios de Trapaça*, op. cit., p. 64 e 107.

[16] APM, SC 223, fls. 26 v-27.

[17] APM, SC 237, fls. 1 v-3.

[18] Idem, fls. 6 v-7.

abril do mesmo ano, se descobrira que o Caminho Novo estava infestado de uma numerosa companhia de salteadores, provavelmente a mesma Quadrilha da Mantiqueira.[19]

Mais do que com ladrões e assassinos, viajantes e tropeiros também tinham que conviver com o ataque de negros fugidos, os quilombolas, uma ameaça constante do princípio ao fim do século XVIII mineiro, de acordo com a correspondência analisada. Em 1714, o governador D. Brás Baltazar da Silveira ordenou a extinção dos negros fugidos e salteadores que oprimiam e roubavam os passageiros nas estradas. É interessante observar o modo pelo qual o governador pretendia combater os quilombolas: utilizando-se dos índios que andavam dispersos no sertão e viviam em conflito com os negros fugidos, que se veriam obrigados a entranhar-se pelo interior, deixando as estradas livres.[20] Entretanto, a estratégia de D. Brás Baltazar não teve sucesso, porque, em 1718, seu sucessor, o conde de Assumar, escreveu uma carta ao rei de Portugal, informando sobre a intenção do seu antecessor, que "ficou frustrada [...] e por conseqüência sem remédio os danos que causam os quilombos".[21]

Dom Pedro de Almeida foi um magistrado extremamente preocupado com a questão dos escravos e dos quilombolas nas Minas Gerais. Parecia ter a certeza de que, a qualquer momento, ocorreria uma grande revolta de escravos na capitania e que do controle deles dependeria a ruína ou o sucesso das Minas. Na carta mencionada anteriormente, de 13 de julho de 1718, afirmava acerca dos quilombolas que

---

[19] APM, SC 236, fls. 43-43 v. O estudo mais detalhado sobre a Quadrilha da Mantiqueira é encontrado em Carla Anastasia, *A Geografia do Crime*, op. cit.

[20] APM, SC 4, fl. 374.

[21] "Cartas de Assumar ao rei de Portugal", *Revista do Arquivo Público Mineiro*, vol. 3, Ouro Preto, Imprensa Oficial de Minas Gerais, 1898, pp. 251-2. Devo a indicação deste documento à leitura de Cláudia Maria das Graças Chaves, *Perfeitos Negociantes*, op. cit. A transcrição deste e dos demais documentos foi modernizada para facilitar sua leitura.

Espelhos Deformantes

[...] cada dia estão rebentando por diversas partes e confiadamente se atrevem não só a infestar as estradas e os que andam por elas, mas aos que habitam nos sítios e roças ainda vizinhos às vilas, levando-lhes de casa não só ouro e mantimentos, mas coisas de menos importância e mais volume.[22]

Quilombolas, vadios e facinorosos eram problemas com os quais viandantes, comerciantes e roceiros precisavam conviver nas estradas das Minas setecentistas. Todavia, associar exclusivamente esses agentes aos perigos que enfrentavam os que viajavam por seus caminhos ou residiam em suas imediações seria simplificar a questão. Oficiais da Coroa portuguesa, na maioria das vezes militares, também eram fonte de incômodo. Em 1724, D. Lourenço de Almeida enviou uma carta ao capitão de ordenança Simeão Soares, informando que a Companhia de Dragões passaria pelo Caminho Novo, conduzindo presos para o Montevídio. Ordenava que os roceiros fossem notificados a consertar o caminho, terem mantimentos suficientes para o sustento da Companhia de Dragões e também ajudar a vigiar os presos para que nenhum fugisse. Um dos trechos da carta diz:

[...] e se me contar que algum roceiro do Caminho Novo se retira de sua roça no tempo das passagens das levas que vão [...] destas Minas ou a Cia.de Dragões, infalivelmente se leve preso o dito roceiro que se ausenta para ser degredado para o Monte Vídio [...].[23]

Os roceiros pareciam não ficar muito satisfeitos em ter de consertar os caminhos, sustentar a tropa e auxiliar no trabalho de vigia dos

---

[22] Idem.

[23] APM, SC 27, fls. 2-2 v.

presos, razão pela qual muitos deles, ao saber que a Companhia de Dragões se colocava em marcha pelo Caminho Novo, abandonavam suas casas. Além disso, os moradores eram obrigados a ceder cavalos e tudo o mais que fosse necessário para uma boa viagem dos oficiais reais.[24] Outro fato para o qual é preciso chamar atenção é que o regimento da Companhia de Dragões enfatizava a importância de que não se fizessem violências e extorsões contra os moradores dos sítios em que os soldados se aquartelassem. Aqui, é substancial chamar atenção para os silêncios da documentação: apesar de ainda não ter sido encontrada nenhuma reclamação ou denúncia formal escrita sobre a má conduta dos soldados em relação aos roceiros que os hospedavam, a simples recomendação, presente, mais uma vez, num documento oficial, que deveria reger a atuação dos responsáveis pela imposição da ordem e da segurança na capitania, de que determinados atos não fossem praticados, nos permite inferir que tais vexações certamente ocorriam, com maior ou menor freqüência.[25]

É importante considerar o que representava a expectativa de uma viagem pelas Minas para os indivíduos da época. Empreender uma jornada pelos caminhos e estradas mineiras requeria, ao longo do século XVIII, alguns cuidados: era preciso estar preparado para se deparar com quilombolas e bandidos ou ser confundindo com um vadio. Da mesma forma, morar à beira das estradas tinha seus inconvenientes, como ter de abrigar militares, que nem sempre eram tão amistosos.

O panorama das condições de viagem e moradia nas estradas em Minas nos coloca diante da questão das diferentes percepções da passagem do tempo e das distâncias existentes ao longo da História, além das diversas formas de adaptação física ao meio geográfico. Sobre as

---

[24] Idem, fl. 21 e SC 228, fl. 1-1 v.

[25] Idem, fls. 3-3 v; 11 v-12 v.

Espelhos Deformantes

distâncias e as adversidades naturais, disse Fernand Braudel acerca das estradas da região do Mediterrâneo, no século XVI:

> Do mesmo modo, em terra, onde as distâncias são menores, já não basta uma guerra, um alerta, uma chuva que danifica as estradas, uma queda de neve que obstrui os desfiladeiros e as demoras mais razoáveis. O espaço não alcança esta determinada grandeza de uma vez por todas. Mas dezenas, centenas de grandezas diversas, e ao deslocar-se, querendo agir, ninguém está previamente seguro das demoras que lhe surgirão.
>
> De fato, os homens do século XVI estão conformados com todas as lentidões.[26]

As reflexões de Braudel referem-se, obviamente, a um contexto e a uma época diferentes dos abrangidos por este artigo, porém acreditamos ser possível transpor parte de suas reflexões para as Minas setecentistas. Utilizando o conceito de longa duração, criado pelo próprio Braudel, a percepção do tempo não mudaria bruscamente do século XVI para o XVIII. Mesmo levando-se em consideração a Revolução Industrial, que modificou os padrões de tempo mundiais, essa mudança não se realizou da noite para o dia e seus efeitos foram sentidos primeiramente na Inglaterra e na Europa para, depois, cruzar os oceanos. Nas Minas Gerais, os viandantes não se deparavam com o problema da neve, mas as chuvas, os caminhos mal conservados e um certo tipo de guerra, contra quilombolas, índios, facinorosos e contrabandistas, certamente tornavam o percurso lento e perigoso.

---

[26] Fernand Braudel, *O Mediterrâneo e o Mundo...*, op. cit., pp. 403-4.

Se hoje nos parece absurdo que uma viagem de Ouro Preto ao Rio de Janeiro durasse cerca de duas semanas – isso após a construção do Caminho Novo, já que pelo Caminho Velho era despendido um mês –, afora as vicissitudes do caminho, não podemos cometer o anacronismo de afirmar que os homens da época julgavam tal situação terrível. Não que deixassem de querer encurtar as distâncias e tornar a viagem mais confortável, mas era a realidade que conheciam e à qual estavam habituados.

Sobre o tempo e as distâncias, Braudel afirma que "há a lentidão dos correios: as informações chegam lentamente, as respostas e as ordens caminham vagarosamente. Todos os governos do mundo estão abrangidos pela mesma divisa. [...] Segunda forma de lentidão: a das deliberações, dos prazos antes das expedições das ordens".[27] Eis um outro problema, mencionado por vários historiadores: as longas distâncias, tanto marítimas quanto terrestres, que dificultavam em muito a administração da colônia. Muitas vezes, era preciso que colonos e magistrados agissem por conta própria, o que, se por um lado dinamizava a organização interna da colônia, enfraquecia o poder real, que encarava o perigo do desenvolvimento de interesses locais e a crescente consciência do "se viver em colônias" por parte dos habitantes da América portuguesa. Além da morosidade da burocracia, os habitantes do Brasil colonial, incluindo os mineiros, precisavam conviver com a distância.

A abertura ilegal de picadas se incluiu nesse contexto. Diante da necessidade de se abrir um novo caminho, quer por razões lícitas ou não, os colonos, na maioria das vezes, não podiam aguardar uma resposta da Coroa. Mesmo no caso de quem pertencia ao aparelho administrativo, como Tiradentes, era difícil permanecer totalmente subordinado ao poder real, porque as necessidades imediatas se so-

---

[27] Idem, p. 419.

Espelhos Deformantes

brepunham ao dever de vassalo. Foi o que ocorreu, por exemplo, quando o alferes transferiu uma patrulha de lugar e acabou repreendido pelo governador D. Rodrigo José de Menezes, por não tê-lo avisado do intento antes de colocá-lo em prática.[28]

O imperativo do cotidiano nos coloca diante do caso de Garcia Rodrigues Paes que, em troca de abrir o Caminho Novo, foi agraciado com sesmarias ao seu redor e privilégios no controle de rendas e receitas advindas do trânsito de passageiros.[29] Todavia, por volta de 1718, quando das negociações sobre a finalização da construção do caminho, já havia pessoas morando nas terras que, teoricamente, pertenciam a Rodrigues Paes, o que gerava um duplo problema para a Coroa, que nem poderia expulsar os moradores, tampouco privar Garcia Rodrigues de seus direitos. A solução era que ele continuasse a construção do caminho, para que pudesse tomar posse das sesmarias que lhe eram "moralmente" devidas. Ao mesmo tempo, a Coroa se veria livre da preocupação com a conservação do Caminho Novo, uma vez que a obrigação de manter as estradas era dos fazendeiros e dos roceiros que residiam próximo a elas, incluído nesse grupo o próprio Garcia Rodrigues.

Para compreender melhor a relação estabelecida entre Garcia Rodrigues Paes e a Coroa portuguesa, é preciso fazer algumas considerações sobre a chamada "economia moral do dom". O direito oficial e as instituições jurídicas formais são insuficientes para explicar o funcionamento do poder no Antigo Regime. A teoria jurídica da época subor-

---

[28] APM, SC 226, fl. 35.

[29] Maria Verônica Campos, *Governo de mineiros*, op. cit., p. 283. Uma pesquisa minuciosa sobre Garcia Rodrigues Paes é encontrada em Francisco Eduardo Andrade, *A invenção das Minas Gerais: empresas, descobrimentos e entradas nos sertões do ouro (1680-1822)*, São Paulo, tese de doutorado em História Social, USP, 2002.

dinava o direito a outras esferas sociais, como a moral e a religiosa, por isso, relações de natureza meramente institucional ou jurídica misturavam-se e coexistiam com relações de amizade, parentesco, honra e serviço. A lógica clientelar do Antigo Regime estabelecia como uma obrigação a distribuição de mercês aos mais amigos, em troca de virtude ou de algum serviço prestado. Certas atitudes, hoje vistas como gratuitas e livres, estavam sujeitas a uma regulamentação social e às estratégias de prestígio. A prática de distribuição de mercês era amplamente difundida nas esferas particular e pública, podia-se invocar a pertença a uma família habituada a servir ao rei e também os serviços prestados à Coroa para a obtenção de mercês.[30] Como, em consonância com a "economia moral do dom", os bons vassalos deveriam ser recompensados com uma graça vinda do rei; Rodrigues Paes, por se dispor à árdua tarefa de abrir o caminho, deveria ser recompensado com terras.

As exigências de Garcia Rodrigues, mas também dos roceiros tinham, portanto, bases na lógica da colonização. Eles conheciam os mecanismos de distribuição de poder no Antigo Regime, caracterizados pela formação de redes clientelares, pautadas pela troca de favores entre as partes envolvidas.[31] O rei detinha um capital de privilégios e cargos em suas mãos, com os quais remunerava os súditos, no caso de Garcia Rodrigues Paes e os colonos, principalmente pela conquista e pela defesa de territórios. O momento em que a "economia do dom" era percebida como uma relação assimétrica ou troca desigual levava geralmente a uma situação de crise, como no caso da concessão de terras ao longo do Caminho Novo.[32]

---

[30] Ângela Barreto Xavier & António Manuel Hespanha, "As redes clientelares", em António Manuel Hespanha (org.), José Mattoso (dir.), *História de Portugal. O Antigo Regime*, Lisboa, Estampa, 1993, vol. 4, pp. 381-93.

[31] Maria Verônica Campos, *Governo de mineiros*, op. cit., pp. 43-4.

[32] Idem, p. 371.

Espelhos Deformantes

No que diz respeito a problemas relacionados à conservação dos caminhos, envolvendo interesses distintos da Coroa e dos súditos, são vários os documentos existentes na correspondência oficial. Em 1718, o conde de Assumar remeteu uma ordem para que fossem tomadas providências contra um padre que, propositadamente, atravessava paus no rio para dificultar a passagem de canoas, obrigando os viandantes a permanecer por mais tempo em sua casa. Na mesma ordem, o governador afirmava que muitos moradores da terra, além de não consertarem os caminhos, para que os viandantes passassem a noite em suas casas, deixavam os produtos por eles transportados em qualquer lugar, expostos ao roubo, o que ocorria principalmente na hora das refeições.[33]

O mesmo conde de Assumar, em 18 de novembro de 1718, remeteu a seguinte ordem a militares e proprietários de terras, entre eles Garcia Rodrigues Paes:

> Por terem chegado a minha notícia muitas e contínuas queixas de todas as pessoas que freqüentam as estradas destas Minas pelo Caminho Novo que para elas vem do Rio de Janeiro, e ter também a de que os moradores e roceiros do dito caminho têm a culpa das ditas queixas por serem os que de propósito conservam as ditas estradas intratáveis e trabalhosas para os passageiros, para que se demorem nas suas roças não só podendo consertar os caminhos, mas ainda atalhando nos morros que a fazem dificultosa. Desejando dar remédio a tudo o referido, pelo prejuízo que causará ao bem público a falta dele, ordeno ao coronel D. Rodrigues da Fonseca que obrigue aos moradores do Caminho Novo que vivem desde sua roça até o Paraibuna a consertarem os caminhos e

---

[33] APM, SC 11, fl. 32. Devo a indicação deste documento e do seguinte à leitura de Cláudia Maria das Graças Chaves, *Perfeitos Negociantes*, op. cit.

assim mesmo fazerem atalhos nos morros para facilitar a passagem dos mercadores e mais pessoas que vem para essas Minas [...].[34]

Este documento deixa transparecer o conflito de interesses entre os colonos e entre estes e a Coroa. De um lado, viandantes e tropeiros que se beneficiariam, caso os caminhos fossem consertados ou os morros fossem atalhados, pois a viagem se tornaria mais breve e menos penosa. Por outro, quanto mais demorada e difícil fosse a passagem das pessoas pela estrada, mais vantajoso seria para os roceiros, pois os viandantes seriam obrigados a parar em suas casas, pagando por comida e hospedagem. Para a Coroa, o atraso das viagens não era bom, uma vez que atrapalhava o fluxo de comércio da Capitania.

Um estudo sobre as estradas e os caminhos coloniais mineiros que não tratasse sobre contrabando e extravio seria incompleto. Apesar da proibição da abertura de picadas sem a autorização da Coroa, estas existiram e, pelos caminhos ilegais, não só ouro e diamantes, mas também mercadorias eram contrabandeadas. Tal era o caso do caminho chamado Domingos Rebello Falcão, que entrava no rio Pardo para o Serro Frio. Em 1728, o governador Dom Lourenço de Almeida escreveu um bando proibindo a circulação pelo dito caminho, uma vez que se furtavam cargas, boiadas e carregações que não pagavam os direitos de entradas, além de ser descaminhado ouro dos reais quintos. A ordem é clara, severa e esclarecedora: a pena para quem fosse apanhado trafegando pelo caminho passava pela prisão, pelo confisco das mercadorias e até pelo degredo para Angola, esse seria o preço a se pagar por desobedecer às ordens régias e causar prejuízos ao Real Erário.[35]

---

[34] Idem, fls. 76-76 v.
[35] APM, SC 27, fls. 36 v-37.

Por maiores que fossem os esforços para se combater o contrabando, seu sucesso ficava comprometido, quando, em auxílio às grandes distâncias da capitania, aqueles que, em tese, deveriam impedir os extravios, estavam envolvidos na sua prática. Para compreender essa situação, é necessário levar em consideração que o "descaminho" era uma prática social constitutiva e instituinte da sociedade colonial.[36] E mais: o *status* social do contrabandista determinava a extensão e mesmo a existência de sua pena, ou seja, quanto mais graduado fosse, maior a tolerância da Coroa para com seus extravios e mais bem encoberto seria pelas formalidades oficiais.[37]

Em 1781, o governador D. Rodrigo foi informado de que um cabo-de-esquadra passava guia aos viandantes no Registro de Custódio Torres, na Comarca de Sabará, facilitando-lhes o ouro que levavam, o que era "facultar o mesmo que se proíbe", porque "pelo trânsito de um sertão longo que não tem portas, podem os industriosos carregar e extraviar quanto ouro puderem e quiserem".[38] Dom Rodrigo José de Menezes chegou mesmo a afirmar que, sem o auxílio das capitanias vizinhas, esforço algum feito em Minas Gerais seria suficiente para evitar os extravios. Isso porque, de acordo com o governador, "no estado atual das coisas, logo que um contrabandista tem a felicidade, atravessando os sertões, de escapar para fora dos Registros desta Capitania, caminha com toda a segurança e não acha embaraço algum na condução do seu extravio". Sua proposta era que os governadores das demais capitanias fizessem patrulhas pelas estradas que se comunica-

---

[36] Paulo Cavalcante, *Negócios de Trapaça*, op. cit., pp. 43.

[37] Idem, pp. 58-59. Mais informações sobre contrabando são encontradas em Ernst Pijning, *Controlling Contraband: mentality, economy and society*, Baltimore, Maryland, 1997.

[38] APM, SC 223, fls. 7-7 v.

246 Rodrigo Bentes Monteiro (org.)

vam com Minas Gerais, dando busca aos viandantes, depois de terem deixado os limites da capitania.[39]

O historiador Paulo Cavalcante sintetizou da seguinte forma o papel do contrabando nas Minas Gerais:

> Desde o descobrimento do primeiro veio descaminhou-se. Uma vez aberto o primeiro caminho, instalou-se o primeiro registro de passagem e, com ele, o provedor indulgente e as variantes que o contornavam. Quando se decidiu incentivar o estabelecimento de roças ao longo dos principais caminhos, com o fim de promover a sua conservação e garantir alguma alimentação e refúgio para os "viandantes", abriram-se simultaneamente infinitas possibilidades de extravio. É o caminho que convida ao descaminho. É na casa oficial que se desvia ilegalmente o ouro.[40]

De fato, os roceiros que conservavam os caminhos e construíam ranchos para tornar as jornadas dos viandantes mais confortáveis podiam ser os mesmos que abriam as picadas por onde se descaminhava o ouro e se desviava dos registros, para não pagar os impostos sobre as mercadorias. Todavia, se o contrabando era tolerado, principalmente nas esferas mais altas da sociedade, qual a razão da preocupação constante com o "descaminho", a ponto de tentar limitar o número de estradas nas Minas, bem como a ocupação de seu território e o fluxo de pessoas para a região?

Uma das explicações possíveis é o medo da invasão por nações estrangeiras, que colocava em risco algo mais importante: a própria

---

[39] APM, SC 224, fls. 33 v-34.
[40] Paulo Cavalcante, *Negócios de Trapaça*, op. cit., p. 64.

posse de Portugal sobre as Minas. Outro motivo é que se tratava de uma sociedade de aparências, na qual, mais importante do que o combate efetivo ao contrabando, era a existência de leis e ordens que o condenavam. Além disso, na maior parte dos casos, os punidos eram os pequenos "descaminhadores", pertencentes às camadas inferiores da hierarquia social. No entender da Coroa, o pequeno contrabando, realizado aos poucos, porém continuadamente e por muitos, era mais prejudicial ao Real Erário do que o extravio feito pelos oficiais e pelas pessoas de maior *status* na sociedade, desde que não fosse muito escandaloso, nem se confrontasse com o interesse de outros mais poderosos e influentes.

Fernand Braudel afirmou que "não há cidades sem mercado e sem estradas; alimentam-se de movimento. [...] Seja qual for a sua localização ou a sua forma, um bazar, um mercado, uma cidade, são o termo de uma multiplicidade em movimento".[41] As Minas Gerais setecentistas tiveram uma urbanização e um mercado interno desenvolvidos de modo singular na América portuguesa, sendo múltiplas as suas estradas, as pessoas que por elas passavam e em seu entorno residiam. Logo, os caminhos mineiros constituíram-se em importantes vias de comunicação, ligando as Minas às demais capitanias e possibilitando o surgimento de um comércio, de uma rede urbana e de uma vida social dinâmica – apesar de o caminho também se fazer "descaminho", na medida em que propiciava o desvio do tão bem cuidado Real Erário e abria espaço para a existência de diversos tipos de marginalidade.

---

[41] Fernand Braudel, *O Mediterrâneo e o Mundo...*, op. cit., p. 351.

A diversidade da sociedade mineradora pode ser apreendida através da movimentação dessas mesmas estradas, captada, neste estudo, por meio das correspondências trocadas entre o governador, os oficiais da Coroa, os colonos e o rei. Ressaltamos, novamente, mais do que a necessidade, a possibilidade de encontrar nesse tipo de fonte informações sobre o cotidiano das pessoas, seu modo de vida, suas agruras pessoais e seus modos de pensar. As autoridades das Minas, para controlar e assentar a população, precisavam conhecê-la e, se esse conhecimento chega ao historiador nas linhas e nas entrelinhas de uma documentação oficial, tradicional, é sua função utilizá-la e saber reinventá-la, quando preciso for. Por exemplo, de posse dos nomes encontrados nas cartas, podem-se procurar seus testamentos, inventários *post-mortem*, registros paroquiais e cartas de sesmarias, traçando um perfil socioeconômico e até mesmo familiar das pessoas, o que, certamente, enriquece qualquer pesquisa. Assim, a documentação oficial vai além de meras observações institucionais vindas dos altos escalões de poder, uma vez que pode revelar o dia-a-dia de pessoas comuns, que também tiveram um papel decisivo no funcionamento da sociedade e da política de determinada região.

Cartas de sesmarias de Minas Gerais: como localizar a documentação e compreender a transformação do texto do documento ao longo do século XVIII

*Francisco Eduardo Pinto**

A intenção deste capítulo é orientar a pesquisa das cartas de sesmarias, doadas para Minas Gerais, que se encontram no Arquivo Público Mineiro (daqui para adiante, APM). O primeiro objetivo é dar uma idéia global dessas fontes, do seu volume, dos instrumentos de pesquisa, dos elementos facilitadores e dos empecilhos à sua consulta. Pretende-se, outrossim, a partir de uma pequena amostra de documentos, demonstrar a alteração do texto das cartas de concessão de sesmarias. Acredita-se que esta alteração esteja diretamente associada à evolução sofrida pela legislação, que procurava adequar-se às mudanças socioeconômicas e políticas da colônia, em especial na capitania das Minas Gerais, ao longo do século XVIII. Essa amostra refere-se a três momentos: o povoamento e a descoberta das primeiras minas; o auge da mineração, em meados do século; e o período de decadência das minas, coincidente com o da Inconfidência.

O texto terá como preocupação básica a análise da forma que essas cartas de sesmarias foram tomando no decorrer do século e a re-

---

* Doutorando em História pela Universidade Federal Fluminense, sob a orientação da professora Márcia Maria Menendes Motta.

250 Rodrigo Bentes Monteiro (org.)

lação imediata entre o econômico e o político, no ato de doação das glebas de terras, pelos representantes da Coroa portuguesa, aos potentados locais. A percepção da variação na forma escrita desse tipo de fonte é fundamental para sua melhor utilização, uma vez que a carta de sesmaria, em si, é, de certa forma, repetitiva e, se não abordada convenientemente, pouco tem a dizer ao pesquisador. Antes, porém, será apresentada uma visão panorâmica da documentação relativa às cartas de sesmarias de Minas Gerais no Arquivo Público Mineiro e no Arquivo Histórico Ultramarino.

Trata-se de um fundo documental de volume considerável. Para Minas Gerais, são aproximadamente oito mil sesmarias, doadas desde o início do século XVIII até o fim do primeiro quartel do século seguinte. A relação completa desses documentos encontra-se publicada na *Revista do APM*, ano XXXVII, 1988, volumes 1 e 2. No APM, na Seção Colonial,[1] o pesquisador encontrará quarenta e oito códices microfilmados das cartas de sesmarias. Em alguns deles, a leitura estará dificultada pela ilegibilidade dos manuscritos e pelo estado de deterioração dos documentos originais. A sugestão que se faz, para um primeiro contato com esse tipo de fonte, é a consulta de parte da documentação que já se encontra transcrita nas edições da *Revista do APM* até o ano de 1933, detalhadas no fim deste artigo. Logo se perceberá que a maioria das cartas publicadas nas revistas foi doada pelo governador Gomes Freyre de Andrade. O trabalho de transcrição, apesar de extremamente útil para o conhecimento das sesmarias, ficou incompleto. Termina com o fim do governo de Gomes Freyre, em 1763, limitando-se a aproximadamente um quinto da documen-

---

[1] Para uma visão de conjunto da documentação do APM no período colonial, consulte Caio César Boschi, "Os códices coloniais do Arquivo Público Mineiro", *Revista do Departamento de História*, n. 9, Belo Horizonte, Fafich/UFMG, 1989, pp. 21-30.

Espelhos Deformantes   251

tação e deixando de fora mais de cinqüenta anos de registro, muito possivelmente o período que concentra o maior volume de doações.

Há dois tipos de cartas de sesmarias: a de doação e a de confirmação. A carta de doação era passada na capitania e recebia a chancela do governador, sendo lavrada nos livros próprios para registro das sesmarias na Secretaria de Governo, entregando-se uma cópia ao sesmeiro. Quando o governador recebia a petição do colono, requerendo as terras, consultava o Senado da Câmara, onde elas se localizavam e, a partir, da declaração de que as terras se achavam devolutas, expedia a carta de doação. O outro tipo era a carta de confirmação, documento obrigatório para a posse definitiva da terra, como prescrevia a carta de doação. Era expedida em Lisboa, após petição do sesmeiro. A carta recebia a chancela do rei, depois de se ter concluído um complicado processo de medição e demarcação das terras na comarca de sua localização. Além da demora no trânsito da documentação desde o interior da colônia até Lisboa, sempre sujeita às dificuldades dos caminhos e à irregularidade das frotas, devia receber a conformidade do Conselho Ultramarino. O sesmeiro, depois de já ter pago as custas judiciais de medição e demarcação na cabeça da comarca, devia também arcar com novas taxas para a confirmação da doação em Lisboa. Tais fatores, entre outros, podem ter desestimulado o pedido de confirmação, como se verá a seguir.

Surge, então, da análise de toda essa documentação, um dado inquietante. Foram doadas cerca de oito mil sesmarias e os códices coloniais do APM só indicam a existência de aproximadamente trezentas cartas de confirmação. Confirmar a doação em um prazo determinado – de um a quatro anos, dependendo de quando foi feita a doação – era uma das exigências da legislação e constava da carta expedida pelos governadores; se não fosse cumprida, deveria tornar nula a doação. Mas não foi o que aconteceu. A confiar nos dez códices do APM, em que estão registradas as confirmações,[2] não haveria mais do que quatro por cento de confirmações das doações de sesmarias para Minas Gerais.

Outra fonte que pode ser pesquisada para dirimir a dúvida da ausência das confirmações de sesmarias são os registros do Arquivo Histórico Ultramarino, relativos a Minas Gerais.[3] No inventário, há 1.189 documentos diversos referentes a sesmarias. Desses documentos, a maioria refere-se a pedidos de confirmação, mas não são todos. Na melhor das hipóteses, o índice de confirmações também não passaria de quinze por cento do total de doações.

A carta de confirmação, título último e definitivo para a legitimação da posse da sesmaria, diferencia-se do documento de doação exclusivamente pela sua abertura e pelo seu encerramento. Principia sempre pela mercê feita pelo rei ("Dom José, pela graça de Deus, rei de Portugal...") e termina com a data de registro, em Lisboa. Todo o restante do texto reproduz fielmente a carta de doação, que se inicia com a doação do governador, a petição do sesmeiro, a localização da terra, as confrontações (quando há), as obrigações e os impedimentos e termina com a data e o local de doação, que, em geral, era Vila Rica.

Feitas essas indicações de como localizar e compreender parte do complexo processo de doação e confirmação das sesmarias, parte-se para o segundo objetivo: tratar da evolução do texto das cartas, ao longo do século XVIII, como forma de alertar os pesquisadores para a estreita relação dos documentos com o momento histórico em que foram produzidos. Antes, porém, pretende-se fazer uma breve passa-

---

[2] Cf. Arquivo Público Mineiro – Seção Colonial, códices 2, 12, 30, 31, 43, 96, 120, 132, 146 e 299.

[3] Caio César Boschi & Júnia Ferreira Furtado (orgs.), *Inventário dos Manuscritos avulsos relativos a Minas Gerais existentes no Arquivo Histórico Ultramarino (Lisboa)*, Belo Horizonte, Fundação João Pinheiro/Centro de Estudos Históricos e Culturais, 1998, 3 vols. (Coleção Mineiriana, Série Obras de Referência).

Espelhos Deformantes

gem pelas origens do instituto das sesmarias e de que maneira ele foi sendo aplicado na colônia. Sem essas informações básicas, torna-se bastante difícil a compreensão da documentação e o trâmite dos processos, sendo, então, necessária uma visão conjuntural da aplicação do sistema sesmarial nas suas origens e no Brasil.

Sesmarias: uma instituição perene

A legislação que regulou a distribuição das terras devolutas no Brasil Colônia tem suas origens em Portugal, na baixa Idade Média. A perenidade dessa instituição não reside apenas na sua antigüidade, mas também nas poucas mudanças nesse *corpus* jurídico ao longo de quase quinhentos anos. Criada por D. Fernando I,[4] em 1375, a Lei das Sesmarias não só regia o domínio das terras incultas e abandonadas, como também obrigava mendigos, vadios, ociosos e os que tivessem hereditariamente o ofício de lavrador a se vincularem à terra. De acordo com Cirne Lima,

> [...] entre as Ordenações de D. Manuel e as de D. Filipe II, nenhuma modificação substancial se operou na instituição das sesmarias, e tanto se pode verificar, ou confrontando os respectivos textos, ou consultando a compilação das leis intermediárias, aprovada pelo Alvará de 14 de fevereiro de 1569.[5]

---

[4] "Quando, no reinado de D. Fernando I" – escreve Cirne Lima (em *Terras Devolutas,* Porto Alegre, Livraria do globo, 1935) – "se publicou a Lei das Sesmarias, era velha já a praxe de se tirarem aos donos as terras cultivadas, que estes desleixavam, para entregá-las, mediante foro ou pensão devidamente arbitrada, a quem as quisesse lavrar ou aproveitar." Cf. Alberto Passos Guimarães, *Quatro Séculos de Latifúndio,* 4. ed., Rio de Janeiro, Paz e Terra, 1977, p. 43.

[5] Cf. Ruy Cirne Lima, *Pequena História Territorial do Brasil: sesmarias e terras devolutas,* São Paulo, Secretaria de Estado da Cultura, 1990, p. 24.

Para se ter uma idéia de quanto a legislação acerca da posse da terra pouco evoluiu, no Brasil, no hiato de vinte e oito anos entre a abolição das sesmarias e a promulgação da Lei de Terras, de 1850, prevaleceram, nas contendas judiciais, as Ordenações Filipinas.[6]

A partir da divisão da colônia em capitanias hereditárias, o que existia era uma imensidão de terras para se povoar de portugueses, e não repovoar. As terras não tinham donos, como em Portugal, e os silvícolas que as habitavam não eram vistos como seus legítimos proprietários.[7] Não se tratava, então, de repassar a terra não cultivada de um dono para outro. Em Portugal, "sesmarias são propriamente as dadas de terras, casaes ou pardieiros, que foram, ou são de alguns senhorios, e que já em outro tempo foram lavradas e aproveitadas, e agora o não são".[8] Esse não era o caso do Brasil, onde as terras, quase todas devolutas, "estavam sob a jurisdição eclesiástica da Ordem de Cristo, e lhe eram tributárias, sujeitas como lhe ficavam ao pagamento do dízimo, para propagação da fé".[9] Terras da Ordem de Cristo seriam, na prática, da Coroa portuguesa.[10] Por outro lado, mesmo

---

[6] Cf. Márcia Maria Menendes Motta, *Nas Fronteiras do Poder: conflito e direito à terra no Brasil do século XIX*, Rio de Janeiro, Vício de Leitura/Arquivo Público do Estado do Rio de Janeiro, 1998, pp. 52-3.

[7] Cf. Fábio Alves dos Santos, *Direito Agrário: política fundiária no Brasil*, Belo Horizonte, Del Rey, 1995, pp. 40-5. O autor faz um apanhado muito incipiente do direito indígena sobre a posse da terra. Seria bom ressaltar que o conceito de propriedade pode parecer anacrônico, em se tratando da ocupação da terra pelos povos indígenas do Brasil Colônia. Mesmo no Império e na República essa questão não tinha muita definição e os povos indígenas remanescentes são como que tutelados pelo Estado.

[8] Cf. Ruy Cirne Lima, *Pequena História...*, op. cit., p. 25.

[9] Idem, p. 35.

[10] "[...] O rei, em nome da Ordem de Cristo, *já longamente absorvida pela Coroa*, distribuiu, por meio dos donatários, o chão arável sem nenhum encargo a não ser o dízimo" (grifo meu). Cf. Raymundo Faoro, *Os Donos do Poder: formação do patronato político brasileiro*, 10. ed., São Paulo, Globo/Publifolha, 2000, vol. 2, p. 141.

Espelhos Deformantes

sendo menor a existência de terras devolutas em Portugal, as Ordenações Manuelinas e Filipinas já previam seu uso e destinação,[11] como também a Lei das Sesmarias de D. Fernando I. Segundo Cirne Lima, "salvas as modificações provenientes da diversidade entre o aparelho administrativo da colônia e o do reino, a instituição das sesmarias no Brasil se regia pelo teor das Ordenações".[12]

A descoberta do ouro nas Minas e a ocupação do solo pelos primeiros povoadores

A notícia que se tem da descoberta do ouro no sertão dos Cataguases, que mais tarde se denominaria Capitania das Minas Gerais, data do último decênio do século XVII. Quanto à precisão da data e do primeiro descobridor, há controvérsias, segundo Sérgio Buarque de Holanda.[13] Como naturalmente era de se esperar, os primeiros povoadores foram levas de mineradores, sobretudo paulistas. Entre eles estava o tenente Manoel da Borba Gato, genro de Fernão Dias Paes Leme. Era um ocupante antigo da região. Desde 1674, já andava com seu sogro pelo sertão dos Cataguases, na região quase lendária[14] do Sabarabuçu, em busca de esmeraldas. Nasceu em São Paulo, por volta de 1630 e faleceu em Sabará, em 1718.

Em 3 de dezembro de 1710, o governador das Minas, Antônio de Albuquerque Coelho de Carvalho, concede sesmaria a Borba Gato "q.'

---

[11] Cf. Ruy Cirne Lima, *Pequena História...*, op. cit., p. 35, nota 71.

[12] Idem, p. 39.

[13] Cf. Sérgio Buarque de Holanda, "Metais e pedras preciosas", em *História Geral da Civilização Brasileira*, 6. ed., São Paulo, Difel, 1985, t. I, vol. 2, pp. 259-64.

[14] "Sabarabuçu, pois, era o mito, era o sonhado Eldorado a atrair levas e levas de aventureiros à sua procura: seria uma região vaga, com situação nada precisa, com limites não bem delineados, não um determinado lugar." Cf. Waldemar de Almeida Barbosa, *Dicionário Histórico Geográfico de Minas Gerais*, Belo Horizonte, Itatiaia, 1995, p. 292.

ha muitos annos esta em mansa e pacifica posse de hua sorte de terras entre o rio de Parabupeba e a Cordilheyra de Itatiaya, e de Matheus Leme até fechar na barra do ultimo Ribr° delle".[15] A historiografia mineira contesta o caráter manso e pacífico do bandeirante paulista. Foi atribuído a Borba Gato o assassinato de D. Rodrigo Castel Branco, mineralogista enviado pela Coroa em 1682. De acordo com João Camillo de Oliveira Torres, "pode ter sido o caso um conflito inteiramente ocasional, mas Borba Gato foi considerado responsável pela coisa e sumiu por dezessete anos".[16] Perambulou pelos sertões dos rios Doce, Grande e Sapucaí e, em 1700, voltou a aparecer na região das Minas, descobrindo ouro no rio da Velhas, distrito do qual foi nomeado guarda-mor, no mesmo ano. Estourou um conflito entre paulistas e reinóis e Borba Gato, já investido no cargo de autoridade das Minas, tentou expulsar o poderoso chefe emboaba Manuel Nunes Viana.

A guerra sangrenta terminou pacificada pela Coroa, com vantagens para os emboabas. Muitos paulistas deixaram as Minas. Borba Gato permaneceu, consciente do seu poder e dos direitos que a condição de primeiro descobridor das minas e povoador lhe conferiam. Fez, todavia, além do costume de ancianidade, o uso de instrumentos jurídicos para assegurar a posse de suas terras. Continua a carta de sesmaria, de 3 de dezembro de 1710, que requereu ao governador da Capitania, rezando

> [...] q.' terá de comprimento sinco legoas e de largo tres a onde tem feito seu principio, sem prejuizo, ou contradição de pessoa algúa q.'

---

[15] *Revista do Arquivo Público Mineiro*, ano II, vol. 2, Ouro Preto, Imprensa Oficial de Minas Gerais, 1897, pp. 258-9.

[16] Cf. João Camillo de Oliveira Torres, *História de Minas Gerais*, 2. ed., Belo Horizonte, Difusão Pan-Americana do Livro, s. d., p. 100.

Espelhos Deformantes

até o prezte intentasse perturbar-lhe a ditta posse por ser o Suppte o primro descobridor das dittas terras desde o tempo em q.' por estas ptes começou os seus descobrimentos em serviço de S. Magde q.' D.s gde. [O bandeirante requereu uma gleba] de comprimento sinco legoas e de largo tres [e o governador lhe concedeu] quatro legoas de terra em quadra [...] attendendo a Calidade e merecimentos do d° Thente gal. Mel de Borba Gatto, pl° bem que tem servido a S. Magdeq.' Deos gde nesta Conqª fazendosse merecedor de sua real grandeza, lho mandar aggradecer por varias vezes em cartas asignadas plª sua real mão.

No texto do documento e nas suas entrelinhas, ficam patentes algumas questões. Primeiro, a intenção do requerente de comprovar que foi o primeiro ocupante das terras, pois as sesmarias legalmente só poderiam ser dadas se as terras estivessem abandonadas ou devolutas. Segundo, que o requerente estava a serviço do rei no momento da posse.[17] Terceiro, conscientes da fraqueza de seu aparato militar e administrativo, fica clara a intenção das autoridades metropolitanas de conceder benefícios aos potentados coloniais,[18] sem os quais não teriam como povoar e explorar as minas. Essa acomodação entre o poder metropolitano e os potentados locais foi uma constante ao longo do século XVIII. Foi esse mesmo potentado que, em 1682, assassinou o enviado da Coroa e enfrentou os reinóis, preferidos de Lisboa, na guerra dos Emboabas, menos de dois anos antes. Quarto, o tamanho da gleba é superior à quadra de três por três, padrão adotado para as sesmarias doadas nessa região, isso sem considerar a segunda sesmaria que requereu e lhe foi concedida

---

[17] "Os bandeirantes gozavam de autorizações legais e agiam em nome do rei. As Bandeiras agiam, portanto, em missão oficial." Idem, p. 99.

[18] Cf. Carla Maria Junho Anastásia, *Vassalos Rebeldes: violência coletiva nas Minas na primeira metade do século XVIII*, Belo Horizonte, C/Arte, 1998.

menos de dois meses depois, em 19 de janeiro de 1711, no Arrayal do Caheté, com mais "meya legoa de terra, correndo da barra que faz o rib° do Tombadouro no ditto ribeyrão para sima pl° ditto ribeyrão de hua, e outra pte delle".[19] Essas doações descumpriam completamente as cartas régias que regulavam o tamanho das sesmarias. Havia, inclusive, uma, de 27 de dezembro de 1695, "que recomendava não se concedessem a cada morador mais de quatro léguas de comprimento e uma de largo".[20]

As Ordenações Filipinas estabeleciam que "serão avisados os sesmeiros que não dêm maiores terras a huma pessoa, que as que razoadamente parecer que no dito tempo [cinco anos] poderão aproveitar".[21] A primeira carta de doação a Borba Gato, para justificar a grande extensão da gleba, dizia "se achar [o requerente] com grandes obrigações de familias, e parentes, a qm. costuma amparar, e haver possoido ate o prezte as sobredas terras qe. quer povoar, cultivar, o qe. he em grde utilidade da fazda real, e se acharem devolutas". A Coroa dificilmente teria como avaliar o aproveitamento, ou seja, o cultivo das terras doadas, muitas vezes perdidas pelos longínquos sertões. Certamente, estaria mais interessada no controle das datas de mineração, cujas medidas eram infinitamente menores – algumas tinham somente duas braças quadradas – que das sesmarias. Se, no papel, estavam fixadas as medidas, na prática, as extensões dominadas pelos sesmeiros poderiam alcançar a distância que seu poder de dominação sobre os outros colonos permitisse.

Quanto ao cumprimento da obrigação de cultivar as terras recebidas, essa era uma necessidade por que passavam as Minas daque-

---

[19] *Revista do Arquivo Público Mineiro*, op. cit., p. 260.

[20] Cf. Alberto Passos Guimarães, *Quatro Séculos...*, op. cit., p. 54.

[21] Cf. Ruy Cirne Lima, *Pequena História...*, op. cit., p. 26.

Espelhos Deformantes

la época. Mas é bastante provável que Borba Gato, cujas sesmarias ficavam nas regiões mineradoras, estivesse mais preocupado com o ouro do que com as roças e os gados. Talvez um estudo de seu inventário pudesse endossar essa afirmação. Da carestia e da fome que assolavam as Minas, Antonil, um lúcido contemporâneo, dá seu testemunho:

> Sendo a terra que dá ouro esterilíssima de tudo o que se há mister para a vida humana, e não menos estéril a maior parte dos caminhos das minas, não se pode crer o que padeceram ao princípio os mineiros por falta de mantimentos, achando-se não poucos mortos com uma espiga de milho na mão, sem terem outro sustento.[22]

Há ainda dois aspectos que a análise dessas duas cartas de sesmaria evidenciam.[23] Nenhuma delas fala da necessidade de cabedais para o tamanho da terra, como se observará nos documentos do fim do século. Não havia também, ainda, a preocupação da reserva de terras minerais, tal como poderá ser visto nas doações feitas a partir de meados do Setecentos. São documentos mais curtos – de duas laudas ou menos – em que precondições para receber a terra e restrições ao seu uso estão quase ausentes.

A ampliação da riqueza das Minas e o aumento da população fizeram com que os burocratas metropolitanos promovessem alterações na legislação e nos modelos de documentos de doação de sesmarias.

---

[22] Cf. André João Antonil, *Cultura e Opulência do Brasil por suas drogas e minas*, 3. ed., Belo Horizonte/São Paulo, Itatiaia/Edusp, 1982, p. 169.

[23] Outras tantas cartas transcritas na *Revista do Arquivo Público Mineiro*, op. cit., pp. 257-69, todas de 1710 e 1711, têm textos semelhantes às duas passadas a Borba Gato.

No auge e no declínio da mineração: cartas de sesmarias concedidas a D. Maria da Cruz, a José de Resende Costa, o pai, e a Inácio Correia Pamplona e sua parentela

Charles Boxer aponta o ano de 1750 como um marco na história luso-brasileira sob diversos aspectos.[24] Segundo o autor, 1750 foi o ano da abolição da detestada taxa de capitação e o ano a partir do qual a produção aurífera iniciou seu declínio. De acordo com a tabela apresentada por Maxwell,[25] os dezesseis anos que antecederam 1750 registraram o maior volume de rendimentos em ouro, em arrobas, do quinto real, cuja média foi de 145,5 por ano. Ao contrário, os anos que vão de 1750 a 1766 indicam uma queda crescente e a média do quinto real foi de 105,75 arrobas, jamais superando a marca, em 1766, de 132 arrobas. De 1767 (87 arrobas) até 1787 (43 arrobas) a queda foi vertiginosa: as minas já estavam praticamente exauridas, pelo menos para as técnicas de mineração aqui adotadas.

Foi no contexto do auge da mineração que Gomes Freyre de Andrade, conde de Bobadela, governador da capitania de Minas de 1735 a 1763, concedeu "tres legoas e meya em quadra na refferida paragem por ser certão", em carta de sesmaria (daqui para adiante, CS) a dona Maria da Cruz. Um nome comum e uma pessoa bastante incomum. Maria da Cruz, moça da família Garcia d'Ávila, educada pelas carmelitas de Salvador e figura lendária no sertão, havia desafiado a autoridade metropolitana em 1736, nos conhecidos

---

[24] Cf. Charles Boxer, *A Idade de Ouro do Brasil: dores de crescimento de uma sociedade colonial*, 3. ed., Rio de Janeiro, Nova Fronteira, 2000, p. 309.

[25] Cf. Kenneth Maxwell, *A Devassa da Devassa: a Inconfidência Mineira Brasil e Portugal 1750-1808*, Rio de Janeiro, Paz e Terra, 1985, pp. 286-8.

Espelhos Deformantes

Motins do Sertão, em que a população e os potentados se levantaram contra a cobrança das taxas de capitação. Já era povoadora antiga das terras que pedia em sesmaria. Diz a CS que lhe foi dada, no Arraial do Tejuco, em 4 de maio de 1745, que era

> Donna Maria da Cruz, moradora do certão do Rio de S. Franco comarca da Vila Real qe. ella era Senhora e possuidora de húa fazenda chamada o Capão cita no sertão do Rio S. Franco que comprehenderia três legoas de terra, e [dividia] pela pte de baixo com a fazenda do Pe. Manoel Cardozo do Ribeyrão de Santa Crus [...].

Essa CS já traz novidades no texto que as do primeiro decênio não continham. Ficaria a requerente "obrigada dentro de hum anno, q'. se contará da data desta ademarcalas judicialmente e o será tão bem apovoar e cultivar as das terras, ou pte dellas dentro em dous annos". Essas eram exigências antigas, já previstas nas Ordenações, que as primeiras cartas para as Minas não deixavam claras. Faz também reservas para uso público às margens dos rios navegáveis: "as quais não comprehenderão ambas as margens de algum rio navegável porq' neste cazo ficara livre de huma dellas o espasso de meya legoa para o uzo publico".

As CS desse período até o fim do século passam a mencionar a expressão "pela faculde. q' S. Mage. me permite nas suas Reais Ordens e ultimamte na de treze de abril de mil sete centos e trinta e outo, para conceder cesmarias das terras desta Capnia aos moradores dellas que mas pedirem". Há aqui uma evidente preocupação com as doações para as Minas. Esse cuidado especial com a capitania fica patente, porque os documentos também passam a conter duas preocupações das autoridades lisboetas, bem características do controle que desejavam ter sobre as minas: "a Suplicante, aqual não impedira a repartição dos descobrimtos de terras mineraes q'. no tal citio haja ou possa haver [...] e possuirá as das terras em acondição de nellas não sucederem religioens por titullo algum". Continua rezando que, se, porventura, nessa sesmaria se instalarem *religioens*, ficariam estas obrigadas ao dízimo e o requerente teria o prazo de quatro anos para solicitar ao Conselho Ultramarino a confirmação desta CS. É notória a proibição de ordens religiosas nas Minas, com o fim de se evitar o contrabando dos minerais preciosos[26] e os prejuízos com as isenções de impostos de que gozavam os bens de tais ordens.

Se as fazendas do sertão, como as do São Francisco, com grandes rebanhos de gado, no auge da mineração, já eram fontes de fortunas incalculáveis, que importância, então, teriam tomado a posse da terra e as atividades agropecuárias, à medida que o ouro e os diamantes se foram escasseando? Caio Prado Júnior aponta o ressurgimento da agricultura com o declínio da mineração.[27]

Dois sesmeiros, localizados nos arquivos, guardam estreita relação com o poder metropolitano e com a Inconfidência Mineira. O primeiro era José de Resende Costa, o pai, oficial das tropas auxiliares, depois, condenado por crime de lesa-majestade pelo envolvimento direto na conjuração de 1789. O segundo era Inácio Correia Pamplona, mestre-de-campo, destruidor de quilombos[28] e delator da conspiração de 1789.

---

[26] Cf. Sérgio Buarque de Holanda, *Raízes do Brasil*, op. cit., pp. 277-8. Os governadores vinham enfrentando problemas com os religiosos desde o início do século. 1738, no entanto, foi o ano em que se lhes endureceu a perseguição.

[27] Cf. Caio Prado Júnior, *História Econômica do Brasil*, 17. ed., São Paulo, Brasiliense, 1974, p. 79.

[28] Cf. Carla Maria Junho Anastásia, *Vassalos Rebeldes*, op. cit., pp. 125-36, sobre rebeldia de escravos na primeira metade do século XVIII. O quilombo de Palmares estava fresco na memória das autoridades portuguesas. A existência de diversos quilombos nas Minas, como o do Ambrósio, era vista com inquietação e o papel de perseguidor de quilombolas era considerado de grande importância para o Estado e a sociedade colonial.

Espelhos Deformantes

José de Resende Costa, apontado por João Pinto Furtado como um dos mais afortunados inconfidentes,[29] pertencia à abastada família do Termo da Vila de São José, Comarca do Rio das Mortes. Quando da Inconfidência, ocupava o posto de capitão do Regimento de Cavalaria Auxiliar da Vila de São João del Rei.

Em 12 de junho de 1759, com aproximadamente 29 anos, requereu e lhe foi concedida uma sesmaria,[30] com meia légua em quadra, nas proximidades do Arraial da Laje, Termo da Vila de São José. Sua CS, quanto ao texto, traz poucas novidades, se comparada à concedida a dona Maria da Cruz, em 1745. Uma delas é a proibição de se doar àqueles que já receberam sesmarias. Outra diferença foi a extensão menor de terras concedidas a Resende Costa. O entorno das Vilas de São José e São João del Rei era, certamente, uma região mais densamente povoada e mais rica que os inóspitos sertões do São Francisco, o que poderia estar determinando uma maior limitação nas concessões das sesmarias. A CS de D. Maria da Cruz não deixa dúvidas quanto a isso, ao rezar: "conseder em nome de S. Mage. a dª Donna Maria da Crus *tres legoas e meya* em quadra na refferida paragem *por ser certão*" (grifo meu).

Foi no contexto de queda da produção do ouro, exatamente no ano de 1767, que Inácio Correia Pamplona solicitou e lhe foi concedida sesmaria nas nascentes do rio São Francisco. Segundo Lúcio dos Santos, Pamplona, "Mestre-de-Campo-Regente de Bambuim era natural da Ilha Terceira e residia na Freguesia de Prados,

---

[29] O total dos bens seqüestrados ao inconfidente somou 7.437.823 réis, o sexto maior valor seqüestrado, bem próximo do rico padre Carlos Correia de Toledo e Melo. Cf. João Pinto Furtado, *O Manto de Penélope. História, mito e memória da Inconfidência Mineira de 1788-9*, São Paulo, Companhia das Letras, 2002, p. 107.

[30] APM, Seção Colonial, códice SC 125, p. 5-6 v, microfilme rolo 28, gaveta G3.

Comarca do Rio das Mortes. Tinha 58 anos de idade [em 1789] e vivia de suas fazendas".[31]

A notícia que dá Waldemar de Almeida Barbosa sobre a ocupação do sertão do entorno de Bambuí,[32] nas cabeceiras do rio São Francisco, não deixa dúvidas do quanto Pamplona era rico e poderoso. Segundo o autor, a região havia sido ocupada por sesmeiros por volta de 1720, mas o povoamento foi abandonado, em virtude da invasão de negros aquilombados e índios Caiapós. Somente a partir de 1765 se deu a ocupação definitiva. Os primeiros sesmeiros foram o fazendeiro, comerciante e capitão-do-mato Inácio Correia Pamplona, e um grupo de colonos que se dispunha a permanecer na região. Uma das grandes fontes das riquezas de Pamplona foi a captura de quilombolas. Seu poder militar, inclusive, era nada desprezível. Em 1784, o governador Luís da Cunha Menezes colocou sob suas ordens aproximadamente 1.500 homens das tropas auxiliares.[33] Não haveria melhor razão para que o padre Carlos Correia de Toledo tentasse cooptá-lo para o movimento de 1789 (ADIM, vol. 1, pp. 108-110, carta-denúncia).

Pamplona foi sesmeiro nos dois sentidos da palavra: recebeu e distribuiu sesmarias. Na função de sesmeiro distribuidor de sesmarias, foi autorizado pelo governador das Minas, conde de Valadares. Waldemar Barbosa informa que, em 1769, ele havia doado "cento e tantas sesmarias".[34]

A primeira CS[35] que recebeu, no sertão, está datada de 1º de dezembro de 1767. Reza a carta que

---

[31] Cf. Lúcio J. dos Santos, *A Inconfidência Mineira: papel de Tiradentes na Inconfidência Mineira*, Belo Horizonte, Imprensa Oficial, 1972, p. 295.

[32] Cf. Waldemar de Almeida Barbosa, *Dicionário...*, op. cit., pp. 39-41.

[33] Idem, p. 40.

[34] Idem.

[35] APM, Seção Colonial, códice SC 156, p. 61 v e 62, microfilme rolo 34, gaveta G3.

Espelhos Deformantes 265

[...] elle se achava possuindo abastado numero de escravos e da mesma forma gados, egoas, burros, ovelhas e por não ter terras de cultura e campos congruentes para o exercicio laborioso de sua possessão lhe fora perciso hir ao Sertão das cabeceiras do Rio de São Francisco com algumas pessoas adjuntas a descobrir terras para a existencia da mensionada fabrica naquel diligencia experimentara perjuizos grandes fizera despeza consideravel por ser sertão devoluto, pedindome lhe concedesse nelle tres legoas de terra por sesmaria em atenção as dittas despezas que fizera da tal povoação se seguiria aos Reais emteresses e bem comum e que para medição se fizesse pião no alto della entre o ditto Rio de São Francisco e morro ou serra do desempinhado onde mais conveniente lhe fosse [...].

O requerente fez questão de declarar ser dono de cabedais e deixou claro que sua empresa seria útil ao bem comum. Na mesma data, pediu e recebeu sesmarias para cinco filhos legítimos seus, todas elas de três léguas em quadra. Ora, se Pamplona tinha 37 anos em 1767, esses cinco filhos deveriam ser menores. Que condições ou cabedais eles teriam para povoar e cultivar as terras? No mesmo livro de registros, também em 1º de dezembro de 1767, junto com as doações para sua família, há dezesseis CS[36] para colonos que alegavam "entrar em companhia de Inacio Correa Pamplona", todas de três léguas em quadra e algumas fazendo referência à presença de *calhanbolas* na região.[37]

---

[36] Idem, p. 56 a 75 v, microfilme rolo 34, gaveta G3.

[37] Na verdade, o número de pessoas que acompanhou Pamplona, em 1767, era superior a 200, conforme a "Notícia diária e individual das marchas e acontecimentos mais condignos da jornada que fez o Senhor Mestre-de-campo, Regente e Guarda-mor Inácio de Correia Pamplona, desde que saiu de sua casa e fazenda do Capote à conquista do Sertão (1769)", *Anais da Biblioteca Nacional*, vol. 108, Rio de Janeiro, 1988, pp. 53-113.

Seguramente, pode-se afirmar que Pamplona era um típico potentado do sertão. Aqueles que o acompanharam sertão adentro passavam a fazer parte de sua parentela, de sua "família", do seu patriarcado. Entre eles e o mestre-de-campo que os conduziu para o interior e mais aqueles que dele receberam as "cento e tantas sesmarias" estabeleciam-se relações de poder, como as que Maria Isaura Pereira de Queiroz bem definiu:

> Este tipo de solidariedade tinha acompanhado muito naturalmente o modo pelo qual se processara a ocupação do solo, as grandes propriedades nas mãos de alguns senhores. O recém-chegado numa zona era condenado a se acolher à sombra do mandão local e ligá-lo fortemente a si se quisesse ter um apoio (de onde a importância da instituição do compadrio). A escravidão, reforçando o poder do proprietário rural, deu mais ênfase a estas relações. E tudo isto junto formou o nódulo duro e resistente do mandonismo local no Brasil, que fazia os homens se definirem em termos de posse em relação uns aos outros: "Quem é você?". "Sou gente do Coronel Fulano".[38]

Quanto ao texto das cartas examinadas de 1745 (Maria da Cruz), 1759 (Resende Costa), 1767 (Pamplona e outros) e 1796 (João José e Bernardina Correia Pamplona), não há diferenças significativas. Todas se referem a uma Ordem Régia de 13 de abril de 1738, que estabelecia limitações na concessão e no uso das sesmarias na capitania de Minas Gerais. Entre essas limitações, estão, por exemplo, a reserva das margens de rios navegáveis, o não impedimento de repartição de terras minerais que se encontrarem dentro

---

[38] Cf. Maria Isaura Pereira de Queiroz, *O Mandonismo Local na Vida Política Brasileira e outros ensaios*, São Paulo, Alfa-Ômega, 1976, p. 19. Foi graças ao compadrio com o coronel Carlos José da Silva que Pamplona não foi incriminado na Inconfidência.

Espelhos Deformantes

das sesmarias, a permissão de caminhos e serventias públicas, o impedimento da presença de ordens religiosas, salvo autorização do Conselho Ultramarino, a obrigação de demarcar as terras no prazo de um ano, notificando os vizinhos, e de povoá-las e cultivá-las dentro de dois anos.

Percebe-se, no entanto, a partir da CS dada ao Resende Costa, em 1759, a expressão "não ter outra cesmaria e não pretender esta para outra alguma pessoa" e, na doação a Pamplona, em 1767, a expressão "não sendo estas em parte ou todo dellas em arias prohibidas". As cartas de 1796, passadas aos parentes de Pamplona, rezam que "se conservará a decima parte dos mattos virgens [...] sendo a metade desta porção designada junto aos Corgos ou Rios em que por ellas corerem para a creação e conservação das madeiras necessarias para o uzo publico [...]". A proibição de se ter mais de uma sesmaria deve ter sido letra morta. O próprio Pamplona tinha várias para sua família e já se sabe da existência de propriedades com 20, 30, 50 léguas ou mais de extensão, como as terras da Casa da Torre de Garcia d'Ávila. As *arias prohibidas* possivelmente seriam regiões de maior controle, como o Distrito Diamantino. Quanto à reserva de matas, acredita-se que as autoridades metropolitanas já percebiam os riscos da devastação causada por processos irracionais de abertura de pastagens e áreas de plantio, tais como a primitiva coivara.[39]

Para encerrar, devolve-se a palavra a Cirne Lima, autor seminal, quando se trata de história agrária no Brasil:

---

[39] Cf. Sérgio Buarque de Holanda, *Raízes do Brasil*, op. cit., pp. 66-70, "Persistência da lavoura de tipo predatório". O desconhecimento de técnicas mais avançadas levava os colonos a tocar fogo nas matas, ao modo dos gentios, acreditando que as cinzas fertilizavam o terreno. Esse mau costume é ainda praticado pelos agricultores brasileiros nas regiões de maior concentração de florestas.

[...] o velho preceito das Ordenações, mandando que não se dessem – "maiores terras a huma pessoa que as que rezoavelmente parecer [...] que poderão aproveitar" – tomara, em nosso território, feição peculiar atenta à medida descomunal, que já então a cupidez fixara como de uso aos colonizadores, em matéria de propriedade.[40]

Considerações finais

O volume excessivo de documentos e o caráter repetitivo, formal e semelhante a clichês, com que se poderiam caracterizar as cartas de sesmarias, impõem certas dificuldades à sua utilização. Se o historiador, pretendendo estudar o todo da capitania, não conseguir colocar problemas pertinentes para essa enorme quantidade de sesmarias, tais fontes pouco ou nada dirão a respeito de Minas Gerais. Todavia, se conseguir associar a dinâmica da doação das terras aos processos político e econômico da capitania, se puder enxergar, no todo do conjunto, conjuntos menores e coerentes de documentos que indiquem, por exemplo, projetos de ocupação do território pelo desbravamento dos sertões, pelo enfrentamento de quilombolas e índios, restrições à ocupação de terras minerais etc., poderá alcançar bons resultados na pesquisa. Talvez seja mais interessante abordar a documentação a partir de recortes espaciais ou cronológicos definidos em função de questões mais específicas, ou seja, reduzindo a escala de análise para regiões menores e períodos que guardem certa coerência interna, como, por exemplo, as doações feitas na Comarca do Serro Frio, após a criação do Distrito Diamantino. Dependendo das questões que se deseja responder, não haveria a necessidade de ler todo o documento, talvez seja suficiente conhecer o nome do sesmeiro – e, no cruza-

---

[40] Cf. Ruy Cirne Lima, *Pequena História...*, op. cit., p. 39.

Espelhos Deformantes

mento com outra documentação, saber dos cargos que ocupava – a localização da terra, seus confrontantes etc.

Quanto ao texto das cartas, ficou evidente que evoluiu de um modelo mais simples, como se pode observar nas doações feitas a Borba Gato, para algo mais complexo, por volta de 1745/1767. Já entre os documentos desse último período e as cartas do fim do século a variação é pequena, como se pode ver nas doações aos parentes de Inácio Pamplona, em 1796. Pode-se creditar essa pequena variação, que se dá a partir da década de 1740 em diante, a um aparato administrativo mais estável e organizado. Também pôde contribuir nesse sentido um maior conhecimento das Minas. A princípio, não se tinha clareza das riquezas da região. Deram-se a Borba Gato "quatro léguas de terra em quadra", sem qualquer limitação, salvo a obrigação de povoar e cultivar. Poucas décadas depois, as cartas já faziam reservas de terras minerais, de madeiras, de rios navegáveis etc.

Enfim, a Carta de Sesmaria, como qualquer outro documento, especialmente o escrito, guarda estreita relação com o momento histórico em que foi produzida.

Parte V

Epístolas, inventários e coleções: entre o particular e o coletivo

A história das palavras *público* e *privado* relaciona-se às transformações da cultura ocidental. Inicialmente, *público* vinculava-se ao bem comum da sociedade e ao corpo político, evoluindo na Época Moderna para o manifesto e aberto à observação, enquanto *privado* significava uma região protegida, definida pela família e pelos amigos. No século XVIII, com o crescimento da vida urbana, esse homem público relacionava-se a muitos grupos sociais, desempenhando seu papel com maestria. Assim, a metáfora do mundo como teatro foi criticada devido a excessos na representação. No Antigo Regime, a linha divisória entre o *particular* e o *público* era tênue, e as exigências da civilidade eram confrontadas às necessidades da natureza. Os homens tentavam manter essas duas esferas – nem sempre dissociadas – em equilíbrio. Mas estamos longe das tiranias da intimidade do século XIX em diante, pelo que não é apropriado conceber uma mesma acepção de *privado* para o Setecentos e o nosso tempo. Embora se dediquem a objetos diversos, os capítulos desta parte lidam com fontes escritas, manuscritas e impressas, intermediárias entre os âmbitos particular e público. O manuscrito mais privado, verossímil ou solene; o impresso para rápida e maior difusão. Em cartas administrativas, podemos descobrir marcas pessoais do autor, e confidências aos destinatários sobre assuntos de interesse político; mas as cartas, associadas aos testamentos e inventários como documentos particulares, também são úteis na percepção de cotidianos e identidades de grupos não hegemônicos; destaca-se ainda a iniciativa do colecionador de folhetos que, em suas intervenções no conjunto documental, concedeu-lhe valor especial. Memórias de personagens transformadas em história.

Rodrigo Bentes Monteiro

Rede social e estratégias de ascensão: cartas de Martinho de Mendonça para a corte de D. João V

Irenilda R. B. R. M. Cavalcanti[*]

Introdução

Novas propostas teórico-metodológicas têm permitido estudar temáticas a partir de fontes até então consideradas secundárias. Foi isso o que aconteceu com as cartas, tanto pessoais como administrativas, que se têm tornado alvo de análises de diversos historiadores.[1] As cartas administrativas de Martinho de Mendonça para vários correspondentes, escritas durante o período em que esteve à frente do governo das Minas Gerais, entre 1736 e 1737, permitem trazer à tona um painel multifacetado do cotidiano mineiro, como também esclarecem as redes administrativas em que esse Comissário Real esteve envolvido.

---

[*] Doutoranda em História pela Universidade Federal Fluminense, sob a orientação do professor Luciano Raposo de Almeida Figueiredo.

[1] Tiago dos Reis Miranda, "A arte de escrever cartas: para a história da epistolografia portuguesa no século XVIII", em Nadia Battella Gotlib & Walnice Nogueira Galvão (orgs.), *Prezado Senhor, Prezada Senhora*, São Paulo, Companhia das Letras, 2000; Andrée Rocha, *A Epistolografia em Portugal*, Lisboa, Imprensa Nacional/Casa da Moeda, 1985; Fernando Bouza Álvarez, *Corre Manuscrito: una historia cultural del siglo de oro*, Madrid, Marcial Pons, 2002; Pedro Luis Lorenzo Cadarso, *La correspondencia administrativa en el estado absoluto castellano, ss. XVI-XVII* [on-line] Disponível em: <http://www.tiemposmodernos.rediris.es/articulos/Numero5-2001-ISSN-1139-6237/correspondencia.html>. Acesso em: 18 de setembro de 2003.

Assim, este capítulo tem como objetivo analisar aspectos das práticas governativas lusitanas, utilizando as cartas acima mencionadas.

Pelas cartas e por outros documentos que pretendemos analisar, buscaremos identificar os indícios de estratégias de ascensão social, entendendo que a governação de Minas Gerais foi uma das missões que Martinho de Mendonça cumpriu, ao buscar prestar serviços ao rei. Ao longo da correspondência, é possível perceber a menção a várias figuras da Corte, muitas delas amigas de longa data, que faziam parte de uma rede de sociabilidade, construída nos feitos de guerra e nas lides acadêmicas de Lisboa.

Por rede entendemos uma relação essencialmente diádica, ou seja, aquela que envolve dois elementos que atuam de maneira inter-cambiante. Nela, observam-se três características: a assimétrica, pois os atores controlam recursos desiguais; a particularista e privada, pressu-pondo um envolvimento afetivo entre os elementos; a recíproca, pois os atores auferem benefícios mútuos.[2] É por esse ângulo que, durante a nossa pesquisa, tentaremos perceber como Martinho de Mendonça construiu sua carreira, tendo o apoio de amigos nobres, que, em vá-rias oportunidades, lhe abriram as portas. Fica claro, nessas relações, que todos saíram ganhando, pois aquele que dava o apoio obtinha a gratidão e a certeza de receber a retribuição no momento certo.

Primeiramente, traçaremos um breve perfil de Martinho de Mendonça e sua inserção na vida da corte de D. João V. Em seguida, enfocaremos as cartas do governador. No terceiro momento, procu-raremos compreender a produção documental como prática da bu-rocracia letrada de Estado, para depois explicar o método analítico adotado.

---

[2] Carlos Eduardo Sarmento, *No Balanço das Redes: o individual e o coletivo nas relações clientelistas*, Rio de Janeiro, CPDOC, 2001.

O correspondente Martinho de Mendonça

Martinho de Mendonça de Pina e de Proença (1693-1743) foi um fidalgo da Casa Real, que esteve em Minas Gerais entre 1734 e 1737, a serviço de D. João V. Em Portugal, Proença é tido como um pioneiro nas discussões sobre educação; na historiografia mineira, é quase um incógnito, lembrado apenas como o funcionário que implantou o sistema de captação, em 1735, ou como aquele que combateu os motins de 1736.[3] Porém, vir para a colônia foi mais um passo em sua carreira, iniciada como bibliotecário da Real Biblioteca, em Lisboa.

Nasceu na Quinta do Pombo, nos arredores da cidade de Guarda (Beira Alta), onde foi batizado em 9 de novembro de 1693. Sua formação intelectual passa pela Escola de Artes em Coimbra, curso que não concluiu. Em sua família, havia a tradição dos estudos científicos, uma vez que seu avô, Leonis de Pina e Mendonça, fora, no século anterior, membro da *Royal Society*, por ter-se dedicado a estudos da Matemática, da Cosmografia e da Teoria Musical.[4] Em sua residência havia uma pequena biblioteca, onde passava longas horas, adquirindo erudição e aprendendo a ler várias línguas.

---

[3] Cf. Carla Maria Junho Anastasia, *Vassalos Rebeldes: violência coletiva nas Minas na primeira metade do século XVIII*, Belo Horizonte, C/Arte, 1998; Luciano Raposo de Almeida Figueiredo, *Revoltas, fiscalidade e identidade colonial na América Portuguesa, Rio de Janeiro, Bahia e Minas Gerais, 1640-1761*, São Paulo, tese de doutorado em História, USP, 1996; Maria Verônica Campos, *Governo de mineiros: de como meter as minas numa moenda e beber-lhe o caldo dourado, 1693 a 1737*, São Paulo, tese de doutorado em História, USP, 2002; Paulo Cavalcante, *Negócios de Trapaça: caminhos e descaminhos na América portuguesa (1700-1750)*, São Paulo, Hucitec, 2006; Irenilda R. B. R. M. Cavalcanti, *Foi Vossa Majestade servido mandar: Martinho de Mendonça e o bom governo das minas, 1736-1737*, Rio de Janeiro, dissertação de mestrado em História, UFRJ, 2004.

[4] Cf. Jaime Cortesão, *O Tratado de Madrid*, Brasília, Senado Federal, 2001, vol. 1, p. 99.

Seus primeiros passos rumo à Corte foram dados ao engajar-se no grupo de militares portugueses que seguia para a Hungria, liderado pelo general Tomás da Silva Teles. Como tantos outros, esse grupo atendia à convocação do Papa, a fim de combater os turcos que, na época, ameaçavam mais uma vez o Império Austríaco; vários países cristãos reuniram suas forças para batalhar contra os mulçumanos, naquela região da Europa oriental. Martinho, então com 24 anos, foi mandado, com o regimento de que fazia parte, para Peterwaradin, onde os austríacos, comandados pelo príncipe Eugenio de Sabóia, infligiram uma pesada derrota aos turcos, em 16 de agosto de 1717, na chamada Batalha de Belgrado.

Após os feitos guerreiros, conseguiu tornar-se "professor" de Matemática do infante D. Manuel, em cuja companhia visitou Paris. Ao voltar a Portugal, incorporou-se ao movimento das Academias setecentistas, inicialmente como membro da Academia dos Anônimos; depois, da Academia Portuguesa, organizada pelo 4º conde de Ericeira; e, em seguida, da Academia Real de História Portuguesa, criada por D. João V, em 8 de dezembro de 1720, como um dos 50 sócios numerários.[5]

Sua inserção na vida da Corte deveu-se tanto à sua ligação com o visconde de Vila Nova da Cerveira, Tomás da Silva Teles, seu amigo, compadre e companheiro de armas na Hungria, quanto à sua amizade com o infante D. Manuel.

---

[5] P. Calafate, "Sob os signos das luzes: Martinho de Mendonça Pina e Proença", em *Filosofia Portuguesa*, [on-line]; Rodrigues, "Um herói da Guarda na batalha de Belgrado", em *Terras da Beira* [on-line]; "Dois humanistas do século das Luzes", em *Jornal O Interior* [on-line]; L. M. A. V. Bernardo, *O Essencial sobre Martinho de Mendonça*, Lisboa, Imprensa Nacional/Casa da Moeda, 2002, p. 15; Isabel Ferreira da Mota, *A Academia Real de Historia: os intelectuais, o poder cultural e o poder monárquico no séc. XVIII*, Coimbra, Minerva, 2003.

Espelhos Deformantes

O ingresso no círculo cortesão foi marcado por uma entrevista com D. João V, em 1719, acompanhada pelos marqueses de Abrantes e de Alegrete, pelo conde da Ericeira, pelos padres Gonzaga e Oliveira e por Alexandre de Gusmão. Nessa entrevista, "agendada" por Tomás da Silva Teles, Martinho de Mendonça passou por uma longa argüição, quando lhe perguntaram sobre vários pontos de Gramática, Filosofia, História, Geográfica e Matemática. A partir de então, seu vasto conhecimento e seus talentos passaram a ser reconhecidos na Corte e nos meios cultos de Lisboa.[6]

Ainda na década de 1720, convidado por D. João V, Martinho exerceu o cargo de bibliotecário da Real Biblioteca, em Lisboa, posto que tinha muita importância, se levarmos em conta o valor que os livros possuíam naquela época e a política de aquisição de obras raras e livros importados de outras partes da Europa.[7] Entre 1726 e 1729, participou da missão diplomática enviada a Madri, para as negociações dos casamentos entre os príncipes dos dois reinos.

Em 1733, foi nomeado para vir para o Brasil, especificamente para Minas Gerais. Entre suas atribuições constavam supervisionar a implantação do sistema de captação e demarcar o Distrito Diamantino. Por isso, vamos encontrá-lo, em 1734, envolvido em atividades cartográficas, demarcando o Distrito Diamantino e ainda colaboran-

---

[6] J. F. Gomes, *Martinho de Mendonça e a sua obra pedagógica*, Coimbra, Universidade de Coimbra, 1964, p. 25.

[7] Rodrigo Bentes Monteiro, "Recortes de memória: reis e príncipes na coleção Barbosa Machado", em Rachel Soihet; Maria Fernanda Baptista Bicalho & Maria de Fátima Silva Gouvêa (orgs.), *Culturas Políticas: ensaios de história cultural, história política e ensino de história*, Rio de Janeiro, Mauad, 2005, pp. 127-54.

278 Rodrigo Bentes Monteiro (org.)

do com os padres "matemáticos" Diogo Soares[8] e Domingos Capaci,[9] contratados pela Coroa para fixar as "reais" fronteiras coloniais.

Foi em 1736 que Martinho de Mendonça assumiu interinamente o cargo de governador, durante o período em que Gomes Freire de Andrade, capitão-general do Rio de Janeiro e de Minas Gerais, fora para o Rio de Janeiro, a fim de organizar a defesa da Colônia do Sacramento, disputada naquele momento por Portugal e Espanha.[10]

Como muitos contemporâneos, Martinho de Mendonça participou do movimento inquisitorial como um familiar privilegiado do Santo Ofício, o que pode ser interpretado tanto como uma prática ligada ao excesso de zelo religioso da sua época, quanto como uma estratégia para obter prestígio e mostrar a pureza de seu sangue.

As atividades que Martinho de Mendonça veio desenvolver no Brasil foram especificadas em uma Instrução ou Regimento,[11] recebido do rei, pelo qual era possível entender a sua missão. O Regimento consistia em uma ordem real, em que se declaravam normas, direitos,

---

[8] Nasceu em Lisboa em 1684 e ingressou na Companhia de Jesus em 1701. Junto com padre Capaci veio para o Brasil, com a incumbência de mapear e levantar as latitudes e as longitudes do território lusitano na América. Já sozinho, esteve em Minas Gerais por volta de 1747, antes de ir para Goiás, onde veio a falecer, em 1748, com a idade de 64 anos. Cf. C. da Costa Matoso, *Códice*, Belo Horizonte, Fundação João Pinheiro, 2000, vol. 2, p. 61.

[9] Nasceu em Nápoles, em 1694, e faleceu em São Paulo, c.1742, com 48 anos. Com o padre João B. Carbone chegou à corte de D. João V, onde se tornou matemático régio. Chegou ao Brasil em 1730 e percorreu as capitanias do Rio de Janeiro e de São Paulo, a Colônia do Sacramento e Santa Catarina. Adoeceu quando se dirigia a Minas Gerais. Cf. idem, p. 31.

[10] Em 1735, o novo governador de Buenos Aires, dom Miguel Salcedo, atacou a praça da Colônia do Sacramento, obrigando o brigadeiro Antônio Pedro a pedir tropas de reforço ao Rio de Janeiro, a Pernambuco, à Bahia e a Minas Gerais para defender-se das investidas dos castelhanos. O conflito terminou com o armistício entre Espanha e Portugal, em 1737. Idem, pp. 65-6.

[11] REGIM.TO ou instrução que trouxe o governador Martinho de Mendonça de Pina e de Proença, 30/10/1733, *Revista do Arquivo Público Mineiro*, vol. 3, Ouro Preto, Imprensa Oficial de Minas Gerais, 1898, pp. 85-8.

Espelhos Deformantes

obrigações e finalidades de um ofício, cargo, missão ou órgão. Ele deveria investigar natureza e homens, elaborar relatos e informar a Coroa sobre a realidade colonial, pois, a partir dos elementos coletados, seria possível traçar estratégias de dominação efetiva da rica província mineral. Dessa forma, o saber fortalece o poder.[12]

Em geral, os funcionários recém-nomeados tinham suas funções guiadas por regulamentos e instruções e cabia-lhes relatar tudo o que fizessem e todos os problemas surgidos ligados às suas tarefas. Começava, então, a geração de um grande número de processos, relatórios, requerimentos, petições etc., marca de um mundo letrado e do domínio de uma elite que estudou. Entretanto, essa profusão de documentos não é novidade, pois, gradualmente, desde o século XVI, a governança passara a funcionar sob base material do papel, assumindo os documentos a função de instrumentos privilegiados de comunicação intra e extraburocracia.[13]

No caso de Martinho de Mendonça, sua Instrução contemplava tarefas que abrangiam tanto a área fiscal, quanto a jurídica e a administrativa, sendo-lhe dados amplos poderes em muitos assuntos, além de lhe serem franqueados arquivos sigilosos e informações eclesiásticas. Para dar conta de seu trabalho, escreveu muitos pareceres, cartas e relatórios.

---

[12] Cf. Michel Foucault, "Sobre a geografia", em *Microfísica do Poder*, Rio de Janeiro, Graal, 1999, p. 158; Peter Burke, *Uma História Social do Conhecimento: de Gutemberg a Diderot*, Rio de Janeiro, Jorge Zahar, 2003, p. 111.

[13] Cf. Francisco Calazans Falcon, *Despotismo Esclarecido*, São Paulo, Ática, 1986, p. 26; Roger Chartier, "Construção do Estado moderno e formas culturais: perspectivas e sugestões", em *A História Cultural: entre práticas e representações*, Lisboa, Difel, 1990; Pedro Luis Lorenzo Cadarso, *La Correspondencia Administrativa...*, op. cit.; Diogo Ramada Curto, "As práticas de escrita", Francisco Bethencourt & Kirti Chaudhuri (orgs.), *História da Expansão Portuguesa: o Brasil na balança do Império (1697-1808)*, Navarra, Circulo dos Leitores e Autores, 1998, vol. 3, pp. 421-62; Peter Burke, *Uma História Social do Conhecimento...*, op. cit., pp. 109-12.

Em dezembro de 1737, com o fim das hostilidades no sul e o retorno de Gomes Freire de Andrade ao governo de Minas Gerais, Martinho de Mendonça inicia sua viagem de retorno a Lisboa, onde chega nos meados de 1738. Poucos meses depois, em 20 de outubro de 1738, foi nomeado para o cargo de membro do Conselho Ultramarino. Em 28 de agosto de 1742, torna-se guarda-mor da Torre do Tombo[14] e, nessa função, vem a falecer, em 1743, aos 50 anos e após longa enfermidade. Foi sepultado na Quinta do Pombo, onde nasceu, na freguesia de São Vicente, da cidade da Guarda.

Seu pensamento pode ser mais bem conhecido a partir dos trabalhos que publicou, tais como a *Colecção de documentos e memórias da Academia de História*, o *Discurso filológico crítico contra Feijó*, em 1727, o prefácio do livro *Historiologia médica*, do médico Rodrigues de Abreu; e os seus famosos *Apontamentos para a educação de um menino nobre*, obra sugestiva da educação portuguesa.

A produção documental e a burocracia do Estado

Quando escolhemos a porção da correspondência de Martinho de Mendonça, ligada ao período de sua atuação como governador interino, como um dos conjuntos de fontes de nossa pesquisa, primeiramente levamos em consideração a importância que esses documentos estavam adquirindo durante a Idade Moderna, período em que se observa a estruturação da burocracia de Estado, o que, segundo Peter Burke, representava o surgimento do que poderia ser chamado de "Estado do papel", sendo este um fenômeno geral na Europa;[15] em

---

[14] IANTT, Registro Geral de Mercês, D. João V, liv. 27, fl. 134 v.

[15] Peter Burke, *Uma História Social do Conhecimento...*, op. cit., p. 111.

Espelhos Deformantes

segundo lugar, devido ao valor intrínseco dessas missivas, por conterem comentários e descrições da vida cotidiana nas Minas Gerais.

Mas o que estamos chamando de cartas? Para Tiago Miranda,

> [...] entre os documentos que se encontram nos acervos do Estado Moderno, muitos são os que de uma forma ou de outra se podem denominar "cartas"; afinal, em boa parte, trata-se de mensagens trocadas entre os reis e seus vassalos. Estes davam conta dos serviços que desempenhavam, apresentando cumprimentos ou reivindicações; aqueles sublinhavam deveres e distribuíam as mercês.[16]

Pedro Luis Lorenzo Cadarso, historiador espanhol, ao estudar as formas epistolares da corte castelhana entre os séculos XVI e XVII, aponta para a importância desses documentos, por se constituírem um dos instrumentos que permitem conhecer o ambiente da corte do Estado Absolutista:

> Durante os séculos XVI e XVII, a correspondência epistolar teve um papel essencial no funcionamento do Estado Absoluto, até a ponto de que este ficaria inexplicável se não se levar em consideração o enorme volume de cartas que diariamente circulavam pela Corte entre os altos dignitários e entre estes e toda a classe de entidades e pessoas de dentro e fora do Reino. A história as vem utilizando como fontes desde algum tempo, entretanto nem sempre os historiadores estão plenamente conscientes do papel político-administrativo que se lhes davam, limitando-se na maioria dos casos a valorizar seu conteúdo informativo.[17]

---

[16] Tiago dos Reis Miranda, "A arte de escrever cartas...", op. cit., p. 41.

[17] Pedro Luis Lorenzo Cadarso, *La Correspondencia Administrativa* .., op. cit.

282 — Rodrigo Bentes Monteiro (org.)

Bouza Álvarez também analisa a importância da troca de cartas na corte castelhana e afirma ser

> [...] objeto privilegiado da historiografia atual, a correspondência, por razões óbvias, parece haver sido o gênero escrito mais consciente de sua própria recepção e, ainda que o caso de sua autoria individual seja inegável, na redação de uma carta sempre parece ter-se em conta quem haverá de lê-la.[18]

Por sua vez, Roger Chartier alerta que, quando se estudam documentos oriundos desse período, o que fica marcada é a mistura do público com o privado, que caracteriza a sua produção, conservação e uso. Essa indefinição confere ambigüidade a questões como a descrição dos costumes, pois dá um estatuto simultâneo de estatal e pessoal à documentação administrativa das monarquias do Antigo Regime.[19]

Entretanto, as cartas podem conter indícios da sociedade em que são produzidas/escritas. Citando Agustín González de Amezúa, Bouza Álvarez salienta que "cada época se retrata em suas cartas, porque nelas se sintetiza o [aspecto] pessoal de quem escreve e o meio social em que os emissários e receptores vivem, rendendo-se forçoso tributo às preocupações, maneiras e preconceitos da sociedade".[20]

A correspondência administrativa é entendida aqui como aqueles documentos de modelo epistolar, que possuem um caráter público e/ou privado, mas que sempre apresentam um estilo legal e são utilizados durante a tramitação dos procedimentos administrativos

---

[18] Fernando Bouza Álvarez, *Corre Manuscrito...*, op. cit., p. 137. Versão livre.

[19] Roger Chartier, "Construção do Estado moderno e formas culturais...", op. cit., p. 219.

[20] Fernando Bouza Álvarez, *Corre Manuscrito...*, op. cit., p. 138. Versão livre.

ou judiciais. No caso dos documentos provenientes do governo de Martinho de Mendonça, eles procuram dar conta do que sucede nas Minas, as providências tomadas, a manifestação de um parecer, a solicitação de uma orientação ou de um posicionamento etc. Por serem o meio de comunicação mais utilizado na sociedade do Antigo Regime, as cartas permitem conhecer as pessoas e suas relações, como também a sua visão de mundo.

Essa comunicação escrita nos remete a algumas considerações do que se pode chamar cultura escrita, pois, sem alfabetização e domínio de uma certa técnica e vocabulário, seria difícil desenvolver esse tipo de diálogo. Paralelamente ao domínio da escrita, ocorreu o barateamento do seu suporte, o papel, permitindo que muitas comunicações internas entre os funcionários, que anteriormente se fariam por meio oral, agora se efetuassem em documentos escritos.

Bouza Álvarez mostra que a forma escrita começou a ter grande importância a partir do reinado de Felipe II de Espanha, tornando-se um instrumento de governação.

> [...] a forma escrita permitia acumular e fixar a informação, que resultava necessária para a tomada de decisões, facilitando também a tramitação dos distintos expedientes agora abertos. Além disso, tornava possível a recuperação de todo esse caudal de notícias quando era necessário para a adoção de novas decisões, para a justificação do que se havia disposto ou, inclusive, para sua retificação ou para comprovação de seu cumprimento. Assim, fica claro que a informação poderia ser armazenada em forma de registro e, desta forma, empregada de novo e de forma documentada.[21]

---

[21] Idem, p. 266. Versão livre.

Por isso mesmo, Martinho de Mendonça faz questão de justificar o montante gasto com papel e penas usados na volumosa correspondência que escreve: "[...] com tudo porque eu poderei ter algum amor a esta idéia porque o prossegui-la me custou algum trabalho, e a infinidade de cartas que escrevi me gastaram quase duas resmas de papel, as correspondências ocultas algumas oitavas [...]".[22]

Outro detalhe que tornou possível a utilização das cartas como fontes históricas foi a mudança na forma de arquivamento, pois, anteriormente, os documentos ficavam guardados na casa ou nos escritórios dos funcionários. Sobre a organização dos arquivos oficiais, vale a observação de Bouza Álvarez,

> Insistimos em que é pouco o que sabemos sobre a ordem destes arquivos nos séculos XVI e XVII, mesmo que, sem dúvida, seu grau de complexidade interna pudesse ser relativamente alto, existindo já, supomos, um sistema de inventários e de sinalizações que permitiria a localização de seus fundos.[23]

Com a reorganização do Estado português, a partir da segunda metade do século XVII, os documentos passaram a ser armazenados em instituições próprias, como o Conselho Ultramarino e a Torre do Tombo, em Portugal. Essa nova maneira de arquivamento também permitiu manter juntos todos os documentos relativos a um processo, desde a sua abertura, seus trâmites até as disposições finais, facilitando, assim, a sua pesquisa posterior.[24]

---

[22] Carta de Martinho de Mendonça para Gomes Freire de Andrade, de 13 de agosto de 1736, *Revista do Arquivo Público Mineiro*, vol. 16, n. 2, Ouro Preto, Imprensa Oficial de Minas Gerais, 1911, p. 350.

[23] Fernando Bouza Álvarez, *Corre Manuscrito...*, op. cit., p. 244. Versão livre.

[24] Cf. Pedro Luis Lorenzo Cadarso, *La Correspondencia Administrativa...*, op. cit.; Peter Burke, *Uma História Social do Conhecimento...*, op. cit., p. 111.

Encontramos um exemplo dos problemas causados pela antiga forma de guarda particular de documentos, em um requerimento feito em 1737, por Inácio Pedro de Azevedo, mordomo da embaixada do marquês de Abrantes em Madri, reiterando seu pedido de uma serventia de tabelião, feito havia mais de um ano, pois o processo anterior fora queimado durante o incêndio ocorrido na residência do antigo secretário de Estado português, onde estavam guardados os referidos documentos:

> Diz Inácio Pedro de Azevedo que [...] fazendo requerimento a V. Majestade em que pedia a serventia de um dos ofícios de Tabelião de Vila Rica nas Minas Gerais foi V. Majestade servido mandar que este Conselho o consultasse sobre o Requerimento do Suplicante, e que porque esta Consulta subiu há mais de um ano, e por causa do incêndio que houve na casa do Secretário de Estado Diogo de Mendonça Corte Real e pela sua morte sucessiva, não pode o Suplicante ter notícia da dita Consulta [...].[25]

No momento em que foram escritos, as cartas e os relatórios representavam as formas oficiais de comunicação entre os administradores da colônia, porém, ao utilizá-los como fonte, devemos ter em mente as suas limitações, apesar da riqueza de seu conteúdo. Um ponto a ser pensado é que, naquela época, a habilidade para escrever não estava disseminada entre a população, assim, as cartas devem ser vistas como um documento emanado das elites letradas, principalmente as que têm caráter administrativo, mesmo abordando vários temas relativos à vida cotidiana. Assim, esse conjunto, além de veicular as preocupações dos governantes reinóis, permite inferir o pensamento de uma parcela da elite intelectual portuguesa.

---

[25] Requerimento de Inácio Pedro de Azevedo. SISDOC, cx. 33, doc. 16 (CD-ROM 11).

No caso das cartas, outro cuidado, que deve ser tomado ao analisá-las, é ter bem claro que abordam os assuntos de forma abreviada, condensada, sob determinado ângulo, pois o seu remetente tem em vista um interlocutor em especial, que consegue perceber nitidamente as sutilezas e as insinuações, que para nós já não são evidentes. Ao estudar os elementos nelas contidos, vale destacar a questão do destinatário, sem o qual muito do que foi escrito ficaria sem sentido.

Em muitas missivas martinianas são mencionados anexos sigilosos, principalmente os que tratam dos motins do sertão do rio São Francisco, devido ao envolvimento de homens poderosos com a aquisição de riquezas e à manutenção de ligações suspeitas, sobre os quais o governador estava fazendo investigações.

A geração de todos esses documentos está diretamente ligada ao processo de centralização e burocratização do Estado moderno, que se caracterizou pela concentração de poder nas mãos do príncipe e das instituições cortesãs. A nova organização burocrática concorreu para o aumento do número de funcionários, o que dificultava um contato direto e constante entre eles. Segundo Peter Burke,

> Foi só no princípio da era moderna que a coleta regular e sistemática de informações se tornou parte do processo ordinário de governo na Europa. A crescente centralização da administração requeria que os governantes soubessem muito mais sobre a vida dos governados do que na Idade Média, e também os qualificava para esse conhecimento. Com a centralização veio também a ascensão da burocracia, no sentido que Max Weber atribuía ao termo.[26]

---

[26] Peter Burke, *Uma História Social do Conhecimento...*, op. cit., p. 111.

Com o fenômeno da burocratização, observa-se também a ascensão do funcionário letrado, muitas vezes bacharel formado em Coimbra e versado em Direito Romano, para quem só tinha validade o que estava escrito. Esses oficiais vão ocupar os cargos de ouvidores, alcaides, solicitadores, tabeliães, que enchem a Corte e os órgãos coloniais e que fazem do documento escrito o eixo central de todo procedimento administrativo e de toda decisão política.

Para desespero de quem vivia à margem da sociedade letrada, incluindo-se aí muitos nobres, ergue-se uma muralha de papéis, leis, procedimentos, pareceres e relatórios. Lembra-nos Bouza Álvarez que, em geral, o perfil do nobre do século XVII era marcado por dificuldades para a leitura e a escrita. A partir disso, criou-se um *"ethos* aristocrático que havia terminado por converter em um signo de distinção o desprezo pelas coisas da escrita", consolidando-se "o processo de diferenciação frente aos letrados profissionais, homens de penas e gente de toga". Porém, ressalta Bouza,

> [...] não se suponha, de modo algum, propor-se um tipo de elogio nobiliárquico da ignorância ou seu afastamento das letras, senão, estritamente, uma especialização dentro da escrita, tornando-os bibliófilos e amantes da literatura, principalmente da poesia, e afastando-os de conhecimentos gramaticais ou escriturísticos mais mecânicos, assim como a tipografia, que convertia as letras em mercadoria.[27]

Uma parte dos documentos epistolares chegados à Corte ou que circulavam entre órgãos administrativos tinha caráter secreto ou reservado, obedecendo a um procedimento específico para sua tramitação. Muitas vezes esses documentos reservados eram acompanhados

---

[27] Fernando Bouza Álvarez, *Corre Manuscrito...*, op. cit., p. 229. Versão livre.

288 Rodrigo Bentes Monteiro (org.)

de outros não sigilosos, que esclareciam seu objetivo e seu destinatário. Muitos documentos também não chegaram até nós e, por sofrerem censura, foram queimados ou destruídos, como nos lembra Bouza Álvarez, falando de arquivos e fundos documentais, "a menção de sua queima não é muito agradável [...] Evidentemente, por trás dessas decisões se encontra um distinto e específico critério de valorização do que é memorável, do que deve ser conservado, recordado, arquivado".[28]

O método analítico

A leitura das cartas foi feita levando-se em conta outros documentos de época, tais como o Regimento que Martinho de Mendonça trouxe, onde estão descritas/prescritas as suas atividades, os termos de posse de Gomes Freire de Andrade e de Martinho de Mendonça, o Regimento do sistema de captação.

Durante a análise desses documentos, procuramos ter em mente que estamos convivendo com um grande número de distorções, oriundas do olhar da época, e tentamos amenizar tais deficiências cotejando essas informações com as fornecidas pela historiografia relativa ao período.

Em nossa apreciação, partimos da conceituação de discurso como uma construção humana coerente, coletiva, dinâmica e organizada sobre uma determinada temática.

Os discursos são, portanto, saberes, ou seja, compreensões produzidas pelas sociedades sobre as relações humanas. [...] Os discursos não se limitam ao universo das idéias e não antecedem a organização

---

[28] Idem, p. 263. Versão livre.

Espelhos Deformantes

social, tal como apontam os pensadores idealistas, já que é inseparável dela. Fazem-se presentes e constituem as práticas, as relações sociais, as instituições e as representações, ou seja, o social. Assim, o social não forma uma totalidade organizada a partir de um centro que determina seu funcionamento, mas é um conjunto múltiplo de discursos.[29]

Inspirados nessa proposta, analisamos o discurso de Martinho de Mendonça e os significados de seus enunciados, no que tange à sua percepção da colônia e à organização de suas propostas administrativas. Nossa metodologia preocupa-se com a significância do conteúdo e das representações nele formuladas, levando em consideração tanto a sua formação quanto o ambiente intelectual e político no qual está inserido, e que atuaram como filtros no entendimento de outras situações culturais.

Além disso, a importância da análise do discurso, como metodologia, está na possibilidade de sua politização. Seus significados tanto mostram os valores de uma cultura, quanto das relações de poder instituídas e legitimadas por essa cultura. Esse método é pertinente para essa pesquisa, uma vez que as cartas de Martinho de Mendonça revelam, por sua formação cultural metropolitana e por sua função – que é eminentemente política – a maneira como analisa e ordena a nova fronteira colonial, isto é, o novo mundo político e cultural das Minas Gerais. Com essa metodologia, é possível articular a cultura – como expressão dos saberes – com a política – como expressão dos poderes.[30]

---

[29] Cf. Andréia Cristina Lopes Frazão da Silva, "Reflexões metodológicas sobre a análise do discurso em perspectiva histórica: paternidade, maternidade, santidade e gênero", Rio de Janeiro, 2002 [Artigo inédito].

[30] Michel Foucault, *Vontade de Saber*, Rio de Janeiro, Graal, 1979, pp. 124-32.

Ao examinar as cartas, percebemos que, normalmente, obedecem a certas normas de estrutura, respondendo às seguintes questões: quando? (a data); onde? (o lugar de origem); para quem? (destinatário); o quê? (o assunto e a motivação do texto); e por quem? (o emissor ou autor que assina a carta).[31]

Dessa forma, alguns elementos devem ser levados em conta, quando se faz uma análise de conteúdo de um documento, quais sejam: o autor, os argumentos, as idéias e os assuntos tratados, o estilo literário, as contradições etc. Também é necessário deixar claro o destinatário do documento, o motivo pelo qual foi escrito, a época e em quais condições (inserção institucional, posição de poder ou de subordinação etc.).

Essas cartas seguiam um formulário usado entre os funcionários e sempre se iniciavam com o formal tratamento de cortesia, de acordo com a hierarquia: Exmo. Sr., Meu Sr. etc. Detalhes importantes são as formas de tratamento hierarquizadas, utilizadas no decorrer da escrita, como Sua (ou Vossa) Majestade, referindo-se ao rei, e Sua (ou Vossa) Excelência, com relação a Gomes Freire de Andrade, ao vice-rei ou aos secretários em Lisboa; Vosmecê só era usado ou entre pessoas de *status* iguais ou quando se dirigiam a inferiores. Há também uma preocupação em explicitar os cargos ocupados pelas pessoas de quem se fala, isto é, o provedor, o ouvidor, o capitão-mor, o mestre-de-campo etc.

O corpo do texto contém narrações de fatos, esclarecimento de decisões tomadas, solicitação de autorização ou de providências, às quais se segue a fórmula: "V. Excelência fará como achar melhor" ou "V. Excelência decidirá o que for mais conveniente", ou outra similar. Os assuntos não eram abordados segundo uma fórmula fixa, mas de acordo com sua importância ou urgência para aquele momento.

---

[31] Andrée Rocha, *A Epistolografia em Portugal...*, op. cit., p. 14.

Espelhos Deformantes

Os encerramentos ou fechos apresentam cláusulas de cortesia ou de submissão: protestos reiterados de vassalagem, votos de saúde e longevidade, como, por exemplo:

- Fico por obedecer a V. Excelência a quem Deus guarde.
- Mais informado darei conta a V. Excelência a quem Deus guarde muitos anos.
- Deus guarde a V. Excelência.

Ao final, o local da emissão, seguido da data completa, e o nome da pessoa para quem se estava enviando a correspondência, às vezes antecedido de sua titulação:

- Vila Rica, 6 de agosto de 1736//Exmo. Sr. Gov. e Cap.General do Rio e Minas Gomes Freire de Andrade.
- Vila Rica, 29 de junho de 1736//Sr. Diogo de Mendonça Corte Real.
- Vila de São João Del Rey, 12 de 8br [outubro] de 1736//Exmo. Sr. Gov. e Cap. General do Rio e Minas.

Outro cuidado que deve ser tomado ao analisar as cartas é ter bem claro que estas abordam os assuntos de forma abreviada, condensada, sob determinado ângulo, pois o seu remetente tem em vista um interlocutor em especial, com quem partilha idéias, símbolos e linguagem. Ao estudar os elementos nelas contidos, destaca-se a questão do destinatário:

> No ato de ser escrita, a carta dirige-se normalmente a um leitor vivo e único. Não se escreve aos mortos: a carta implica a presença viva de quem a recebe, como de quem a redige. E nessa conformidade é que a devemos ler, sem perder de vista a repercussão que provocou nesse correspondente.[32]

---

[32] Idem, pp. 17-8.

Além disso, sua leitura deixa-nos perceber um conjunto de episódios que, cruzados entre si e confrontados com a bibliografia, trazem à tona uma rede de inter-relações sociais, políticas, econômicas e culturais, que vão caracterizar a sociedade mineira colonial.

Mesmo considerando tudo isso, esse *corpus* documental se apresenta muito revelador, principalmente no que toca à atuação dos funcionários régios. Mostra como o remetente "via" as pessoas e seus relacionamentos, descrevendo a forma como a capitania era organizada, com parte de seu território sob o poder efetivo do governador, e com outra parte que fugia ao seu controle, que constituía, para ele, um espaço amedrontador e imprevisível: eram os sertões, habitados por escravos fugidos, vassalos rebeldes, índios bravios, animais perigosos, foco de grandes epidemias.

Por esses relatos, também se fica sabendo que, naquele momento, estavam sendo organizados novos territórios de exploração mineral – as minas de Goiás e Cuiabá, as Minas Novas na Bahia e o Distrito Diamantino – com as decorrentes modificações nos quadros burocráticos.

As consultas feitas a Gomes Freire de Andrade, governador titular, deixam claros os mecanismos de promoções administrativas e como se davam as nomeações de funcionários de baixo escalão e cargos militares, nas quais se percebe o jogo de influências e as redes de amizade. Nas cartas, ainda é possível conhecer as intrigas e as queixas contra outros funcionários, ricos homens, e contra o clima, a distância e as doenças que o acometem. Martinho também comenta assuntos internacionais, cujo núcleo é a guerra que está acontecendo entre Portugal e Espanha, e que tem como palco a Colônia do Sacramento (parte do atual Uruguai).

Conclusão

Trabalhar com essa correspondência nos possibilitou compreender como os funcionários reinóis percebiam os seus afazeres administrativos, as contradições das ordens reais, os problemas da distância da metrópole, dificultando o recebimento de correspondência e propiciando os mal-entendidos de ambas as partes. Por outro lado, traçam um panorama das redes de influências que se construíam entre os moradores coloniais, as formas de ascensão dentro do quadro funcional, as atividades ilegais, como o descaminho do ouro, a fabricação de moedas falsas, os motins, os crimes comuns etc. Assim, pelo olhar de Martinho de Mendonça percebe-se toda uma rica dinâmica sociocultural na primeira metade do século XVIII.

Enfim, essas cartas são originadas da prática administrativa exercida por um fidalgo da casa real, cuja maior preocupação é manter a ordem, ocupar territórios, demarcá-los e civilizá-los, e tudo relatar, sem deixar de levar a bom termo a arrecadação dos impostos reais. Em muitos momentos, Martinho de Mendonça deixa perceber o seu olhar "superior", tanto por ser um alto funcionário, como por ser um europeu, vivendo nas Américas, local tido por inferior, onde reinavam a desordem e a criminalidade.

Ao descrever os moradores do sertão como vassalos rebeldes, chama para a discussão o caráter absolutista da monarquia portuguesa, em que todos os habitantes do Império deviam total obediência ao rei, porque ele era um ungido de Deus e, se fazia tal ou qual coisa, era para o bem do Estado. A rebeldia era aqui entendida como a fuga das obrigações para com o rei e a não observância da hierarquia corporativa, própria daquela sociedade.

A permitir essas novas leituras, estão milhares de documentos provenientes daquele fazer administrativo imperial e que foram escritos, copiados, enviados e arquivados. São registros que testemunham a importância crescente para a administração colonial da cultura escrita, que, depois de ser menosprezada pela nobreza durante os séculos XVI e XVII, toma maior impulso no século XVIII, quando os nobres começam, cada vez mais, a participar nos negócios imperiais, pois destes "serviços ao Rei", provinha o grosso de suas rendas, via mercês e privilégios. É o relato por escrito dos acontecimentos e das providências tomadas por esses homens da governação colonial, que nos permite, hoje, entender os interstícios do poder no Império português e em suas colônias ultramarinas.

Um encontro marcado:
o uso de testamentos, inventários e cartas no estudo da identidade e das relações entre judeus e negros no Caribe
séculos XVII e XVIII

Reginaldo Jonas Heller[*]

O objeto

As relações entre judeus e escravos remontam à Antigüidade, quando, já então, o sistema normativo constituído pela Lei (*Torah*) e, posteriormente, pelo *Talmud* (interpretação rabínica), estabelecia as práticas a serem adotadas, fossem os escravos judeus ou não. Também, a existência de fronteiras étnicas, nas quais se incluíam negros de diversas origens, foi uma constante na experiência histórica dos judeus, às margens do Mediterrâneo, mais especificamente, no norte da África, embora jamais tenha havido quaisquer regras definindo o relacionamento com os negros, fora as que tratavam dos contatos com não-judeus de um modo geral.

Foi na América não-ibérica, isto é, nas colônias holandesas e inglesas (a presença de judeus nas colônias francesas durou apenas algumas décadas), que esses dois grupos se encontraram no marco de

---

[*] Doutorando em História pela Universidade Federal Fluminense, sob a orientação do professor Ronaldo Vainfas.

uma nova economia-mundo, nos limites ocidentais da expansão européia a partir do século XVI. No Caribe – principalmente em Curaçao, Barbados e Jamaica; na Guiana holandesa (hoje Suriname) e nas colônias da Nova Inglaterra (hoje Estados Unidos), judeus e negros dividiram um espaço social e econômico em condições de franca tensão, no qual o elemento branco não-judeu exerceu um papel preponderante na imposição de regras e na formação de um ambiente social e político determinante do quadro geral de relações interétnicas.

Eram dois os fundamentos econômicos que sustentavam essa sociedade colonial: um era o sistema de *plantations*, isto é, unidades de produção agrícola intensiva, com vistas ao mercado externo e visando o lucro privado, o qual se baseava em grande parte na produção industrial do açúcar como a principal *commodity* de exportação e na mão-de-obra escrava; o outro era uma florescente economia "globalizada", caracterizada pela emergência de um comércio internacional, gerador de riquezas para os centros políticos metropolitanos, no qual conviviam os grandes monopólios, atrelados às vicissitudes do Antigo Regime, e um livre comércio que se insinuava como uma tendência avassaladora. As redes comerciais de então já antecipavam a formação das grandes *trading companies*, que ainda hoje dão o tom nas relações de troca mundiais.

É nesse ambiente carregado de tensões, mas sinalizando novas fronteiras econômicas e sociais, que judeus, fugidos da Inquisição portuguesa, buscaram refúgio político no ultramar, aproveitando as oportunidades de vida oferecidas pela Holanda e pela Inglaterra, que, então, surgiam como novas e desafiadoras potências marítimas. Como integrantes do grupo social dominante, branco e colonizador, os judeus depararam-se com a mão-de-obra escrava trazida da África, num encontro inusitado para a própria experiência histórica.

A proposta

O objetivo deste capítulo é apontar caminhos para a pesquisa sobre os processos identitários e os fluxos interativos entre estes dois grupos étnicos – judeus e negros – no Caribe. Distante no tempo, o estudo dos processos sociais interativos apenas pode repousar sobre documentação coeva, deduzindo-se probabilidades a partir das diferentes versões por parte dos atores históricos, ou pela análise acurada das políticas expressas na documentação coetânea. Esse procedimento não chega a se constituir uma dificuldade no caso judaico, mas é quase impossível no dos negros ou, como passaram a ser denominados, afro-descendentes. No primeiro, o conjunto de regulamentos comunitários, as cartas oficiais dirigidas pelas lideranças comunitárias à administração colonial, os registros de nascimentos, casamentos e óbitos, os testamentos e os inventários e uma infinidade de outras fontes, inclusive depoimentos de autores e observadores da época, geraram uma riqueza de informações, as quais, contudo, embora abundantes, não chegam a suprir a lacuna do distanciamento temporal.

No caso dos negros, escravos ou libertos, a documentação existente é, apenas, um conjunto de fontes indiretas, posto que mediadas pelo elemento branco, com todos os vícios inerentes. Restam, além destas, vestígios de informações que sobreviveram por meio da tradição oral ou de fatos sociais (e culturais) que remetem a uma interação ocorrida no passado. Por exemplo: no Suriname, três importantes clãs "marrons" (mal traduzimos por quilombolas), hoje conhecidos coletivamente como Saramacas, se autodenominam não pelos nomes das *plantations*, de onde fugiram há mais de três séculos (os *nasís*, das várias fazendas da família Nassy; os *biítus*, da família Britto; e os *matjáu*, da família Machado).[1] Em Curaçao, há, ainda, o papiamento, um dialeto que combina o português, palavras em hebraico, inglês e holandês. Também nesse lugar, as categorias sociais *yu di judio* ou *tien sangre di judio* correspondem a grupos de descendentes afro-judeus que, em algum momento no passado, chegaram a deter respeitável poder político.[2]

Apesar da inestimável contribuição dos já consagrados estudos antropológicos que procuram desvendar a tradição afro-americana nos seus primórdios, entre os quais se destacam os de Richard Price e Sidney Mintz,[3] são os documentos gerados a partir dos grupos dominantes brancos, judeus e não-judeus, que nos fornecem, em última instância, o material – ou o fundo documental – de onde se pode extrair alguma luz sobre as relações interétnicas do ponto de vista dos negros.

A abordagem

Dividindo os processos interativos em dois grandes campos, ao menos para facilitar esta investigação, seria possível classificar, por um lado, as relações interétnicas como resultantes de negociações, diríamos até conscientes, entre dois grupos étnicos, destinadas a as-

---

[1] Jonathan Schorsh, *Jews and Blacks in the Early Modern World*, Cambridge, Cambridge University Press, 2004, p. 229.

[2] Eva Abraham Van Der Mark, "Marriage & cuncubinage among the Sephardic merchant elite of Curaçao", em Janet Momsen (org.), *Women & Change in the Caribbean. A Pan-Caribbean perspective*, Kingston/Bloomington-Indianapolis/London, Ian Randle/Indiana University Press/James Currey/R. Francis Karner, The sepharadics of Curacao, Assen, 1968, pp. 38-49.

[3] Sidney Mintz & Richard Price, *O Nascimento da Cultura Afro-americana: uma perspectiva antropológica*, Rio de Janeiro, Pallas/Universidade Cândido Mendes, 2003.

Espelhos Deformantes

segurar a sobrevivência social e cultural de cada um, num ambiente polivalente e conturbado por tensões permanentes muito próprias de sociedades coloniais escravistas. Por outro lado, intercursos culturais (e, por tais, consideramos o conjunto de valores que regem a ação de um determinado grupo social, ou mesmo dos indivíduos), que ocorrem na fronteira étnica e que revelam o grau de interação e nos informam sobre a qualidade das relações interétnicas.

Na sua resistência ao domínio branco, os negros do Suriname, tal como os *marroons* da Jamaica e os quilombolas brasileiros, não hesitaram em reagir com violência, ora aliando-se aos índios, ora formando verdadeiros exércitos *bushnegroes*, constituídos por diferentes etnias africanas, queimando plantações e libertando outros escravos, e colocando em risco o *status quo* colonial.

As narrativas de Davi Nassy Cohen, em 1788,[4] bem como a de J. G. Stedman,[5] ou as minutas das decisões tomadas pelo *Mahamad* (Conselho) da comunidade *Berakha veShalom*, localizada na Savana Judaica (Suriname), os relatórios e a correspondência oficial dos administradores coloniais, embora todos careçam da imparcialidade e da objetividade indispensáveis ao trabalho do historiador, revelam, sem dúvida, as estratégias adotadas pelos escravos na sua luta pela liberdade e para ocupar posições menos subalternas na hierarquia social colonial. A tradição oral dos afro-americanos do Suriname, ainda que eivada de um imaginário que glorifica seus heróis na luta contra

---

[4] Davi Nassy, *Essai Historique sur la Colonie de Surinam*, Paramaribo, "Regent" of the Portuguese Jewish Nation in Surinam, 1788; edição em inglês: *Historical Essay on the Colony of Surinam, 1788,* Cincinnati, American Jewish Archives, 1974.

[5] J. G. Stedman, *Narrative of a Five Year's Expedition Against the Revolted Negroes of Surinam in Guiana, on the West Coast of South America, 1772-77*, London, J. Jonhson, 1796.

o branco, dá conta, também, dessa tensa negociação, ora violenta, ora mediada, entre escravos e ex-escravos e colonos brancos.[6]

A resistência se dava, também, na busca de mobilidade social por meio da "cumplicidade" do elemento branco, numa relação pessoal de interdependência, em que a afetividade e a confiança cumprem papéis determinantes. Nesses casos, a busca por melhores *status* como escravos domésticos, servidores qualificados e a constituição de uma prole resultante de uma convivência mais íntima foram as estratégias escolhidas.

Em todos os casos, o encontro marcado pela ascendência de um grupo mais bem posicionado e uma cultura mais complexa frente a um conjunto de afro-descendentes, desterritorializados e reconstituindo uma nova cultura a partir de fragmentos esparsos das diversas identidades tribais, foi determinante para um fluxo quase unidirecional nos intercursos culturais e identitários. Desse modo, a vasta documentação existente informa uma tentativa constante, por parte de segmentos negros, escravos ou libertos, de ascensão em termos de *status* e, até, de integração na sociedade judaica (e branca, de um modo geral), como estratégia de ação individual e uma resistência permanente desses segmentos brancos e, especificamente judeus, em não permear sua fronteira étnica sob o risco de mutações identitárias tidas como indesejáveis e ameaçadoras. Certidões de casamento, conversões, óbitos e sepulturas, testamentos e inventários ou regulamentos comunitários dão conta, também, dessa específica modalidade de interação dos dois grupos.

---

[6] Richard Price, *First Time. The historical vision of an Afro-American people*, Baltimore/London, The John Hopkins University Press, 1983.

Os problemas

As fontes primárias revelam uma relativa diversidade de comportamentos que variam de lugar e de época, consoante as respectivas condições socioeconômicas, embora sem comprometer a capacidade de comparação entre as diferentes situações. Assim, as relações estabelecidas numa sociedade de *plantations*, como as colônias sulinas da Nova Inglaterra ou do Suriname, não podem ser equiparadas àquelas praticadas numa sociedade comercial, como Curaçao e Jamaica, mas isso não impede o confronto de dados, os quais podem produzir informações novas.

A grande dificuldade parece residir na imensa dispersão de informações, como num grande quebra-cabeça, cujas peças se espalham por diferentes arquivos (nos Estados Unidos, nos países do Caribe, em Londres e Amsterdã), tipos de documentos, locais e datações. Reunir, tabular, comparar e compatibilizar e, finalmente, checar as informações é tarefa árdua do pesquisador. Para o seu sucesso, o objeto em si, que já é um recorte de uma dada realidade, precisa ser "re-recortado" em segmentos mais limitados, reduzindo-se a escala de observação e, ao mesmo tempo, restringindo o tipo de abordagem, sem que seja possível atingir, jamais, um nível satisfatório de efetiva reconstituição histórica. Além disso, o pesquisador deve estar devidamente equipado, dominando diferentes idiomas e apto para a leitura paleográfica dos manuscritos dos séculos XVII e XVIII, escritos em português, espanhol, inglês, holandês e até hebraico, pois, nas cartas, nos sermões e nos testamentos, há muitas expressões na *língua sagrada*.

Testamentos, inventários e cartas parecem constituir-se em fontes mais confiáveis. Geralmente, aqueles dois primeiros refletem com mais precisão o desejo íntimo do sujeito-ator social, fato de suma importância para a aferição da relação interpessoal ou intergrupal. Algumas coleções em arquivos específicos, como, por exemplo, o American Jewish Archives, American Jewish Historical Society ou os arquivos holandeses e londrinos, especialmente relativos à administração colonial ou às atividades das respectivas companhias de comércio daquelas metrópoles coloniais, podem reunir vasta documentação relativa a uma única pessoa ou família.

Mas, em virtude da intensa movimentação das pessoas em diferentes lugares, razão pela qual tiveram facilitadas as condições de expansão de suas redes comerciais, não raro o pesquisador poderá deparar-se com a dispersão da documentação, dos testamentos e dos inventários, em vários arquivos e, mais grave ainda, com a variedade de idiomas em que tais fontes se expressam. Dessa forma, a história de uma mesma família só poderia ser mais bem contada se fosse possível reunir toda a documentação espalhada pela diáspora e pelos pontos nos quais as redes familiares existiam e atuavam – no caso, testamentos, inventários e cartas.

Outra dificuldade é que a única forma de checar é por meio da análise comparativa, que fica limitada aos próprios documentos emitidos pela sociedade branca dominante. Nada, ou quase nada, que possa ser usado como contraprova será encontrado na tradição escrita dos escravos, posto que ela inexistia. Richard Price, tratando dos saramacas do Suriname, é categórico a esse respeito:

> As fontes escritas disponíveis relativas à primeira metade do século XVIII colocam alguns problemas não muito diferentes dos materiais de fonte oral colhidos por mim, por sua fragmentação, por estarem incompletos ou por permanecerem obscuros [...] Eles oferecem apenas alguns intermitentes, embora vívidos, lampejos da maneira como os colonos percebiam os saramacas e as medidas para dominá-los. [...]

Espelhos Deformantes

Uma grande parte do material no *Algemeen Rijksarchief* que data desse período está em estado deplorável [...], outros arquivos antes disponíveis e de importância central para a história dos saramacas (por exemplo, aqueles pertencentes à comunidade judeu-portuguesa do século XVIII) desapareceram. E os principais trabalhos publicados durante o século XVIII que são baseados em fontes documentais levantam muitas dúvidas, já que são extremamente polêmicos (como, por exemplo, a defesa da comunidade judaica do Suriname feita por Nassy em 1788), e geralmente pouco críticos das fontes utilizadas (como é o caso da história produzida por Hartsink em 1770, com base, exclusivamente, em documentos oficiais). Eu não raro me senti frustrado diante de um punhado de farrapos de documentos que falam de um determinado evento sem ser possível consultar a fonte principal, seja porque lacrada, seja porque foi perdida.[7]

O estudo das relações entre judeus e negros envolve análises correlatas da identidade judaica, no caso dos ex-cristãos-novos portugueses, e da identidade negra, afro-americana, como as "quase" etnias africanas importadas para a América e as relações de ambos com a sociedade maior, geralmente protestante-reformista. As atas das assembléias locais ou os atos das autoridades coloniais, como as cartas do famoso governador Stuyvesant, tanto à frente de Curaçao, como de Nova Amsterdã, à direção da Companhia das Índias Ocidentais, contrárias à presença judaica nas colônias, revelam o nível geral de tensão existente. O mesmo se dá com as cartas de Edward Long, administrador em Kingston, que chegou, inclusive, a escrever uma História da Jamaica.[8]

---

[7] Idem, p. 39 (tradução própria).
[8] Edward Long, *The History of Jamaica*, London, T. Lowndes, 1774, 3 vols.

A possibilidade de se utilizar documentação comercial para "fisgar" alguma informação sobre o tráfico negreiro – campo importante nas relações entre brancos e negros – fica extremamente prejudicada no caso judeu, já que, temerosos da concorrência nem sempre leal dos brancos não-judeus, os comerciantes sefarditas quase não deixaram vestígios de seus negócios "ilegais" no Caribe. O contrabando e o comércio clandestino eram praticados tanto por comerciantes judeus como por não-judeus, fossem eles concorrentes ou associados, e, ainda hoje, é um objeto de pesquisa que merece ser mais bem explorado.[9] Já a documentação de origem não-judaica sobre o tráfico negreiro judeu tem de ser checada repetidamente, diante do interesse dos grupos cristãos em influir junto às autoridades para alijar seus concorrentes judeus, distorcendo e produzindo provas falsas. De qualquer forma, a análise comparativa entre o comércio judeu e o não-judeu, com o aporte das informações colhidas nessas fontes, permite avaliar com mais precisão o papel dos judeus no tráfico negro, sem sub ou superestimações.

Mesmo assim, como em Curaçao, os judeus dedicavam-se sobremaneira ao comércio, detendo grande número de navios, e é comum ver nessa documentação (inventários, testamentos e cartas) referências à manumissão para que negros pudessem trabalhar nesses navios ou, por meio dos nomes dos navios, é possível avaliar o grau de identidade desses judeus e o nível de intercâmbio intercomunitário entre as redes comerciais, judaicas ou não.

---

[9] Apesar de existir uma vasta bibliografia sobre o tráfico negreiro em geral, há poucas referências bibliográficas que podem ser consideradas isentas a respeito da participação dos judeus nesse comércio. Merece citação, entre os poucos trabalhos, o de Eli Faber, *Jews, Slaves and the Slave Trade. Setting the record straight*, New York/London, New York University Press, 1998, que, aliás, dá maior ênfase às Índias Ocidentais Britânicas e menos às Holandesas.

Espelhos Deformantes

Em Curaçao, os judeus chegaram a representar, em meados do século XVIII, cerca da metade da população branca; no Suriname, eles eram mais de um terço. Os levantamentos estatísticos têm por base as listagens de doações diversas, as atas das assembléias congregacionais, os registros de coleta de impostos, além das certidões já mencionadas. As análises quantitativas e seriais, a partir dos inventários e dos testamentos, e checados com os registros contábeis e cíveis, podem, também, oferecer contribuição significativa à investigação. Ao se compararem os números de manumissões com o total de escravos, o número de casos de miscigenação e conversão, com o total potencial, a freqüência de nomes judaicos e as condições de sepultamento entre os convertidos e outros critérios, é possível indicar o grau de integração dos negros, o nível de relacionamento e sua extensão e as tendências sociais entre os segmentos e os subgrupos étnicos e os respectivos processos identitários.

Testamentos e inventários

Como já mencionado, e para efeito deste artigo, a redução da escala e o recorte da documentação parecem ser o caminho mais sensato a se percorrer, de forma a se perceber um cotidiano que expresse uma realidade efetiva e que corresponda, ao mesmo tempo, a uma determinada conjuntura e a uma estrutura. Assim, apesar da imprescindível utilidade de todos os tipos de documentos, um esforço concentrado pode ser encetado, como vimos no item anterior, na varredura dos testamentos, dos inventários e das coleções de cartas.

Afortunadamente, os arquivos judaicos norte-americanos conseguiram reunir vasta documentação sobre os judeus do Caribe e tal interesse se explica facilmente: a história do judaísmo norte-americano tem sua origem nos judeus sefarditas, especialmente portugueses, fugidos da Inquisição, que para lá foram, seja diretamente de Londres ou Amsterdã, seja após uma permanência relativamente longa no Caribe. Dessa forma, são centenas de testamentos e inventários, ora em português ora em holandês ou inglês, oriundos de Barbados, da Jamaica, de Curaçao e do Suriname.

Também, os testamentos, os inventários e as procurações, as cartas e outros documentos produzidos nas treze colônias constituem material importante para este estudo. Afinal, as redes familiares e comerciais e os intercâmbios comunitários não se restringiam apenas à Europa e aos centros metropolitanos, mas, sobretudo, àquelas colônias do norte. Por meio dessa documentação, é possível lançar alguma luz sobre aspectos da vida econômica, social, religiosa e familiar desses judeus caribenhos e surinameses, que constituíam, à época, importantes comunidades judaicas.

Nesses documentos, é possível aferir a maneira como os escravos eram percebidos: como uma mercadoria ou um patrimônio. Na relação de bens nos inventários, eram arrolados da mesma forma que terras, benfeitorias, gado e equipamentos. Joseph de Leon, da Jamaica, enumerou em seu testamento, de meados do século XVIII, que seus bens eram constituídos de "terras, habitações, negros, moeda corrente, prata e mercadorias." Chegavam, mesmo, a listar os bens e seus respectivos valores. Como foi o caso de David Mossel Cardozo Baeza, proprietário da fazenda Mahanaim, no Suriname, que assim listou os bens em seu inventário de 1755:

Terras e benfeitorias	f 52.137
32 escravos machos	18.750
21 escravas fêmeas	10.660
10 escravos meninos	2.345
2 escravas meninas	500
Gado	980
Total	florins 83.372

Espelhos Deformantes

Mas, ao mesmo tempo, não raro se percebe que a intimidade entre o senhor e o seu(sua) escravo(a) resultava numa relação menos reificada, temperada pela afeição e que, em alguns casos, levava à manumissão. Salomon Franco, também da Jamaica, declarou que desejava que "sua escrava Cassandra fosse tratada com benevolência pelo executor de seu testamento". Elias Lázarus, em 1762, legou um escravo negro à "minha filha mulata de nome Catherine Freeman, uma mulher negra livre". Algumas manumissões constam desses testamentos ou doações para que suas escravas e filhos ou filhas comprassem a liberdade, como foi o caso de Joseph Ydania e sua escrava Whaneca, com seus dois filhos, "sem a interveniência de seus próprios filhos". Ali, também, se constatam os abusos sexuais que eram cometidos. Jacob Baruch Álvares instrui seu testamenteiro, em 1723, a impor a penalidade 100 libras a seu filho David "no caso de ele vir a molestar ou assediar a jovem escrava Amber".[10]

Na ilha de Barbados, Abraham Navarro, certamente irmão ou filho de Aron Navarro – os dois estiveram em Pernambuco – deixou seu testamento redigido em português, em 4 de julho de 1685, no qual instrui sua mulher a conceder a liberdade a suas escravas Entita (mãe) e Hanna (filha), respectivamente filha e neta de sua escrava Maria Arda, caso elas assim o desejarem. Nesse mesmo documento, percebe-se a mobilidade desses judeus portugueses, antes no Recife e, agora, em Bridgetown, da mesma forma que o relacionamento interpessoal invade a própria identidade da jovem escrava, na medida em que o nome judaico, Hanna, ultrapassa a diferença étnica. Em 1701, o testamento oral de Jacob de Fonseca Meza ordena a libertação da

---

[10] American Jewish Archives, *Testamentos de Barbados, Jamaica, Curaçao e Surinam. Séculos XVII e XVIII.*

308   Rodrigo Bentes Monteiro (org.)

escrava Isabella na mesma ocasião de seu enterro. Outros casos se sucederam, revelando uma preferência maior pela manumissão de escravas em vez de escravos.[11]

Nesses mesmos testamentos e inventários, é possível avaliar o grau de articulação das redes comerciais e comunitárias, reforçando a própria diáspora. Em quase todos, há sempre menção às doações para sinagogas e entidades filantrópicas locais e de outras regiões, bem como remessas de ajuda a outras comunidades, oferta de rolos da *Torah* (Pentateuco) e seus adornos. Aspectos da vida econômica, como a administração do patrimônio fundiário e dos demais negócios após a morte, entre filhos e outros parentes, são ali expostos. Um exemplo pitoresco foi o de David Bernal, de Barbados, que distribuiu a herança entre sua prole e parentes com a ressalva de que "seu cunhado no Brasil (Bahia) fosse receber sua parte em Amsterdã", retornando, assim, ao judaísmo. Aquela parte da herança jamais foi reclamada. Essa documentação é riquíssima em informações sobre as extensões familiares que viabilizaram, então, as redes comerciais. Percebem-se, nitidamente, como tais redes frutificaram, a partir de uma realidade diaspórica e a ela retornaram como elementos realimentadores da identidade.

As cartas

Se os testamentos e os inventários são menos questionáveis, por refletirem o sincero desejo ante o temor da morte e do "julgamento final", as cartas entre familiares, sócios e lideranças comunitárias geralmente ocultam uma realidade subjacente aos valores morais estabelecidos. Assim, a correspondência comunitária e a *responsa* (correspondência rabínica) silenciam quase totalmente no tocante à presença

---

[11] Barbados Archives, Document RB#/39/468; Wills, Museum of Bridgetown, Barbados.

Espelhos Deformantes

de negros e escravos na vida judaica. Mesmo assim, percebe-se, nos regulamentos, que os encontros pessoais na fronteira étnica não puderam ser totalmente evitados e, ao menos no Suriname, a comunidade foi obrigada a aceitar a presença de negros convertidos ou filhos ilegítimos de judeus no seu meio. Mais fácil é reconhecer nas cartas indícios de uma permanente preocupação com a preservação da identidade étnica.

Mas é possível, também, sondar o perfil desses judeus portugueses por meio do relato em cartas de membros de outras comunidades. Por exemplo, um pastor protestante conta que os judeus portugueses, por terem experimentado uma convivência maior com o catolicismo, se mostravam mais à vontade em meio cristão do que um judeu europeu oriental (asquenazita). Em 1735, o reverendo Quyincy, enviando uma carta da Savannah Judaica da Geórgia, aos seus superiores em Londres, afirmava:

> Temos aqui dois tipos de judeus. Os portugueses e os alemães. Os primeiros, tendo professado o cristianismo em Portugal ou no Brasil, são mais flexíveis (lax) a sua maneira, dispensam a rigidez de seus ritos. Sua educação nos países católicos fez com que se parecessem menos judeus. Os alemães são estritos na observância de suas leis.[12]

O uso de cartas para desvendar e recuperar o cotidiano no passado judeu tem origem nas cartas de Leon de Modena (1571-1648), que "representam uma rica fonte de informação sobre os costumes e a cultura

---

[12] Malcolm H. Stern, "New Light on The Jewish Settlement of Savannah", *Publications of AJHS*, n. 52, Massachusets, jun. 1963, pp. 169-99. O autor se refere à Savannah dos judeus na Geórgia, Nova Inglaterra. Há uma outra Savannah Judaica no Suriname. Ambas, contudo, foram constituídas por judeus portugueses ou luso-brasileiros.

dos judeus na virada do século XVI para o XVII".[13] Mais importante ainda foi a descoberta, nos arquivos imperiais de Viena, no início do século XX, de uma coleção de cartas de judeus alemães que não chegaram a seu destino durante a Guerra dos Trinta Anos e que revelam as condições de vida e mentalidade dos judeus de Praga, à época.

Tal como estas, as cartas constantes dos judeus portugueses do Caribe falam de problemas comunitários, de negócios, de questões familiares e, quase sempre, ajuda mútua. Há casos, entretanto, que revelam aspectos importantes da vida econômica e social daqueles judeus, como, por exemplo, a carta do rabino Carigal, de Curaçao, aos *parnassim* (líderes administradores) da comunidade de Amsterdã, em agosto de 1764, nomeando-os seus representantes para aplicações financeiras em títulos do tesouro holandês e inglês, em ações, e solicitando a remessa de juros, lucros e dividendos ao seu novo domicílio na Palestina.[14] Um sofisticado sistema financeiro já operava no século XVII, com base na confiança que a comunidade religiosa inspirava aos seus integrantes, agentes de um crescente capitalismo comercial e financeiro.

No entanto, ao contrário dos testamentos e dos inventários que foram produzidos no domicílio do falecido, as cartas de maior interesse para a investigação do cotidiano judeu português no Caribe estão, em parte, esparsas ou até perdidas. É que a parte da correspondência que nos interessa, pois que conta sobre a vida no Novo Mundo, foi endereçada, geralmente, a parentes na Europa e por lá se perderam ou foram dispersas nas muitas coleções particulares e de arquivos no Velho Continente. Se limitado aos arquivos americanos, então o pesquisador somente poderá aferir alguma informação útil através da

---

[13] Guido Kisch, "German Jews in white labor servitude in América", *Publications of AJHS*, n. 34, Massachusets, 1937, pp. 11-49.

[14] Elvira N. Solis, "Note on Isaac Gómez and Lewis Moses Gómez, from an old family record", *Publications of AJHS*, n. 11, Massachusets, 1903, pp. 139-44.

Espelhos Deformantes

referência feita pelo parente, vivendo na Europa, na sua carta ao destinatário no Caribe. Muito embora haja casos em que os arquivos preservam cópias de documentos originais, depositados em outros arquivos, o que, sem sombra de dúvida, representa uma importante ajuda. Apenas a correspondência entre familiares ou parceiros de negócios na própria região ou com as colônias da Nova Inglaterra oferecem, de forma direta, sem mediações, o que o pesquisador busca.

Um exemplo típico é do Daniel Gómez, judeu espanhol, nascido em 1695, de família portuguesa, e que emigrou para Nova York. Tinha relações familiares no Caribe – sua primeira mulher era da Jamaica e a segunda, de Curaçao – e negócios com a ilha da Madeira, Barbados, Curaçao, Londres e Dublin; sócios não-judeus, como os ingleses Bankers, Beekmans e Bogarts, e holandeses, como os Rutgers, Van Cortlands e Van Wycks. Sua correspondência, conservada em grande parte, está escrita em inglês e espanhol, esta última, sua língua materna, e trata tanto de aspectos sociais como comerciais. Nesse caso, integra as Coleções da Newport Historical Society.[15]

Em meio a toda essa documentação, o pesquisador, seguramente, deparar-se-á com informações que pouco se referem ao seu objeto, mas que, certamente, inspirarão outros estudos e pesquisas, ilustrarão outras análises, gerando contribuições adicionais. Tais como as referências esparsas a uma carta remetida de Amsterdã para Ancona, na Itália, dando conta das conseqüências do decreto do marquês de Pombal, eliminando as diferenças entre cristãos-novos e velhos e expulsando os jesuítas. Em uma delas, de 1774, o missivista afirma que

---

[15] Leon Huhner, "Daniel Gómez, a pioneer merchant of early New York", *Publications of AJHS*, n. 41, Massachusets, jun. 1952, pp. 107-25.

[...] um capitão [de navio] de Lisboa veio esta semana com uma encomenda de 400 pares de filacterios e 400 livros de reza em espanhol. Muitos portugueses de nossa cidade têm parentes em Portugal e planejam voltar lá em Pessach [Páscoa] e ver por si próprios como andam as coisas por lá.[16]

A partir de então, de fato, a imigração dos judeus portugueses para o Caribe diminuiu sensivelmente.

---

[16] Isaiah Sonne, "Jewish settlement in the West Indies", *Publications of AJHS*, n. 37, Massachusets, 1947, pp. 353-67.

O colecionismo como escrita da história

Ana Paula Sampaio Caldeira[*]

No século XVIII, em Portugal, um homem chamado Diogo Barbosa Machado dedicou-se praticamente por inteiro aos estudos. Em sua casa, situada à rua Direita a Rilhafoles, em Lisboa, foi, ao longo da vida, enchendo as estantes de sua biblioteca com muitos livros. Interessava-se por vários assuntos, mas, sobretudo, pela história eclesiástica e secular do reino. Quando jovem, entrou para a Congregação do Oratório. Em 1724, foi ordenado presbítero e, quatro anos depois, nomeado abade paroquial da Igreja de Santo Adrião de Sever. A vida na abadia não era algo que Diogo Barbosa quisesse para sempre. Amante das letras, não era seu desejo ficar muito tempo longe de Lisboa, cidade onde tudo acontecia, abrigo das academias literárias e dos grupos letrados. Não demorou, portanto, para que largasse seus afazeres naquela pequena igreja de madeira e voltasse a respirar o ar libertador da cidade.[1]

---

[*] Mestranda em História Social pela Universidade Federal do Rio de Janeiro, sob a orientação dos professores Manoel Salgado Guimarães (UFRJ) e Rodrigo Bentes Monteiro (UFF).

[1] Antonio Baião, *O Testamento de Diogo Barbosa Machado*, Porto, Tipografia Siqueira, 1937; Manuel Alberto Nunes Costa, "Diogo Barbosa Machado e a bibliografia portuguesa", *Anais da Academia Portuguesa de História*, Lisboa, 1986, pp. 291-340; Isabel Ferreira da Mota, *A Academia Real da História: os intelectuais, o poder cultural e o poder monárquico no século XVIII*, Coimbra, Minerva, 2003; Rodrigo Bentes Monteiro, "Reis, príncipes e varões insignes na coleção Barbosa Machado", *Anais de História de Além-Mar*, n. 6, Lisboa, Centro de História de Além-Mar/Universidade Nova de Lisboa, 2005, pp. 215-51.

Sua inclinação para o saber acabou tornando-o reconhecido no ambiente erudito lisboeta. Primeiramente, foi indicado como membro de uma academia literária nova, criada pelo próprio rei, com o auxílio de proeminentes eruditos da época. Chamava-se Academia Real da História Portuguesa. Mais tarde, já como acadêmico, compôs obras de grande fôlego, como a *Biblioteca Lusitana* e as *Memórias para a História de D. Sebastião*. Morreu aos 92 anos e, ao longo de sua trajetória, pôde vivenciar muitas coisas: acompanhou três reinados, viu o reino entrar e sair de alguns conflitos, assistiu ao alvorecer e ao crepúsculo dos estudos históricos em Portugal, surpreendeu-se com a tentativa de regicídio contra o monarca português e, se não bastasse isso tudo, também pôde sentir o terremoto que assolou Lisboa em 1755. Quase no fim da vida, ainda teve um momento de grande prazer e reconhecimento intelectual, quando viu ninguém mais, ninguém menos que o rei D. José I interessado em comprar a biblioteca, que cultivou durante tantas décadas.

Hoje, de alguma maneira, Barbosa Machado encontra-se no Brasil. Mais precisamente, na Biblioteca Nacional do Rio de Janeiro, onde, nas seções de Iconografia, Cartografia, Obras Raras e Manuscritos, nos deparamos com várias obras que um dia foram suas. Atravessaram o Atlântico e aportaram aqui, alguns anos depois da vinda da Família Real. Junto com sua biblioteca, também foi transferido para cá um acervo de mapas, imagens e folhetos, que Barbosa Machado colecionou e organizou em volumes encadernados, com direito a folha de rosto, título e adornos. O contato inicial com essa coleção se deu um pouco por acaso, quando fui chamada para estagiar em um dos vários projetos que, em meados de 2003, se estavam iniciando naquela instituição. A pesquisa na qual me inseri era pautada integralmente nos materiais da coleção pessoal de Diogo Barbosa Machado, sobretudo nos opúsculos e nas imagens amealhados por ele. O trabalho,

Espelhos Deformantes 315

de modo muito geral, consistia em descrever aquelas gravuras, ler os folhetos e relatar o que encontrávamos ali.

A tarefa de analisar e descrever cerca de duas mil gravuras e três mil folhetos poderia ser maçante, mas acabou abrindo-nos uma possibilidade de pesquisa. Perdíamo-nos em meio àquelas imagens, que traziam rostos de reis, eclesiásticos e nobres portugueses. Quando chegamos aos opúsculos, a segunda fase de nosso projeto, líamos cada folheto, alguns com linguagens e caracteres dificílimos, muitos dos quais exigiam um trabalho de decifração de nossa parte. Ao manusear aqueles materiais, intrigava-me o impulso que teria levado alguém a dedicar tanto tempo de sua vida coletando e ordenando objetos antigos, que utilidade aquele trabalho tinha para a sua própria época e qual o interesse de homens como Barbosa Machado em constituir coleções pessoais como aquela.

Esse estranhamento inicial, fruto do contato com aqueles materiais, acabou conduzindo-nos para algumas questões historiográficas, isto é, referentes às relações que os homens, ao longo do tempo, mantiveram com o seu próprio passado; aos sentidos que davam a si mesmos e ao seu presente, a partir das imagens que construíam do tempo pretérito; à elaboração e à reelaboração constantes das histórias de determinados povos, eventos ou mesmo de indivíduos a partir das demandas de cada época. Dessa forma, a coleção que tínhamos em mãos nos poderia ajudar não a responder totalmente a essas interrogações, o que seria muito pretensioso, mas, pelo menos, a pensá-las a partir de um objeto e de uma cultura específica.

O objeto era justamente os materiais colecionados por Diogo Barbosa Machado. Em sua compilação, nosso abade amealhou imagens que representavam reis, rainhas, clérigos, nobres e outras personalidades do passado português e também coevo. Ainda colecionou mapas sobre o território luso, além de muitos opúsculos que contavam histórias fantásticas e feitos magníficos, obrados pelos portugueses em terras não só do reino, mas também da Ásia, da África e da América. Tudo que dissesse respeito à grandeza daqueles que fizeram de Portugal o vasto império no qual se tornou deveria ser colecionado e organizado de forma temática, cronológica e espacial. Dessa forma, importava àquele abade português debruçar-se sobre o passado, colecionar seus vestígios e, mais do que isso, conservar também aquilo que do seu presente merecesse sobreviver ao tempo. Seu desejo era de que essa experiência não morresse, mas chegasse até as gerações futuras.

Em nossa dissertação de mestrado, procuramos contar um pouco da trajetória dessa coleção e discutir um tipo de relação específica com o passado, experimentada pelos antiquários portugueses da primeira metade do século XVIII. A partir, sobretudo, da fundação da Academia Real, em 1720, a tarefa de escrever sobre um evento ou personagem de outrora associava-se cada vez mais à busca e à aquisição de testemunhos que poderiam legitimar certas narrativas e desautorizar outras, já consolidadas. Os documentos encontrados e recolhidos na desordem dos arquivos portugueses eram dispostos e organizados em coleções, importante ferramenta para que os acadêmicos pudessem, de acordo com seus interesses, pesquisar sobre um tema ou um momento da história portuguesa. As compilações fixavam o que era importante ser conservado, preservavam os papéis contra a corrupção do tempo e serviam também como uma espécie de arquivo para futuras narrativas. Tratava-se de um momento, portanto, em que as tarefas de historiador e antiquário estavam unidas, sendo o fim último desse trabalho a busca e a organização de acervos.[2] Nesse sentido, en-

---

[2] Blandine Kriegel, *L'Histoire à l'Age Classique: la défaite de l'erudition*, Paris, PUF, 1988, vol. 2, p. 205; Íris Kantor, *Esquecidos e Renascidos: historiografia acadêmica luso-americana (1724-1759)*, São Paulo/Salvador, Hucitec/Centro de Estudos Baianos/UFBA, 2004. Sobre a Academia Real de História, ver Isabel Ferreira da Mota, *A Academia Real da História*, op. cit.

Espelhos Deformantes

tendemos que, ao compilar folhetos e imagens e pô-los em coleção, Barbosa Machado, à sua maneira, constituía um arquivo pessoal.

Por outro lado, a idéia de um arquivo se funda no desejo de domesticar um passado. As experiências do tempo pretérito, sempre fragmentadas e caóticas, quando organizadas, ganham um sentido e uma coerência. O leitor que consulta o arquivo produzido pelo nosso abade depara-se com documentos diversos, que anteriormente estavam dispersos, mas que passaram a estar ali reunidos, dentro de certa lógica. Naquela coleção, somos guiados pelos índices que Barbosa Machado produziu, pela divisão de seus materiais e pelo destaque maior ou menor que conferiu a um certo personagem ou evento. Como lembra Bouza Álvarez, os arquivos nada têm de inocentes "são depósitos que forjam uma memória e, ao mesmo tempo, apagam outra. [...] No fundo, encontramos apenas no arquivo o que está nos esperando, o que há séculos está disposto com todo o cuidado para que encontremos".[3] No caso do acervo de Barbosa Machado, o que nos espera é uma seleção de personagens ilustres e eventos tidos por um antiquário como memoráveis. Sua coleção pode ser concebida, portanto, não apenas como um arquivo, mas também como uma forma de escrita da história, na medida em que conferia um significado ao passado português, ao mesmo tempo que organizava e selecionava o que do seu presente e do seu tempo pretérito deveria ser legado ao futuro.

O século XIX criou uma certa forma de contar os eventos pretéritos: a história como ciência. Não apenas contá-los, mas narrá-los *verdadeiramente*, por meio de um trabalho pautado em vestígios analisados de forma metódica. Para essa tradição historiográfica, a história era concebida como algo "em si", uma linha reta, onde acontecimen-

---

[3] Fernando Bouza Álvarez, "Entrevista", *Topoi. Revista de História*, vol. 4, n. 7, Rio de Janeiro, Programa de Pós-Graduação em História Social da UFRJ, 7 Letras, jul.-dez. 2003, p. 359.

318 Rodrigo Bentes Monteiro (org.)

tos tinham um encadeamento próprio e independente do trabalho do historiador. A este último, bastava ter um método eficaz não só para desvelar o que os fatos e a realidade queriam dizer por eles mesmos, mas, inclusive, para entender um certo caminhar da história da humanidade. No entanto, quando pensamos Barbosa Machado como historiador e a sua coleção como uma maneira de dar *sentido* ao passado, estamos lidando com uma concepção de história diferente desta. Procuramos, antes, entender esse conceito da maneira sugerida por Michel de Certeau, isto é, como uma operação historiográfica que precisa necessariamente de um sujeito para realizá-la: o historiador.[4] É ele que, segundo o filósofo alemão Friedrich Nietzsche, "a partir da suprema força do presente, [tem] o direito de interpretar o passado", doando-lhe sentido.[5] Temos, portanto, como pressuposto do nosso trabalho, que uma pretensa realidade histórica não existe em estado bruto, esperando ser desvelada. Dessa forma, se o passado não é algo dado *a priori*, antes, é constituído a partir de um certo esforço do historiador, que se realiza no exercício da escrita, atividade capaz de produzir um significado para uma experiência.[6]

A própria noção de escrita que tomamos aqui não se resume a um texto escrito propriamente dito, mas compreende também qualquer maneira de tornar o passado inteligível para o presente, o que pode ser feito por meio de um filme, uma pintura, a organização de um museu ou mesmo uma coleção. Concebidas por sociedades e momentos históricos distintos, essas formas de escrita não têm o

---

[4] Michel de Certeau, "A operação historiográfica", em *A Escrita da História*, Rio de Janeiro, Forense Universitária, 2002, pp. 65-119.

[5] Friedrich Nietzsche, *Segunda Consideração Intempestiva: da utilidade e desvantagem da História para a vida*, Rio de Janeiro, Relume Dumará, 2003, p. 56.

[6] Michel de Certeau, "A operação historiográfica", op. cit.; Wilhelm von Humboldt, *Sobre a Tarefa do Historiador*, Rio de Janeiro, Anima, 2001, 1(2), pp. 79-89.

Espelhos Deformantes

poder de trazer até nós o tempo pretérito tal como ele foi, mas, ao contrário, são capazes de, a partir de seus limites, dar sentido a uma experiência de maneiras diferentes. Não se trata de tentar ultrapassar esses limites, mas de entender que são a condição de possibilidade para a reescrita constante do passado.[7]

Se a coleção é tomada por nós como uma forma de escrita, isso pressupõe que possui regras próprias. Um livro de história produzido por um historiador, a ordenação de materiais do passado em um museu, ou ainda um filme sobre um tema histórico constituem maneiras distintas de narrar esse passado. Cada qual o faz a partir de procedimentos diversos, compartilhados por historiadores, museólogos e cineastas. O mesmo acontece com uma coleção. Assim, para entendermos *como* o passado é contado por esse tipo específico de escrita, é necessário, antes, entendermos as regras e as peculiaridades que a regem. É justamente isso que buscamos ressaltar neste artigo: a partir de exemplos retirados da própria coleção, procuramos destacar as singularidades da escrita colecionista de Barbosa Machado. Devido aos limites impostos a este trabalho, selecionamos apenas alguns volumes da coleção de folhetos, mais precisamente os que nos narram os conflitos vivenciados pelos portugueses nos campos de batalhas, para mostrarmos algumas características importantes, presentes na escrita daquele colecionador. Antes, no entanto, é necessário termos uma visão do conjunto dessa coleção, para entendermos como esses livros sobre as notícias militares se inserem no conjunto daquele acervo.

Os volumes dos opúsculos que compõem a coleção de nosso abade obedecem a uma primeira divisão por tipo de texto e natureza do evento (nascimentos, casamentos, entradas, exéquias etc.). Em segui-

---

[7] Idem; Manoel Luiz Salgado Guimarães, "Reinventando a tradição: sobre antiquariado e escrita da história", *Humanas*, vol. 23, n. 1 e 2, Porto Alegre, 2000, pp. 111-43.

da, podemos falar de uma divisão social, pois há volumes somente sobre os reis, as rainhas e os príncipes de Portugal, além de outros, dedicados à nobreza e aos eclesiásticos do reino. Os folhetos dispostos ali obedecem ainda a uma ordem cronológica e também espacial, uma vez que há livros que tratam especificamente de eventos que aconteceram na África, na Ásia ou na América.[8]

Os elogios constituem o ponto importante da coleção e são eles que abrem a história que Barbosa Machado quer contar. Mesmo numericamente, esses livros ocupam uma parte considerável da compilação de opúsculos. Dos 146 volumes que compõem a coleção de

---

[8] De acordo com o catálogo manuscrito de Diogo Barbosa Machado, a organização que ele deu aos seus volumes foi a seguinte: *Genethliacos dos Reys, Raynhas e Príncipes de Portugal* (5 tomos); *Aplausos dos annos de Reys, Raynhas e Príncipes de Portugal* (2 tomos); *Entradas em Lisboa de Reys e Raynhas* (2 tomos); *Epithalamios de Reys, Raynhas e Principes de Portugal* (5 tomos); *Elogios dos Reys, Raynhas e Príncipes de Portugal* (4 tomos); *Aplausos oratórios, e poéticos pella saúde dos Reys* (1 tomo); *Ultimas ações e exéquias de Reys, Raynhas e Príncipes de Portugal* (3 tomos); *Elogios fúnebres dos Reys, Raynhas, e Príncipes de Portugal* (4 tomos); *Noticias militares de D. João IV* (2 tomos); *Noticias militares de D. Afonso VI* (3 tomos); *Noticias militares de D. Pedro II* (2 tomos); *Noticias militares de D. João V* (2 tomos); *Noticias militares de D. José I* (1 tomo); *Noticias militares da Índia Oriental* (3 tomos); *Noticias militares da América* (1 tomo); *Noticias militares da África* (1 tomo); *Historia dos cercos que sustentaram os portugueses nas quatro partes do mundo* (5 tomos); *Aplausos genethliacos de fidalgos portugueses* (1 tomo); *Epithalamios de duques, marqueses e condes de Portugal* (3 tomos); *Elogios de duques, marqueses e condes de Portugal* (2 tomos); *Elogios fúnebres de duques, marqueses e condes de Portugal* (4 tomos); *Elogios fúnebres de duquesas, e marquesas de Portugal* (1 tomo); *Elogios oratórios e poéticos de cardeais, e bispos* (2 tomos); *Elogios fúnebres de cardeais e arcebispos de Portugal* (1 tomo); *Elogios fúnebres de eclesiásticos portugueses* (4 tomos); *Elogios fúnebres de diversos portugueses* (2 tomos); *Elogios históricos, e poéticos de eclesiásticos e seculares* (1 tomo); *Manifestos de Portugal* (3 tomos); *Tratado de pazes celebradas em diversas cortes* (2 tomos); *Autos de cortes, e levantamento de reys* (2 tomos); *Noticia genealógica da casa real* (1 tomo); *Noticia genealógica de famílias portuguesas* (2 tomos); *Noticia genealógica de missões orientais* (2 tomos); *Noticia genealógica de procissões, e triunfos sagrados* (4 tomos). No entanto, a sua coleção de folhetos ainda é composta por outros títulos, que Diogo listou em partes diferentes de seu catálogo manuscrito, como os sermões e os vilancicos (Diogo Barbosa Machado, *Cathalogo dos Livros da Livraria Diogo Barbosa Machado distribuídos por matérias e escrito por sua própria mão*, Rio de Janeiro, Biblioteca Nacional, s.d., p. 33).

Espelhos Deformantes

folhetos, 25 ganham o título de *Elogios*, o que representaria 18% da coleção.[9] Por outro lado, se considerarmos outros volumes, como os *Genetlíacos* e os *Aplausos*, que também possuem um viés de exaltação, esse número alcança os 25%.[10] Isso significa que, numericamente, um quarto da coleção seria dedicado exclusivamente a elogiar e engrandecer os reis e os notáveis varões portugueses.

Por outro lado, considerar apenas os elogios pode deixar-nos a falsa impressão de que os folhetos aos quais Barbosa Machado deu voz nos contam uma história puramente exultante e sem momentos de conflito. Seguindo-se aos elogios, estão presentes naquela coleção outros relatos, como os de batalhas, que não só informavam, mas comprovavam os serviços prestados pelos vassalos portugueses nos momentos de tensão pelos quais a monarquia passou. Dessa forma, o abade, além de elogiar, mostrava também, a partir de seus textos, os conflitos que constituíram a história de Portugal. Vinte dos volumes existentes na coleção de folhetos de Barbosa Machado são dedicados à guerra, isto é, às notícias militares e aos cercos que os portugueses sustentaram na Europa, na África, na América e na Ásia.[11] Nesses volumes, vários tex-

---

[9] Os escritos referentes aos elogios são os seguintes: *Elogios de Reis, Rainhas e Príncipes de Portugal* (4 tomos); *Elogios Fúnebres Oratórios e Poéticos dos Sereníssimos Reis, Rainhas e Príncipes de Portugal* (4 tomos); *Elogios de Duques, Marqueses e Condes de Portugal* (2 tomos); *Elogios Fúnebres de Duques, Marqueses e Condes de Portugal* (4 tomos); *Elogios Fúnebres de Duquesas e Marquesas de Portugal* (1 tomo); *Elogios Oratórios e Poéticos de Cardeais e Bispos* (2 tomos); *Elogios fúnebres de Cardeais e Arcebispos de Portugal* (1 tomo); *Elogios Fúnebres de Eclesiásticos Portugueses* (4 tomos); *Elogios Fúnebres de Diversos Portugueses* (2 tomos); *Elogios Históricos e Poéticos de Diversos Portugueses* (2 tomos); *Elogios Históricos e Poéticos de Eclesiásticos e Seculares* (1 tomo).

[10] Os *Genethliacos de Reis, Rainhas e Príncipes de Portugal* são compostos por 5 tomos. Os *Aplausos Oratórios e Poéticos no Complemento de Anos dos Sereníssimos Reis, Rainhas e Príncipes de Portugal*, por 2, os *Aplausos Oratórios e Poéticos pela Restituição da Saúde dos Sereníssimos Reis de Portugal*, por 1, e os *Aplausos Genethliacos de Fidalgos Portugueses*, também por 1.

[11] Os escritos dedicados aos conflitos bélicos são os seguintes: *Notícias Militares de D. João IV* (2 tomos); *Notícias Militares de D. Afonso VI* (3 tomos); *Notícias Militares de D. Pedro II* (2 tomos); *Notícias Militares de D. João V* (2 tomos); *Notícias Militares de D. José I* (1 tomo);

tos descrevem e narram batalhas nas quais os portugueses lutaram valorosamente. Em meio a essas narrativas, poderíamos ressaltar alguns conflitos que ocupam um lugar importante na história contada pelo erudito. Um deles foi a separação entre Portugal e Espanha, em 1640, e as lutas que se seguiram pela Restauração Portuguesa.

Esse tema aparece não só nas notícias militares referentes aos reinados de D. João IV e D. Afonso VI, mas também em alguns genetlíacos, que comemoravam o nascimento do primogênito do duque de Bragança, o que garantia um sucessor para a Coroa portuguesa, livrando-a, portanto, da sujeição e do jugo castelhano.[12] Mas é nas descrições de batalhas que a guerra se mostra propriamente. Os 55 folhetos presentes no primeiro tomo das *Notícias Militares de D. João IV* exaltam os combates nas regiões fronteiriças e as vitórias portuguesas sobre os castelhanos, apesar da grande desvantagem numérica dos primeiros. Num dos folhetos, relatando a batalha na cidade de Elvas, o autor enfatiza a desigualdade entre os exércitos castelhano e português, destacando que, enquanto este tinha apenas oitenta homens, aquele chegava a quatrocentos.[13] Outro opúsculo chega a falar

---

Notícias das Proezas Militares obradas pelos Portugueses em a Índia Oriental (3 tomos); *Notícias Históricas e Militares da América* (1 tomo); *Notícias Históricas e Militares da África* (1 tomo) e *História dos Cercos que Sustentaram os Portugueses nas Quatro Partes do Mundo* (5 tomos).

[12] João Campello de Macedo, "Disposição e ordem pela qual se mostra como se celebrou o baptismo do senhor infante Dõ Afonso, filho Del Rey D. João o IV nosso senhor, na sua Capella Real de Lisboa. De mando do illustrissimo, e reverendíssimo senhor Dom Manoel da Cunha, Bispo capelão mor de sua magestade, ordinário da capella, Casa Real e toda a corte", Lisboa, Officina de Pedro Craesbeck, 1644, em Diogo Barbosa Machado (org.), *Genethliacos de Reis, Rainhas e Príncipes de Portugal*, Rio de Janeiro, Biblioteca Nacional, s.d., vol. 1, p. 210.

[13] "Relaçam do felice sucesso e milagrosa vitória que ouve o capitão Luis Mendes de Vasconcellos, contra o inimigo castellano, no termo da cidade de Elvas em 30 de julho de 1641", s. n. t., em Diogo Barbosa Machado (org.), *Notícias Militares de D. João IV*, Rio de Janeiro, Biblioteca Nacional, s.d., vol. 1, p. 13.

Espelhos Deformantes 323

de "sinquo mil homes de infantaria, e outocentos cavallos" na frente espanhola.[14]

A voz dominante nos folhetos que Barbosa Machado juntou sobre o conflito da Restauração é, sem dúvida, lusitana. No entanto, é curioso perceber que, no volume 1 das *Notícias Militares de D. Afonso VI*, logo entre os primeiros folhetos, temos um manifesto, escrito em língua portuguesa, no qual Felipe IV, rei de Espanha, conclamava seus vassalos à obediência em meio à guerra que se desenrolava:

> Por quanto (como he notório) o Reyno de Portugal faltou à obediencia, que me devia, no anno de mil e seiscentos e quarenta, por haverlo tumultuado alguns sediciosos [...] em companhia de Dom João Duque de Bragança, vassalo que por sua casa, e por sua pessoa, a mi, e a meus gloriosos progenitores se recôhecia pussuidor de mayores benefícios, que outro algum de aquella coroa.[15]

Nessa versão de Felipe IV sobre o conflito, o monarca destacou que nem todos do reino concordavam com a separação das coroas. Na verdade, os sediciosos publicavam "diferentes manifestos para persuadir o mundo"; no entanto, segundo o *Rei Católico*, não faltavam vassalos afeitos à sua obediência, "pois muytos intentarão libertar sua pátria daquella tirania, e outros com louvável exemplo a deixarão, com sumo risco de suas pessoas, passandose à minha obediência, por não consentir naquella traição".[16]

---

[14] "Relaçam verdadeira da milagrosa Victoria que alcançarão os portugueses que assistem na Fronteira de Olivença a 17 de setembro de 1641", s. n. t., idem, p. 58.

[15] "Felipe IV" (sem título), s. n. t., em Diogo Barbosa Machado (org.), *Notícias Militares de D. Afonso VI*, Rio de Janeiro, Biblioteca Nacional, s.d., vol. 1, p. 30 v.

[16] Idem, p. 30.

324 Rodrigo Bentes Monteiro (org.)

O *Manifesto de Felipe IV*, que Barbosa Machado escolheu salvaguardar, acentua ainda a cordialidade e a clemência do rei, disposto a perdoar os portugueses pelos "tantos e tão graves delitos"; afinal, prossegue o rei Habsburgo, todos aqueles vassalos (que amou como filhos) não podiam pagar pela "culpa de tão poucos". O monarca enfatizou a pouca inclinação ao conflito por parte da Espanha, destacando, inclusive, que chegou a suspender as suas armas, mas o exército português, passando por cima da clemência do rei, entrou em Castela e se atreveu a sitiar Badajoz, praça de armas de Estremadura.[17]

Os folhetos que se seguem ao manifesto, por sua vez, parecem colocar em xeque alguns dos elementos que Felipe IV evidenciou em seu escrito. Um fator acentuado não é exatamente a cordialidade ou a clemência do monarca castelhano, mas, pelo contrário, a fúria e o barbarismo de seus soldados. De acordo com um dos folhetos, o exército inimigo

> Trazia este poder e gente muito preparada, e em boa ordem, com a qual vindo marchando entrou pella Arraya em Portugal, e com seu exercito chegou à vista dos muros da villa, deixando abrazados três lugares nossos, que distava meia legoa della o mais chegado, e os outros dous fiquavão também perto, aonde excitarão crueldades tão horrendas, q excedem a todas as que se uzarão entre gentios, e mouros, e parecem [ilegível], porquem não bastanto o desapiadado incêndio, co que entregarão ao fogo, e chamas, o que naquellas piquenas aldeãs havia, à vista dos próprios naturaes, e não perdoando ao sagrado e Igrejas, nem aos santos e imagens, a que alguas vezes os mouros guardarão mais respeito, matavão co desusadas cruezas os mininos e molheres, que acharão não lhe valendo a aquelles a tenra idade, e simplez innocencia,

---

[17] Idem.

Espelhos Deformantes

nem a estas a qualidade de algumas, nem o estarem prenhes deixando algumas nuas e despidas vergonhosamente, e escalandoas. Aos homens, que por feridos, e já cansados não podere usar de seu valor natural; se rendião, e entregavão aos ímpios soldados castellanos entre vários gêneros de mortes, q lhes davão, estudou o ódio endurecido, e pertinaz alentado da malicia cruel hum tão exquesito, que até o presente não temos nas vitórias, q os bárbaros mais deshumanos alcançarão, qual era encheremlhe por força as bocas de pólvora, e dandolhe fogo rebentavão aquellas animadas minas saltandolhe os olhos, e miolos fora. A outros cortavão as partes vergonhosas, e lhas metião por bocas, cõ torpe crueldade.[18]

A passagem, embora extensa, mostra uma outra atitude do exército de Felipe IV, muito menos amistosa do que a que o monarca espanhol parecia ressaltar. As barbaridades castelhanas, na narrativa dos portugueses, são sem precedentes: nem pagãos, tampouco os mouros, foram capazes de ir tão longe, incendiando igrejas, saqueando lugares sagrados e desrespeitando mulheres e crianças. Além disso, nas narrativas selecionadas, a sublevação não parece ter sido restrita a poucos, como dizia Felipe IV, mas, pelo contrário, ganhou um extremo apoio popular. Homens e mulheres comuns apoiavam a causa da Restauração e chegavam a pegar em armas para lutar:

> Para notar foi neste primeiro rebate, primeira mostra dos ânimos dos vassalos, q se acharão nelle todos sem exceição de pessoa, velhos e moços, e ecclesiasticos e alguas molheres, co tal esforço q dizião as

---

[18] "Relaçãm de hua carta do Doutor Ignasio Ferreira, do Dezembargo Del rey Nosso Senhor e outra de hum religioso do Mosteiro de Bouro, em q se referem alguas entradas, q se fizerão no Reyno de Galiza", Lisboa, Officina de Jorge Rodrigues, 1641, Diogo Barbosa Machado (org.), *Notícias Militares de D. João IV*, op. cit., pp. 86-7.

puzessem no maior perigo huas com fouces, outras com paos, significavão q na alma trazião desejo de morrer na defensão de V. Magestade.[19]

Barbosa Machado, embora tenha ressaltado as vitórias portuguesas e o apoio popular ao exército lusitano em meio à temática das guerras de Restauração, não deixou de compilar também um folheto que seria a voz do inimigo. Um olhar mais generalista, preocupado apenas com as disposições dos materiais da coleção acabaria não percebendo *quais* os testemunhos que o erudito colecionou. Não se trata de pensar qual a versão correta – se a castelhana, se a portuguesa – nem de entrar nos estudos sobre Restauração, mas de atentarmos para os documentos que foram coletados e como o abade os montou em meio ao seu quebra-cabeça.

O conflito que aparece logo após o tema da Restauração, nos opúsculos colecionados por Barbosa Machado, também envolve o reino vizinho a Portugal. Em 1700, morreu o rei de Espanha, Carlos II, o último Habsburgo. Começava, então, uma disputa pelo trono espanhol entre o duque d'Anjou (que chegou a ser coroado Felipe V de Espanha), apoiado pela França, e o arquiduque Carlos de Áustria, apoiado pela Inglaterra e pelos Países Baixos. Em meio à possibilidade de união das

---

[19] Pedro Vas Cirne de Sousa, "Relaçam do que se fez a Villa de Guimarães do tempo da felice aclamação de sua magestade, até o mês de octubre de 1641", Lisboa, Jorge Rodrigues, 1641, idem, p. 93. A presença popular é a tônica dos folhetos, cuja temática é a Restauração. No entanto, é interessante observar que, entre os moradores das diversas vilas e cidades que lutaram contra os espanhóis, os autores destacam a marcante presença feminina. Um dos opúsculos ressalta os feitos de uma mulher que matou com uma cachaporra sete castelhanos. No entanto, ela não conseguiu sair da batalha com vida, pois a acertaram de cima de um telhado. O surpreendente foi que, "depois de morta foy achada cõ hua criança de peito mamandolhe nos seus" (Facções venturosas que tiverão na fronteira de Almeida o general Fernão Telles de Menezes, e o mestre de campo D. Sancho Manoel, contra o inimigo castelhano, em 2 e 4 deste mês de novembro do anno presente 1642), Lisboa, Officina de Domingos Lopes Rosa, 1642, idem, p. 352.

Espelhos Deformantes

monarquias francesa e castelhana, Portugal deixou de dar seu apoio ao duque e à França e acabou por se aliar aos britânicos, no conflito que ficaria conhecido como Guerra de Sucessão Espanhola, tema das *Notícias Militares de D. Pedro II* e das *Notícias Militares de D. João V*.

Os dois tomos das *Notícias* trazem, no total, 121 folhetos, todos eles sobre o conflito sucessório na Espanha. O tomo se inicia com textos relacionados ao posicionamento de Portugal naquela guerra. A mudança de posição portuguesa e o apoio que D. Pedro deu à Inglaterra suscitaram uma série de discussões, presentes nos opúsculos. Um dos folhetos apresenta um discurso do Estado eclesiástico, alertando o rei sobre os riscos de entrar em um conflito ao lado dos infiéis britânicos.[20] A monarquia portuguesa, no entanto, justifica o seu posicionamento, argumentando que a união das coroas francesa e espanhola é um perigo e que cabia a Portugal libertar os seus vizinhos daquela servidão.[21] Logo a seguir ao texto que justifica a entrada de Portugal na guerra, Barbosa Machado adicionou um outro folheto, escrito por Jerônimo Juliano, em que este rebate o manifesto de D. Pedro II. Colocando-se claramente contra a posição do monarca, o autor insinua que "alguna sediciosa pluma" estava influenciando na escrita do documento de D. Pedro. Diz ainda que o rei português estava "abriendo la puerta à los auxiliares enemigos de el norte", os heréticos britânicos.[22]

---

[20] "Zelo Christiano, y Politica desinteressada, que apresenta a la magestad del muy alto, y poderoso señor Don Pedro II, Rey de Portugal nuestro señor (que Dios guarde) el Estado Eclesiástico del mismo reyno", Lisboa, s. n. t., 1703, em Diogo Barbosa Machado (org.), *Notícias Militares de D. Pedro II*, Rio de Janeiro, Biblioteca Nacional, s.d., vol. 1. pp. 26-31.

[21] "Justificación de Portugal en la resolución de ayudar a la inclita nacion Espanhola a sacudir el yugo francês, y poner em el trono real de su monarquia al Rey Catholico Carlos III", Lisboa, Valentin de Acosta Deslandes, 1704, idem, pp. 43-8.

[22] Jerônimo Juliano, "Respuesta breve al manifiesto en que el rey Don Pedro Segundo de Portugal, pretexto los motivos que tuvo para romper la guerra a las coronas. Escriviola el español professor de Minerva", s. n. t., idem, p. 60 v e 61.

Apesar das contendas relatadas nos folhetos iniciais, Portugal entrou na guerra. Seguem-se, então, descrições e mais descrições sobre os sucessos dos portugueses no conflito. Uma relação narra a vitória que o batalhão, liderado pelo marquês das Minas, Antonio Luís de Sousa, alcançou na província do Alentejo:

> Mas sabendo o Marquez [das Minas] por alguns desertores, e pelos avisos de nossas guardas, e batedores, que a cavallaria inimiga se avistava ainda, e se não tinha recolhido todas para o bosque, lhe mandou investir a retaguarda o que se fez com tal vigor, que se achou obrigado o Duque [de Bervvick, que lutava pelo exército inimigo] a passar da vanguarda à retaguarda com todos os clavineiros, onde se travou um furioso conflitcto, e chegou o Duque a perder o cavallo, e se vio obrigado a tirar a pluma do chapeo que trazia para diviza, que foy causa de correr a voz de ser morto ou mal ferido; e assim cedendo o campo ao valor dos nossos, se poz em fuga [...]. O número certo de mortos do inimigo se não averigou, mas consta que forão muitos, e a maior quantidade de feridos, e entre elles o Márquez de S. Vicente. Aprizionarãose muitos officiaes, e soldados com o Conde de Canillejas.[23]

Mas a guerra se alongava, adentrando o reinado de D. João V, e as derrotas começavam a aparecer em folhetos que defendiam a causa espanhola. Um opúsculo relatava os sucessos espanhóis nos Campos de Almansa:

---

[23] "Segunda Relaçam verdadeyra da marcha, e operaçoens do exercito da Província de Alentejo governado pelo Marquez das Minas, D. Antonio Luis de Sousa, dos Conselhos de Estado, e Guerra del Rey nosso Senhor, e Governador das Armas da dita província; rendimento da Praça de Alcântara, e diversão intentada pelo inimigo na Praça de Elvas", Lisboa, Antonio Pedrozo Galram, 1706, idem, vol. 2, p. 116.

Espelhos Deformantes

Aunque no se sabe com certeza el numero de los muertos enemigos, se supone sean de seis a ocho mil hombres, com um gran numero de prisioneros, que llegarán hasta cinco mil. Veinte coroneles prisioneros, dos mariscales de campo, diez batallones portugueses, enteramente aruynados.[24]

Outra notícia contava ainda que foram confiscadas cartas que o rei de Portugal teria mandado ao marquês das Minas. Por elas, ficava-se sabendo que o batalhão do dito nobre sofreu um grande susto na província do Alentejo. O monarca, então, teria enviado "estrechos ordenes al de las Minas para que luego luego se embarque com todas las tropas portuguesas, que tiene, e se venga à Portugal defender su propria casa".[25]

Em meio às derrotas, um folheto intitulado ironicamente "El despertador de los portugueses, o el general desembobado", traz um suposto diálogo entre o marquês das Minas e o conde de Atalaya, em que o primeiro defendia que Portugal não deveria permanecer na guerra, pois ela não lhe traria nenhum benefício. O conflito é visto como um engano e, mais do que isso, uma luta entre católicos e infiéis protestantes, em que Portugal estaria apoiando o lado errado.[26]

---

[24] "Relacion breve de la feliz Victoria que han conseguido las armas de su magestade mandadas por el señor mariscal Duque de Berwik, contra el exercito de los aliados em los campos de Almansa, el dia veinte y cinco de abril de este presente año de mil setecientos y siete", s. n. t., idem, vol. 1, pp. 115-115 v.

[25] "Prosiguen las noticias diária, de Espana, Valencia, Aragon, Itália, el Norte, lo del Rin, y el estado de las armas de nuestro católico monarca Don Felipe Quinto (que Dios guarde)", idem, p. 127.

[26] "El despertador de los portugueses, o el general desembobado, dialogo político, y entretenido, entre el Marques de las Minas, y el Duque de Cadaval, sobre las consequecias de la guerra presente", Lisboa, Pedro Enganado, en la calle de los Embustes, 1707, em Diogo Barbosa Machado (org.), *Notícias Militares de D. João V*, Rio de Janeiro, Biblioteca Nacional, s.d., vol. 1, pp. 54-81.

330 Rodrigo Bentes Monteiro (org.)

Haveria, portanto, uma crítica ao rei, figura sempre tão elogiada na coleção de Barbosa Machado? Estaria o erudito coletando documentos que criticavam D. Pedro II por ter entrado na guerra, e D. João V por ter permanecido nela? A resposta pode ser encontrada em outro opúsculo, presente no segundo volume das *Notícias Militares de D. João V*. Nele, o autor conta que, enquanto dormia, sonhou que estava caminhando. Foi então que entrou em um buraco e chegou ao inferno. Acabou caindo em uma sala, onde demônios terríveis estavam reunidos, discutindo a sucessão do trono espanhol. O objetivo deles era dar início a uma guerra que contaminasse toda a Europa. Para isso, embaixadores do inferno foram enviados a vários reinos, a fim de suscitar desentendimentos e inclinar alguns monarcas a favorecer o arquiduque e, outros, a Felipe V. Esses pequenos demônios (talvez a "sediciosa pluma" à qual se referia Jerônimo Juliano) manipulariam os reis, que acabariam por tomar decisões equivocadas sem a sua vontade.[27] Dessa forma, se D. Pedro II e D. João V cometeram algum erro, estes eram atribuídos a seus conselheiros, e não exatamente aos monarcas.

Os volumes referentes às notícias militares, sobretudo os dois exemplos trabalhados – das guerras de Restauração e de Sucessão Espanhola – podem nos ajudar a pensar elementos importantes referentes às singularidades de um tipo de escrita da história como essa coleção. Michel de Certeau afirma em um de seus trabalhos que a escrita, ao mesmo tempo que *conta*, é capaz de *fazer* a história.[28] A partir dessa idéia, bem como da coleção de Barbosa Machado, retornamos à questão da construção do passado por meio da escrita.

---

[27] "Junta de Diablos, y anamblea en el infierno. Nuevos tratados para la futura campana. Compuesto por el Lic. Sotana estando somando", s. n. t., idem, vol. 2, pp. 140-7.

[28] Michel de Certeau, "A operação historiográfica", op. cit., p. 95.

Ao escrever um livro, um historiador escolhe cuidadosamente palavras e frases para poder "fazer" a sua história. No entanto, quando nos deparamos com a coleção montada pelo abade de Sever, parece-nos que a sua escrita é de outra ordem, o que lhe confere uma primeira peculiaridade. Os opúsculos que estão presentes em sua coleção, com algumas poucas exceções, não são dele. Barbosa Machado não presenciou as batalhas entre portugueses e castelhanos, seja na Guerra de Restauração, seja na disputa pelo trono espanhol. Na verdade, a sua narrativa se deu pelas vozes de outros, isto é, daqueles que compuseram os opúsculos, cabendo a ele "apenas" coletar.

Os opúsculos presentes em sua coleção, no entanto, são de diversas ordens e tipos: panegíricos, cartas, elogios, descrições, diálogos, histórias, várias escritas que compunham a narrativa do nosso erudito. Ao longo do século XIX, quando a história se constituiu como disciplina, os diversos gêneros históricos que existiam anteriormente se unificaram. As histórias, no plural (de Portugal, do Algarve, de um dado personagem), tornaram-se *a* História, com "h" maiúsculo e no singular. A partir de então, tudo seria entendido dentro de um movimento único, uma espécie de força que levava a humanidade a atingir seu fim. No século XVIII, por outro lado, várias formas historiográficas falavam sobre o passado, embora mantivessem diferenças entre si. Os panegíricos, por exemplo, eram utilizados como repertórios de virtudes, destacando a qualidade moral dos grandes homens, num tempo coevo ou pretérito. Esses textos distinguiam-se de outras formas de história por comporem um louvor ao merecimento de uma dada pessoa. As crônicas, por sua vez, eram diferentes. O tempo de seu enunciado era o passado, referindo-se ao que se ouviu a respeito das ações de alguém.[29]

---

[29] Alcir Pécora, "A história como colheita rústica de excelências", em Stuart Schwartz & Alcir Pécora (orgs.), *As Excelências do Governador: o panegírico fúnebre a D. Afonso Furtado de*

Barbosa Machado não escolheu palavras, como tantos historiadores, mas opúsculos dos mais variados tipos. Coletando documentos e colocando-os sob os olhos de seus leitores, o abade fazia acontecimentos e testemunhos falarem por si mesmos, sem sua intervenção aparente. As diversas histórias contadas ali eram vistas pelos olhos de seus leitores, quando percorriam os indícios do passado.

Chegamos, assim, a um segundo ponto de reflexão sobre a coleção e, portanto, uma segunda peculiaridade desse tipo de escrita, comportando um certo conflito que não se restringe aos campos de batalha, mas está presente também em seus testemunhos. Vimos que o erudito entremeou, em seus volumes, opúsculos, que justificavam os interesses portugueses em um conflito pelo trono espanhol, com outros, que refutavam todos aqueles argumentos e mostravam que era um erro Portugal se envolver naquela disputa. Ainda na narração desse evento, o abade não silenciou a notícia de derrotas portuguesas e o descontentamento expresso em alguns folhetos em relação à participação lusa no conflito. No entanto, nos relatos militares sobre a Guerra de Restauração, preferiu destacar as vitórias e as notícias favoráveis aos portugueses. Será que não houve derrotas nesse conflito? Será que os espanhóis, assim como os portugueses, não produziram folhetos, tratando do mesmo embate, mas numa perspectiva diferente? Certamente o fizeram.

Jorge Miranda Leite e Rodrigo Bentes Monteiro, em um artigo conjunto, debruçaram-se sobre os três tomos intitulados *Manifestos*

Juan Lopes Sierra (Bahia, 1676), São Paulo, Companhia das Letras, 2002, p. 48. Neste estudo sobre o panegírico, de autoria de Juan Lopes Sierra, Alcir Pécora refere-se ao conjunto heteróclito das formas historiográficas, que admitiam, além das crônicas e das histórias, tratados, cosmografias, corografias e panegíricos.

Espelhos Deformantes 333

de Portugal, que também fazem parte da coleção Barbosa Machado. Nesse estudo, os autores destacaram, por exemplo, que, no primeiro volume, em que Barbosa Machado organizou os folhetos sobre a sucessão do trono luso em 1580, o abade dispôs ali textos favoráveis à candidatura de D. Antônio, prior do Crato e neto de D. Manuel I, ao trono português. Porém, também não esqueceu de adicionar àquela coleção um folheto de apoio à candidatura de Felipe II, rei de Espanha. Além disso, no segundo tomo dos *Manifestos,* nosso abade guardou também um opúsculo, que afirmava ser Portugal, inicialmente, um feudo de Castela. No entanto, logo em seguida, não esqueceu de adicionar outro texto, que, por sua vez, rebatia essa afirmação.[30]

Concomitantemente a uma narrativa elogiosa, onde folhetos são selecionados para exaltar o passado português, é possível ver na coleção momentos de tensão, expressos não só nas guerras e nas batalhas propriamente ditas, mas também nos testemunhos. Cremos que essa seja também uma característica própria de uma escrita antiquária, em que os vestígios dialogam entre si, respondendo uns aos outros. Aquele tipo de escrita (a coleção) não exigia de Barbosa Machado que constituísse ali uma história de Portugal fechada e coerente, mas, antes, que expusesse os testemunhos, as diversas opiniões, deixando os textos falarem e discutirem entre si. Dessa forma, conferia ao seu leitor a possibilidade de confrontar opiniões e, a partir dos indícios, ver um passado invisível na sua complexidade.

Inicialmente, poderia parecer uma atitude bastante neutra de Barbosa Machado, mas o interessante é perceber *como* ele organizou essa discussão entre os testemunhos. Colecionar documentos distintos po-

---

[30] Rodrigo Bentes Monteiro & Jorge Miranda Leite, "Os manifestos de Portugal. Reflexões acerca de um Estado moderno", em Martha Abreu, Rachel Soihet & Rebeca Gontijo (orgs.), *Cultura Política e Leituras do Passado: historiografia e ensino de história,* Rio de Janeiro, Civilização Brasileira, 2007, pp. 113-31.

deria indicar-nos certo desejo de neutralidade de nosso abade, porém nem sempre parece ser assim. Lembremos que o *Manifesto de Felipe IV* é soterrado pelas dramáticas e minuciosas versões portuguesas da Guerra de Restauração, presentes nos volumes das *Notícias Militares de D. João IV e D. Afonso VI*. Nos *Manifestos de Portugal*, folhetos lusos figuram lado a lado de folhetos espanhóis, no sentido de a eles responder e de induzir o leitor a perceber qual a versão mais verdadeira.[31]

Barbosa Machado, ao selecionar e organizar os documentos, acabou, ele mesmo, por fazer escolhas e, portanto, fazer a sua própria história. Essas escolhas possibilitavam aos seus leitores uma certa narrativa do passado português, com silêncios e interdições que ocorriam quando um folheto ou um autor era simplesmente silenciado, soterrado ou desacreditado por outras narrativas. A escrita de Barbosa Machado revela, portanto, duas importantes singularidades. Em primeiro lugar, é constituída a partir de outros tipos de escritas, das mais variadas formas, expressas naqueles folhetos. Em segundo lugar, essa escrita comporta o diálogo entre testemunhos, que muitas vezes se complementam, conversam, mas também se rebatem e lutam entre si. O abade mostrava, pelos seus materiais, o que as pessoas não viram, mas poderiam ver a partir dos testemunhos que selecionou, percebendo, então, como os personagens portugueses foram grandiosos, as batalhas magníficas e a conquista no Ultramar bem-sucedida. Essa diversidade de narrativas e de testemunhos parece juntar-se na coleção, como palavras e frases se juntam em um livro, configurando uma história elogiosa por si mesma, como se não precisasse de Barbosa Machado para ser percebida dessa forma. Seu trabalho tinha, portanto, um interesse. As histórias trazidas à lembrança visavam um objetivo e era a partir dele que o colecionador selecionava e dispu-

---

[31] Idem.

Espelhos Deformantes

nha seus documentos, contando, ao mesmo tempo que fazia a sua história. Dessa forma, nosso abade não resgatou um passado, mas o configurou, folheto a folheto: no interior da biblioteca, selecionando e ordenando seus materiais, o antiquário e o historiador se uniram na figura de Diogo Barbosa Machado.

ESTE LIVRO FOI IMPRESSO EM SÃO PAULO NO INVERNO DE 2008 PELA GRÁFICA BARTIRA. NO TEXTO DA OBRA FOI UTILIZADA A FONTE ITC NEW BASKERVILLE, EM CORPO 11 COM ENTRELINHA DE 16,3 PONTOS.